仁斎論語　下

『論語古義』現代語訳と評釈

子安宣邦

ぺりかん社

仁斎論語 (下) ＊目次

上巻目次

『論語古義』現代語訳と評釈　下

先進《せんしん》第十一

■第一章

子曰、先進於礼楽、野人也。後進於礼楽、君子也。如用之、則吾従先進。

子の曰《のたま》わく、先進の礼楽に於けるは、野人なり。後進の礼楽に於けるは、君子なり。如《も》しこれを用いば、則ち吾れは先進に従わん。

【訳】 孔子がこういわれた。周初の先輩の礼楽は野人のものだ、われわれ後輩の礼楽は君子のものだと人はいったりするが、わたしはむしろ先輩の野人の礼楽を用いたい。

【注解】 先進・後進は先輩・後輩と同意。野人とは郊外の民、いなかものをいう。君子とは賢士大夫すなわち官人をいう。孔子は同時代の人の意に従って野人・君子をいっている。

【大意】 周末すなわち孔子の同時代は文飾が内実に勝り、人はもっぱら文飾を崇《あが》めて、内実を尊ぶことを知らない。それゆえ周初の先輩たちの礼楽を野人のものと称し、それが内実に本づくことを知らない。それに対し、周末後輩の礼楽を君子のものといって、それがすでに華美に過ぎていることに気づこうとしない。ここで夫子のいわれることは、「奢って不遜であるよりは、むしろ倹《つつ》ましくして陋《いや》しくあれ」（述而三十五）の意である。これは周末という時代に向けられた警《いまし》めの言葉ではあるが、そこには万世を通じて変わらない教えが備えられている。

【論注】　世道風俗の推移は些細な変化といえども関わること大である。それゆえ夫子は礼楽の華美への変化に深い慨嘆の思いを寄せられていた。学ぶものの深く注意して、明らかにすべきである。この章によって考えれば、世に伝えられる『逸礼《いつれい》』『戴記《たいき》』などの書にある礼は、いたずらに複雑で華美に過ぎて、『論語』『孟子』にいわれていることに合わないものがある。だから『逸礼』『戴記』にある礼について先王の遺《のこ》された意《こころ》をいうことができても、これを周初先進の礼とすることはできない。

■第二章

子曰、従我於陳蔡者、皆不及門也。

「子の曰わく、我に陳《ちん》・蔡《さい》に従う者は、皆門に及ばず。

【訳】　孔子がいわれた。わたしが陳・蔡で災厄に出会った際に従っていたあの弟子たちは皆、いまはもうこの門内にはいない。

【注解】　かつて孔子が陳・蔡で災難に遭遇した際に、孔子に従っていた門人たちは、ある者は仕え、ある者は死亡して、いまは門下にはいない。孔子は当時の信頼で結ばれていた得難い弟子たちを憶《おも》い嘆息されているのである。

徳行、顔淵、閔子騫、冉伯牛、仲弓。言語、宰我、子貢。政事、冉有、季路。文学、子游、子夏。

徳行には、顔淵《がんえん》・閔子騫《びんしけん》・冉伯牛《ぜんはくぎゅう》・仲弓《ちゅうきゅう》。言語には、宰我《さいが》・子貢《しこう》。政事には、冉有《ぜんゆう》・季路《きろ》。文学には、子游《しゆう》・子夏《しか》。

【訳】　徳行で秀でるものは顔淵、閔子騫、冉伯牛と仲弓である。言語論説に優《まさ》るのは宰我と子貢。政事に能力をもつのは冉有と季路。文学に秀れるのは子游と子夏である。

【注解】　前段の孔子の弟子についての言によって十人の弟子の名を挙げ、その長所によって分類し、孔門の四科とした。

【論注】　徳行とは孔子の学の全体を意味する。それは言語・政事・文学の三者を兼ねている。どうしてこれをただの一科とすることができようか。他の三者も徳行に本づかなければ、言語はただの能弁になってしまうし、政事は法制ばかりとなってしまうし、文学は博識のみとなってしまう。それらを聖門の学とすることはできない。孟子が冉牛、閔子、顔淵の三者について、「聖人孔子の体を具えるものだが、なお小さい」（『孟子』公孫丑上）といっているが、この三者がみな徳行の科に名を連ねていることによって聖人の学とは何よりも徳行の学であることを知るべきである。後世の学をいうものは、この聖人の学とは異なっている。彼らのいう学とはいったい何事を指していうのであろうか。

■第三章

子曰、回也、非助我者也。於吾言無所不説。

子の曰わく、回や、我を助くる者に非ず。吾が言に於いて説《よろこ》ばざる所無し。

【訳】孔子がいわれた。顔回はわたしに質問し、わたしの考えを助けたりすることはしない。顔回という弟子は、わたしの言葉を悦んで聞き入れ、すべてをわが身に体しようとするものである。

【注解】我を助けるとは、孔子が子夏に「予《わ》れを起こす者」（八佾八）といったように、問いを提示することによって事の理解を深め、相互に啓発し合うことである。

【大意】これは聖人孔子が弟子に顔子のいることを深く喜ばれている言葉である。思うに顔子は夫子の教えを全霊をもって聞き、全身をもって体すること、あたかも芻豢《すうかん》（牛や豚）の美味を口が悦ぶようであった。終日その言動は夫子の教えに違うものではなかった。それゆえ夫子にこの言葉があるのである。○聖人孔子の言葉は大なる天地のごときものである。高いものはその高さを知り、低いものはただその低さを知るだけである。子路や樊遅のような弟子は、孔子の言葉をあるいは疑い、あるいは悦ぶことをしなかった。その他の弟子においては推して知るべしである。ただ賢なる顔子にしてはじめて、夫子の言葉に悦び身に体せざるものはないとしたのである。それゆえ『論語』を読むものは夫子の言葉に、これを悦ぶかどうかを自分に省みて、聖人の道の学びにおけるみずからの深さ浅さを測るべきである。

■第四章

子曰、孝哉閔子騫。人不間於其父母昆弟之言。

子の曰わく、孝なるかな閔子騫。人、その父母昆弟《こんてい》の言を間《かん》せず。

【訳】孔子がこういわれた。閔子騫はまことに孝行者だ。世間の人は異母兄弟のいう言葉でもって兄弟間を割《さ》くようなことをいうものだが、閔子騫については人は決してそういうことをいわなかった。

【注解】間するとは、離間する、仲違いすること。

【大意】『韓詩外伝』にこういわれている。閔子は早く母を亡くしたが、父が再婚して二子を儲けた。異母兄弟の間は、兄弟の間を引き離すような言葉が入りやすい。だが閔子は誠の孝心と慈愛の情をもって人に対したので、世間は異母兄弟のいう言葉でもって閔子との間を引き離すようなことをしなかった。孝の至極というべきである。

■第五章

南容三復白圭。孔子以其兄之子妻之。

南容三《み》たび白圭《はっけい》を復《ふく》す。孔子その兄の子を以てこれに妻《めあわ》す。

【訳】南容は日に三度白圭の詩を反復していた。「白圭のきずは、なお磨けば直る。いい出された言葉のきずは、もうとり直すすべはない」と。孔子は兄の娘を南容に妻せた。

【注解】『詩経』大雅にいう。「白圭の玷《か》けたるは、なお磨くべし。この言の玷けたるは、為すべからず」（蕩之什・抑）。南容は一日に三度これを反復して、自分の言葉を慎んだのである。

【大意】 孔門の賢者を称せられるものは少なくない。にもかかわらず南容の言葉を慎むことをもって兄の娘を妻《めあわ》せたのはなぜか。言葉とは君子の要《かなめ》となすべきもの、戦《いくさ》をしでかすのも、好《よし》みを通じさせるのも言葉が招くところである。人を徳に進め、業を修めしめるのもその人の言葉の致すところである。もしその言葉を軽々しくするならば、聡明にして人を超える弁才をもっていようとも、禍いに陥ることなく、よく身を修めてみずからを正しく保ちうるものは稀《まれ》である。夫子が南容に取るところありとしたゆえんである。

■第六章

季康子問、弟子孰為好学。孔子対曰、有顔回者、好学。不幸短命死矣。今也則亡。

季《き》康子《こうし》問う、弟子《ていし》孰《た》れか学を好むとする。孔子対《こた》えて曰《のたま》わく、顔回という者有り、学を好む。不幸短命にして死す。今や則ち亡《な》し。

【訳】 季康子が孔子に、弟子たちの中で最も学を好むものはだれかと問うた。孔子はそれに答えていわれた。顔回というものがおりました。最も学を好むものでした。不幸にして短命で亡くなりました。今はもう居りません。

※同一内容の問答が、雍也篇第二章に見える。詳しくは同章を参照されたい。

■第七章

顔淵死。顔路請子之車以為之椁。子曰、才不才、亦各言其子也。鯉也死、有棺而無椁。吾不徒行以為之椁。以吾従大夫之後、不可徒行也。

顔淵死す。顔路、子の車を請うて以てこれが椁《かく》とせんとす。子の曰わく、才も不才も、亦各《おのおの》言えばその子なり。鯉《り》や死するときは、棺有って椁無し。吾れ徒《かち》より行きて以てこれが椁とせず。吾れ大夫の後《しりえ》に従って、徒より行くべからざるを以てなり。

【訳】 顔淵が死んだ。父顔路は子の喪のために椁を作ろうとし、その費用として夫子の車を売ることを願い出た。孔子はいった。その子に才があろうとも、不才であろうとも、親にとってはそれぞれがわが子である。わが子鯉が死んだとき、喪に納める棺はあったが、椁（棺の外囲い）は無かった。だがわたしは徒歩で出仕することにして車を売り、椁を作るようなことはしなかった。大夫の後に従うものとして私は徒歩で出仕したりすることはしないからだ。

【注解】 孔氏（孔安国）はいう。「顔路は顔淵の父であるが、家貧しく、椁（棺の外囲い）を作る費用がない。夫子にその車を売って、椁を作ることを願ったのである」。鯉は孔子の子の伯魚である。孔子は当時すでに致仕していたが、なお大夫に列していた。それゆえ「大夫の後に従う」といわれたのである。

【大意】 顔路が夫子の車を顔回の椁のために請うたのは、請うべきでないことを請うたのではない。またその請いを容れなかった孔子も顔子のために一車を惜しんだわけではない。思うに葬式はその家の貧富相応にすべきであって、一家の葬式によって朝廷的秩序を損なうべきではない。夫子が顔路の請いを容れなかったのはそのゆえである。夫子はいささかも顧慮することなく顔路の請いを許さなかったのである。むしろ後世のものはここに、師弟の間における誠実で率直なあり方を見るべきであろう。

■第八章

顔淵死。子曰、噫、天喪予。天喪予。

一 顔淵死す。子の曰わく、噫《ああ》、天予《わ》れを喪《ほろ》ぼせり。天予れを喪ぼせり。

【訳】 顔淵が死んだ。孔子はいわれた。ああ、天はわたしを喪ぼしてしまった。天はわたしを喪ぼしてしまった。

【注解】 噫とは傷痛の声である。

【大意】 これは孔子が顔子の死を悼み、その死によって学の絶えようとすることを天が自分を喪ぼしたのと同然だと歎かれたのである。

【論注】 古来、王者が興《おこ》れば、天は必ず賢相を王者に与えた。聖賢が興れば、天はまた必ず羽翼をなす者を生ぜしめた。両者の間には必ずや奇遇がある。聖人孔子の蘊奥を万世に発揮するものは顔子その人であった。その顔子を失った。孔子がこの歎きを発するのは当然であろう。かつて孔子は、「文王既に没して、文茲《ここ》に在らずや。……天の未だ斯の文を喪ぼさざる、匡人《きょうひと》それ予《わ》れを如何《いかん》せん

〔文王はすでに没している。だがその遺文は私とともにここにある。……天はこの遺文を亡ぼそうとはしない。匡人がどうしてこの遺文の保持者である私を亡ぼすことができようか〕」（子罕五）といった。顔子の死は聖人の道の興廃にかかわるものである。ただ一身の不幸とすることはできない。それゆえ夫子は顔子の死の歎きを道が失われることへの歎きと同じくされたのである。顔子もまた偉大ではないか。

■第九章

顔淵死。子哭之慟。従者曰、子慟矣。曰、有慟乎。非夫人之為慟而誰為。

顔淵死す。子これを哭《こく》して慟《どう》す。従者の曰《い》わく、子慟す。曰《のたま》わく、慟すること有りや。夫《か》の人の為《ため》に慟するに非ずして誰れが為にせん。

【訳】　顔淵が死んだ。孔子は慟哭された。従者が、先生が慟哭されたと驚いていった。孔子はいわれた。わたしが慟哭していたというのか。この人のために慟哭することなくして、だれのために慟哭するというのか。

【注解】　慟とは大きすぎる悲しみをいう。「慟すること有りや」とは、夫子は悲しみのあまりみずから慟哭したことに気づかなかったのである。かの人とは顔淵をいう。

【大意】　夫子は顔子の死を歎き、みずから慟哭したことに気づかれなかったのである。その死は惜しむべし、よろしく慟哭すべし。他人の死に比することはできない。

【論注】　悲しむべきを悲しみ、楽しむべきを楽しむは、抑えることのできない人情の当然である。

聖人孔子といえども人に異なることはない。それゆえ聖人は人情を廃することはしない。悲しむべきを悲しみ、楽しむべきを楽しむ適切な人情は、それ自体ですでに天下の達道である。適切さを欠いた情とは人情ではなく、ただ一人の私情である。これを人情となしえないような哀楽を聖人孔子はもつことはない。それゆえ人における情を滅ぼすことと、情をほしいままにすることとは、ともに人のなすべからざる罪であることにおいては均しい。『大学』という書に、「心在らざれば、視れども見えず、聴けども聞こえず、食えどもその味を知らず」とある。宋代の儒者たちはこれによって、聖人の心を静虚とし、無欲とし、明鏡止水としている。彼らは聖人の心とは無欲でも静寂でもなく、天下に及ぶ仁愛をその体とし、礼義をその所とする天下万世の人倫の至極であることを知らないのだ。もし『大学』からこの章を見れば、夫子が顔子の死に慟哭して、みずから気づかないほどであったのは、心がここにないほどに乱れていたということになるであろう。私が『大学』を孔氏の遺書ではないとするのはそれゆえである。

■第十章

顔淵死。門人欲厚葬之。子曰、不可。門人厚葬之。子曰、回也視予猶父也。予不得視猶子也。非我也。夫二三子也。

顔淵死す。門人厚くこれを葬らんと欲す。子の曰わく、不可なり。門人厚くこれを葬る。子の曰わく、回や予れを視ること猶父のごとくす。予れ視ること猶《なお》子のごとくすることを得ず。我には非ざるなり。夫の二三子なり。

【訳】 顔淵が死んだ。弟子たちは盛大な葬儀で顔淵を弔《とむら》おうとした。孔子はいわれた。それはやってはいけないことだ。だが門人たちは盛大に弔った。孔子はいわれた。顔回はわたしを父のように思っていた。だがわたしは顔回をわが子のように葬ることをしなかった。あの盛大な弔いをしたのはわたしではない。弟子たちである。

【注解】 葬礼の具えは家の貧富にしたがうものである。貧でありながら厚く葬ることは礼ではない。夫子はここでわが子の鯉を倹《つつ》ましく葬ったように顔子をもそのように葬ることのできなかったことを遺憾とし、門人たちを責めているのである。

【大意】 以上の五章は孔子の道に自《おの》ずからに合致する顔子の比類のない徳を顕彰するために門人の記したものである。思うに葬礼の具えはその家の程度に適うべきものである。「礼はその奢らんよりや寧ろ倹せよ〔礼は豪奢であるよりは、むしろ倹《つつ》ましくしなさい〕」(八佾四)である。君子は人を愛するのに徳をもってし、小人は人を愛するのに財をもってする。門人たちはいたずらに顔子を愛しながら、何をもって愛するかを知らない。惜しいことである。顔子の門人ですら厚く葬ることの間違いを免れなかったのである。後世の葬礼を行おうとするものは、これを警めとしなければならない。

■第十一章

季路問事鬼神。子曰、未能事人、焉能事鬼。敢問死。曰、未知生、焉知死。

季路、鬼神に事《つか》えんことを問う。子の曰わく、未だ人に事うること能わず、焉《いずく》んぞ能《よ》く鬼に事えん。敢えて死を問う。曰わく、未だ生を知らず、焉んぞ死を知らん。

【訳】　季路が鬼神に事える道について質問した。孔子はそれに答えていわれた。まだ生きている人（親兄弟）に十分に事えることができないのに、どうして鬼神（祖先の霊）に事えることなどできようか。季路は孔子のこの答えにもかかわらず、あえて死について訊ねた。孔子はこう答えられた。まだ生も十分に知らないのに、どうして死を知ることがあろうか。

【注解】　鬼神に事えることを問うとは、祖先祭祀にあたって死者の霊は供え物を受けるのかどうかを疑ってたずねたことを意味している。夫子はこうした問いのあり方を抑えて、もっぱら生きている人に事える道に尽力することを教えたのである。にもかかわらず子路は夫子の教えを理解せず、あえて死についてたずねたのである。死を問うとは、人は死んで鬼（死霊）となるが、鬼が知ることなければ、供え物して祭ること自体が無意味ではないかを問うことである。夫子は再び子路の問いを抑えて、もっぱら生の道を知ることに務めるべきだと諭したのである。

【大意】　夫子はここで、人によく事えることができるならば鬼神に事えることもできる、生をよく知るならば死を知ることもできるといわれているが、だが夫子のこの言葉の真意は、人に事える道を務めて、鬼神に近づき、諂《へつら》ったりしてはならない、生存の道を尽くして、死後の道理を求めたりしてはならないことをいうにあると私は考える。それゆえ夫子は鬼神と死後への子路の関心を強く抑えられたのである。思うに仁者とはその力をもっぱら人道のなすべき所に用いるものであり、智者とは知り難いことをあえて知ることを求めたりしないものである。もし力を人道のなすべき所に用い、よく生存の道を尽くすならば、人倫はしっかりと立ち、家道は立派に整うだろう。学問の道は尽くされたということができる。人には上に父母があり、その下には妻子がいる。一身の成敗、一家の存亡、まことに人事は多端である。人のみずから務めるべきことはここにあることを知って戒謹恐懼《かいきんきようく》し、一身一家を荒廃に導くことのないものを生を知るものというのである。

【論注】 夫子は鬼神の理について明弁されることはしなかった。わずかに樊遅（雍也二十）と子路の問い（本章）に答える形で鬼神への対し方を述べられた。だが死生の説については終《つい》に述べられることはなかった。述べられなかったのは、死と死後を説くことが教えとすることにはならないからである。それゆえ夫子は死と死後をいわれないのである。夫子が群聖をはるかに越え、万世にわたる生民の宗師であるゆえんはまさにそこにある。『礼記』などの書に鬼神を論じる孔子の言葉を載せたり、『易経』の「繫辞」に孔子の言葉として「始めを原《たず》ね、終りに反《かえ》る、故に死生の説を知る」といっているが、それらはみな聖人孔子の言ではないことを知るべきである。

【評釈】 この「季路問事鬼神」章をめぐる解釈から儒家の多様な鬼神説が成立する。仁斎は鬼神の問題を、死後の問題とともに道徳論的、認識論的問いのレベルの外に斥ける。「仁者は務めて力を人道の宜しき所に用い、智者はその知り難き所を知ることを求めず」という仁斎の言葉が、学者にはみずからに設ける制約があり、その制約の外に鬼神・生死の問題があることをいっている。私はこれを儒家における〈無鬼説〉とよんでいる。祖霊祭祀を祭祀儀礼の中心とする儒教的立場に立つかぎり、鬼神無しとする全くの〈無鬼説〉は成立しない。仁斎の場合は鬼神の問題を道徳論、認識論の圏外に置いてしまうのである。それに対して祭祀的共同体を人間における共同体形成の始まりとして重視する徂徠は〈有鬼説〉の立場に立つことになる。しかし彼が鬼神有りをいうわけではない。祭祀共同体を人間の社会集団の中核として認めるかぎり、彼は〈有鬼説〉の立場にあるというのである。さらに仁斎の〈無鬼説〉とも、徂徠の〈有鬼説〉とも異なるものとして朱子の〈鬼神説〉あるいは〈鬼神解釈の説〉がある。詳しくは私の『新版　鬼神論――神と祭祀のディスクール』（白澤社、二〇〇二年）を参照されたい。ここではこの「季路問事鬼神」章についての朱子の解釈だけを引いておこう。

鬼神に事えんことを問うは、蓋し祭祀に奉ずる所以の意を求む。而して死は人の必ず有るところ、知らざるべからず。皆切問なり。然れども、誠敬以て人に事うるに足るに非ずんば、則ち必ず神に事うること能わず。始めを原《たず》ねて生ずる所以を知るに非ずんば、則ち必ず終りに反《かえ》りて死する所以を知ること能わず。蓋し幽明始終は、初めより二理なし。但これを学ぶこと序有り、等を躐《こ》ゆるべからず。故に夫子これを告ぐること此《かく》の如し。○程子曰く、昼夜は死生の道なり。生の道を知れば、則ち死の道を知る。人に事うるの道を尽くせば、則ち鬼に事うるの道を尽くす。死生人鬼は一にして二、二にして一なる者なり。（『論語集注』）

■第十二章

閔子侍側。誾誾如也。子路行行如也。冉有子貢侃侃如也。子楽。若由也不得其死然。

一　閔子《びんし》側《かたわら》に侍る。誾誾如《ぎんぎんじょ》たり。子路、行行如《こうこうじょ》たり。冉有《ぜんゆう》・子貢、侃侃如《かんかんじょ》たり。子楽しむ。由が若きはその死を得ざること然り。

【訳】 閔子騫は孔子の側に仕えて、常に穏やかであった。子路は常に剛強のさまを見せていた。冉有と子貢とは率直であった。孔子はこれらの弟子とともにあることを楽しまれた。ただ夫子は子路の剛強に過ぎることを常に戒められた。子路が尋常の死を遂げえなかったのは理《ことわり》である。

【注解】 行行とは剛強の貌。子楽しむとは「英才を得て、教育することの楽しみ」(『孟子』尽心上)をいう。子路は性格剛強で、内に含みをもった気象ではない。それゆえ尋常の死を遂げえないのは理である。洪氏(洪興祖)は、『漢書』が引く「若由也不得其死然」の句のはじめには「曰」の字があるという。

【大意】 誾誾とは和の貌《さま》、行行とは剛の貌、侃侃とは直の貌をいう。夫子の門弟たちは性格を異にしながら、互いに逆らうことなく、共に道を行って、それぞれに材を成していったことをここに見ることができる。ただ聖門中和の気象に反し、剛強に過ぎる子路を夫子は常に戒められた。〇夫子はかつて人材の得難いことを歎かれた(泰伯二十一)。たしかに政事も学問も英才を得ることによってはじめて退廃した紀綱を建て直し、途切れた学統を継ぎ直すことができる。この四人の賢才は、みな道の任にたえうる人材であり、唐虞三代の盛んな代に復帰することを願う夫子の思いを慰めるに足る弟子たちであった。この弟子たちとともにあることを夫子は楽しまれたのである。

■第十三章

魯人為長府。閔子騫曰、仍旧貫、如之何。何必改作。子曰、夫人不言。言必有中。

魯人《ろひと》長府《ちょうふ》を為《つく》る。閔子騫《びんしけん》の曰わく、旧貫《きゅうかん》に仍《よ》らば、これを如何《いかん》。何ぞ必ずしも改め作らん。子の曰わく、夫《か》の人言わず。言えば必ず中《あた》ること有り。

【訳】　魯の役人が新たな長府（財貨貯蔵庫）を作ろうとした。それを知って閔子騫はいった。旧《ふる》い倉でよいものを、なぜ新たに作ったりするのか。それを聞いて孔子はいった。口数の少ないあの人がものいえば、その言葉は必ず正しい。

【注解】　長府は倉をいう。貨財を蔵する倉を府という。旧貫に仍るとは、旧事に従うこと。新たに作る必要のないものを作るにはその訳《わけ》がある。それゆえ閔子はこれを諷諭していったのである。夫子は民を労して新たに長府を作ることを欲しない閔子を称えたのである。

【大意】　言葉は適正であることで貴ばれ、華美であることで貴ばれることはない。言葉が適正であるものは妄りに発言することをしない。妄りに発せられる言葉が適正であることは希れである。長府を改作したことは記録にはない。改作されなかったとすれば、閔子の一言が力をもったにちがいない。激して発する言葉は、人の耳を敧《そばだ》てて聴かしめる。だがその言葉には弊害がともなわれる。穏やかで含蓄ある言葉は、にわかに人の耳を驚かすことはなくとも、人を聴従させる力をもっている。それゆえ人はその言葉の激しさの不足を憂えることなく、穏和ならざることをこそ憂うべきである。夫子が称える閔子の気象をこそ見るべきだろう。

■第十四章

子曰、由之瑟、奚為於丘之門。門人不敬子路。子曰、由也升堂矣。未入於室也。

子の曰わく、由の瑟《しつ》、奚《なん》すれぞ丘の門に於いてせん。門人、子路を敬せず。子の曰わく、由や堂に升《のぼ》れり。未だ室に入らざるなり。

【訳】　孔子がいわれた。由の奏でる瑟の音は、この門にはあまりに不似合いだ。それを聞いて門人たちは子路への敬意を示さなくなった。孔子は弟子たちを諌めていわれた。由はすでに堂に上れるほどのものなのだよ。ただ奥室に入れる域に達していないだけなのだ。

【注解】　子路の気質は剛勇で、中和の気質に欠けている。それゆえその瑟の発する音色も子路の気質通りである。孔子は自分の門に不似合いな子路の瑟の音を嫌ったのである。門人たちはこの夫子の言葉によって子路を尊敬することをしなくなった。夫子はそこで子路の瑟の音だけをもって、子路その人をないがしろにすべきでないと戒めたのである。子路が「堂に升って、未だ室に入らず」とは、子路の学がすでに高明正大の地に到ってはいるが、なお従容として自得する域に入っていないことをいうのである。

【大意】　夫子は人を評して、常にその欠点によって美点を明らかにし、過失を指しながら過失なき達成を求められた。この章の記者は夫子の「堂に升って、未だ室に入らず」の言葉を記して、夫子の意を示そうとしたのである。子路の瑟の音色の過失は微なるものである。だが夫子はその音をふと耳にして、すぐに立ってその音の不適切であることを警《いまし》められたのを見れば、聖人の門に学ぼうとするものは、その気象をここに想い知ることができる。

■第十五章

子貢問、師与商也孰賢。子曰、師也過、商也不及。然則師愈与。子曰、過猶不及。

子貢問う、師と商とは孰《いず》れか賢れる。子の曰わく、師や過ぎたり、商や及ばず。然らば則ち師は愈《まさ》れるや。子の曰わく、過ぎたるは猶及ばざるがごとし。

【訳】 子貢が学友の師（子張）と商（子夏）とではどちらがすぐれていると思われるかとたずねた。孔子はそれに答えて、師は過ぎているが、商は及ばないといわれた。子貢は、それでは師が勝《まさ》っているということですかといった。孔子は、過ぎたものも、及ばないものも中庸を失っていることでは同じだと答えられた。

【注解】 師は子張の名、商は子夏の名。朱氏（朱熹）はこういっている。「子張はその才は高く、その意《おも》うところは広い。人の為し難いことを好んでしようとする。それゆえ常に中庸にはずれて行き過ぎている。子夏は厚く道を信じ、慎んで道を守るものだが、その人間としての規模は狭い。それゆえ常に身を退いて中庸に及ばないのである」と。愈は勝ると同意。人はみな中庸に過ぎたものを優れるとし、及ばないものを劣るとするゆえ、夫子は過ぎたものも、及ばないものも中庸を失っているることにおいて同じだといわれたのである。

【大意】 子張・子夏の二人はその人物の品位において等しいが、その才のあり方において相反している。それゆえ子貢は夫子にたずねたのである。その問いに夫子は、「過ぎたるは猶及ばざるがごとし」と答えられたのである。『中庸』に「道の行われざる、我これを知る。知者はこれに過ぎ、愚者は及ばざるなり。道の明らかならざる、我これを知る。賢者はこれに過ぎ、不肖者は及ばざるなり」といわれている。人はただ及ばないものの欠点だけを知って、過ぎたものが憂うべき欠点の持ち主であることを知らない。子張、子夏の二子がなお過不及で中庸を失しているのは、気質の偏りに制約されて、学問をもってこの偏りに打ち勝つことをなしえていないからである。

■第十六章

季氏富於周公。而求也為之聚斂、而附益之。子曰、非吾徒也。小子鳴鼓而攻之、可也。

季氏、周公より富めり。而るを求やこれが為に聚斂《しゅうれん》して、これを附益《ふえき》す。子の曰わく、吾が徒に非ざるなり。小子《しょうし》、鼓《つづみ》を鳴らしてこれを攻めて、可なり。

【訳】季氏はすでに周公より富んでしまっている。ところが冉求ときたら、この季氏のために貢納をきびしくし、なおその富を増やそうとしている。孔子がいわれた。求はもうわれらの仲間ではない。お前たちよ、軍鼓を鳴らして求を攻め立てるべきだ。

【注解】周公は周王室の最も近い親族として百官の上に位する。富んでいるのは当然である。いま季氏は周公を祖とする魯国の卿でありながら、その富は周公を超えている。ところが冉求は季氏の家宰として租税の徴収を急いで、いっそう季氏の富を増すことをしたのである。ここで季氏が魯公より富むといわないで、周公より富むとしているのは、この言葉の記者が魯公を憚ってであろう。「小子、鼓を鳴らしてこれを攻める」とは、門人たちに冉求の罪を言い立てて責めさせることである。

【大意】　孟子は「国に政事がなければ、財政は不足する」（『孟子』尽心上）といっている。国家の財政を十分にするとは、ただ民のためにすることである。冉有（求）は政事をもってその才を称された弟子である。その冉有が季氏のために「聚斂して附益」するという。しかしその租税取り立ての処置と方法とは決して後世の貪吏のようではなかったと信ぜられる。しかしながら季氏が周公よりも多くの富をもったというならば、冉有たるもの季氏のためにその財を民に施すべきであり、そのことに急であるべきなのに、季氏のためにその財をますます増やそうとしている。夫子が冉有をきびしく責めるのはそれゆえである。そもそも下の損失によって上を増益せしめることは、上自体の損失をまねくことである。冉有の意は季氏のためにすることにありながら、真に季氏のためにすることが何かを知らない。残念なことだ。

【評釈】　「小子、鼓を鳴らしてこれを攻めて、可なり」とはかなり激しい非難の言葉である。仁斎を含めて多くの注釈者はこれを声を高めて責める意としている。戦争における攻撃の譬喩でいっているのは、たしかにその通りだろうが、孔子がこの言葉をもってした激しい憤りを聞くべきだろう。孔子は才能ある弟子の冉有に裏切られたように思ったのである。

■第十七章

柴也愚。参也魯。師也辟。由也喭。

一柴《さい》や愚《ぐ》なり。参《しん》や魯なり。師や辟《へき》なり。由や喭《がん》なり。

【訳】 柴（子羔）は情は厚いが愚かだ。参（曾参）は鈍くてゆっくりしすぎだ。師（子張）は表面を作りすぎる。由（子路）は粗暴すぎる。

【注解】 柴は孔子の弟子、姓は高、字は子羔《しこう》。参は曾子の名。師は子張の名。由は子路の名。朱氏（朱熹）はいう。「愚とは知に不足するが、厚情であること余りあるをいう」。魯は魯鈍である。辟について朱氏は、「辟は便辟（へつらうこと）である。容止（振る舞い方）にのみ馴染んで、誠実に欠ける」という。また朱氏は、「喭とは粗俗であること。伝に喭とは俗論（卑俗の言論）をいうとある」といっている。○呉氏（呉棫《ごよく》）は「この章の始めに「子曰」の二字が脱けている」といっている。それに従う。

【大意】 この章は夫子が四人のすぐれた弟子たちにいっそう備うべきことを求めていることをいうものである。夫子のこの評によって四人の弟子たちを小者と見てはならない。輔氏（輔広）は、「愚とは知の明に欠けるものであり、魯鈍とは才の鋭敏に欠けるものであり、便辟《おもね》るものは、内の誠実を忘れ、粗俗なものは外を粗略にする。それらはみな生まれもった性質の偏りによるものである」といっている。夫子はそれゆえ四人の弟子たちにその偏りを自覚して正し、中庸に帰するよう求められたのである。たしかに聡明なものの見ること、いうことは明快とはいえ、その到達するところは浅い。わずかに門塀を過ぎただけで、堂奥に入ったつもりでいるものは多い。曾子は性愚鈍ゆえ、初め学の道に入ることに苦しんだが、心を変えることなく勉め、かえって学の深部にまで到達したのである。

【評釈】『論語』における孔子の言葉を教訓と見るかぎり、注釈者はこの章に弟子たちに対する孔子のネガティブな批評だけを見ることはしない。だから仁斎もまたこれを弟子たちの欠点を正すための努力を求める孔子の言葉としている。仁斎のような理解からすればこの孔子の評言は「子羔は知に不足するが情は厚い。曾参は歩みは遅いが確実である。子張は自分の才能を人付き合いに使いすぎている。子路は粗暴だが真っ直ぐである」というように訳されることになるだろう。だが孔子とその弟子たちの集団を、後世が「孔門の十哲」と称するようなすぐれた師弟の集団として見ることなく、顔淵から子路にいたる学力・才能・品格・性質において大小・高下・浅深さまざまな弟子たちの集団と考えれば、端的にネガティブな評価をもっていうような章があっても不思議ではない。あるいはネガティブな評価だけをもってすることの章を孔子のものとすることが憚られて、「子曰」の二字を脱落させたのかもしれない。私はむしろ孔子がその弟子たちを「あいつは愚だ、鈍だ、粗暴だ」といいながらも彼らを包括していく大きさをもった教師であったように思う。子路はその横死が予想されるほどに粗暴な弟子であったが、その横死にいたるまで孔子が愛情をもって対し続けた弟子であったことを私たちは『論語』に読むのである。なお宮崎市定はこう訳している。これは適訳だと思う（宮崎論語）。

（子曰く）高柴は馬鹿正直、曾参は血のめぐりが鈍い。顓孫師《せんそんし》は見栄ぼう、仲由はきめが荒いぞ。

■第十八章

子曰、回也其庶乎。屢空。賜不受命而貨殖焉。億則屢中。

子の曰わく、回やそれ庶《ちか》からんか。屢《しばしば》空し。賜は命を受けずして貨殖す。億《おもんばか》るときは則ち屢中《あた》る。

【訳】孔子はいわれた。顔回は道の近くにいる。米櫃を空にしながらも、道を楽しむことをやめない。回は貧に居ることを命としている。子貢は貨殖し、命を受けることなく、その才によって自ずから富んでいる。だが彼の推量はしばしば適中する。

【注解】庶は近いである。道に近いことをいう。空は空匱、食物に乏しいこと。顔回はすでに道に近い。そうでなければ、しばしば空匱にありながら、どうして道を求めて楽しむ生き方を改めないことがあろうか。命とは天命である。貨殖は貨財の自ずから生ずることをいう。子貢は富を求めて努めるわけではないが、その持って生まれた才によって自ずから富をもたらす。それゆえ「命を受けず」といわれているのである。億は意《おも》い度《はか》ること。中るとは理に中ることをいう。子貢の才識はよく事を推量して、多く適中するものであることをいう。

【大意】人は義に適ってのみ富に居ることができ、貧しくあることができる。しかしながら人には天命がある。人生の表《おもて》の貧富を超えて、泰然としてその人生に安んじうるものは天命を知るものである。天命とは、みずからもたらそうとすることなくして、この人生の上にこの結果がもたらされることをいう。もたらそうと計ってもたらされた結果は、たとえそれが義に適っていても天命ではない。子貢の貨殖は世間の増殖とは違うとはいえ、それはやはり思い料《はか》った結果であることを免れない。夫子はそれゆえこれを「命を受けず」といわれているのである。ただそこに義がないというわけではない。子貢を顔子から分かつのは天命を知るかどうかにある。

【評釈】これも孔子の言葉の教訓的な読みが、解釈に苦しむ章句である。これを孔子の弟子たちの多様なおもしろさとして読もうとするのはやはり前章にも見た宮崎市定である。彼は「回也其庶乎屢空」を「回や其れ屢々空しきに庶し」と読んで、こう現代語訳している(宮崎論語)。

子曰く、回は年中貧乏暮しというところ。賜は命ぜられなくても、金儲けに熱心だ。彼の見通しは大てい的中する。

■第十九章

子張問善人之道。子曰、不践迹、亦不入於室。

一 子張、善人の道を問う。子の曰わく、迹《あと》を践《ふ》まず。亦室《しつ》に入らず。

【訳】子張が善人と称されるものの道の行い方を問うた。孔子が答えていわれた。善人はただ自分の善さにしたがって行い、先人の迹を践むことをしない。それだからその先へと、より深くへと入っていこうとはしない。

【注解】善人の道とはいわゆる善人が道として行うところをいう。迹を践まずとは、古えの成法に循うことをしないこと。室に入らずとは道の精微を求めようとはしないこと。善人が道として行うところは、古法に循わず、道の精微を求めるものではないことをいう。

【大意】善人とは善を倦まずに行い、善人と称されるに足る徳を備えて世間の仰慕を受けるような人をいう。子張は聞くことを好み、善人の道を問うて夫子の答えを聞こうとしたのである。夫子は答えていわれた。善人が道とするところは自分を善人としてその善しとするところを行うので、古えの法（手本）に順おうとはしない。したがってまた道の奥深さにいたろうとはしない。それこそ善人が世の善人であることにとどまって、その徳を手本とするに足らないゆえんである。もし善人がその資質だけに頼って学ぶことをしなければ、終には私だけの資質にとどまり、私智を免れないことになってしまうだろうと。この章は善人が道とするその行い方を論じているのであって、善人であるそのことをいうものではない。

■第二十章

子曰、論篤是与、君子者乎、色荘者乎。

子の曰わく、論の篤き是れ与《くみ》せば、君子者か、色荘者《しきそうしゃ》か。

【訳】孔子がいわれた。その議論が篤実だからといって、その人に荷担するならば、その人が君子人なのか、言葉だけの色荘者なのか分からないままで荷担することになる。

【大意】朱氏（朱熹）はいう、「その言論が篤実であることだけで、それに荷担するならば、その論者が君子人であるのか、表を飾る色荘者であるのか分からない。言葉の外貌だけで人を評価することはできない」。○袁氏（袁黄《えんこう》）はいう、「人は浮ついた言論の信じえないことは知っていても、篤い言論もまた信じえないことを知らない。夫子はそれを警めていわれたのである」。

【評釈】 意味の解きがたい断片的な章句である。仁斎はこの章の理解を朱子と先儒の通俗的解釈に委ねて、それ以上の理解を投げているように思われる。だが徂徠は苦労しながらこう解している。彼はこの章を「論篤《ろんとく》是か。君子なる者か、色荘なる者か」と読み、「論篤」とは「必ず時人の論を謂う」とし、「是」とは「是非の是」として、「時論を以て是と為さんか、豈その君子なる者たり色荘なる者たるを知らんや」（『論語徴』）と解している。

■第二十一章

子路問、聞斯行諸。子曰、有父兄在。如之何其聞斯行之。冉有問、聞斯行諸。子曰、聞斯行之。公西華曰、由也問聞斯行諸、子曰、有父兄在。求也問聞斯行諸、子曰、聞斯行之。赤也惑。敢問。子曰、求也退。故進之。由也兼人。故退之。

子路問う、聞くままに斯れ行わんや。子の曰わく、父兄在《いま》すこと有り。これを如何《いかん》ぞ、それ聞くままに斯れこれを行わん。冉有問う、聞くままに斯れ行わんや。子の曰わく、聞くままに斯れこれを行え。公西華の曰わく、由や聞くままに斯れ行わんやと問えば、子の曰わく、父兄在すこと有りと。求や聞くままに斯れ行わんやと問えば、子の曰わく、聞くままに斯れこれを行えと。赤や惑う。敢えて問う。子の曰わく、求や退

く。故にこれを進む。由や人を兼ぬ。故にこれを退く。

【訳】子路が問うた。聞いたら直ちに実行すべきでしょうか。孔子は答えられた。父兄がおられるではないか。徒《いたずら》に即断して実行すべきではない。冉有が同じく問うた。聞いたら直ちに実行すべきでしょうか。孔子は答えられた。直ちに実行するがよい。公西華が孔子に訊ねた。由（子路）が、聞いたら直ちに行うべきかと問えば、先生は父兄がいるではないかと答えられ、求（冉有）が、聞いたら直ちに行うべきかと問えば、直ちに行えと答えられた。赤（公西華）はこの相異なるお答えに困惑します。どうしてそう答えられたのですか。孔子はいわれた。求はいつも一歩身を退いている。それゆえ進んで行えといった。由はいつでも出過ぎて人の分までしてしまう。それゆえ身を退くようにしろといったのだ。

【注解】一般に子弟として父兄の心を体して事に務め、謙《へりくだ》って一歩己れを退けてあるべきである。ところが子路は性格が剛勇で退くことがない。それゆえこう戒められたのである。冉有の資質は柔弱に過ぎる。それゆえ求には、聞くところを直ちに行えといって、子路のように抑えることをされなかったのである。人を兼ねるとは、「食を兼ねる」「道を兼ねる」というように、人の何倍ものことをすることをいう。

【大意】孔子は人を教えるに当たって、ある人には進むべきことをいい、ある人には退くことを教えられた。人それぞれに権度をもって対された。孔子の人の導き方は、ちょうど天地の道が陽にして伸びやかに陰にして沈むように、その時節にしたがった造化の働きの中で万物が自ずから発育成長するようであるのと同様である。子路と冉有の問いは必ずしも同時になされたのでも、互いに言い交わしてしたものでもない。ただ二人は同じことを問い、その答えが異なっていたのである。子華（公西華）はたまたまそれを見て、夫子の答えの異なることを疑い、その理由を問うたのである。子華のこの問いがなければ、聖人がこの二人の弟子をそれぞれに育成されようとした真意を知ることはできなかったであろう。後世の人の師であるものは大体、自分の得意とする所にしたがって世の人材を育成しようとする。それは夫子の道ではない。師であるの道を知らずして人の師であるならば、それは必ず人の子を傷なうことになるだろう。謹まねばならない。

■第二十二章

子畏於匡。顔淵後。子曰、吾以女為死矣。曰、子在。回何敢死。

子、匡《きょう》に畏《い》す。顔淵後れたり。子の曰わく、吾れ女《なんじ》を以て死せりとす。曰わく、子在《いま》す。回何ぞ敢えて死せん。

【訳】　孔子が匡で生命を落としかねない危険にあわれたとき、顔淵は一行に後れた。再び現れた顔淵を見て孔子は、お前は死んだものと思ったといった。顔淵は、先生が生きておられるのに、どうして私がむざむざと死ぬことなどありましょうかと答えた。

【注解】　朱氏（朱熹）はいう。「後れるとは、相手を見失って残ること。何ぞ敢えて死せんとは、武闘に出向いて死んだりすることは決してないことをいう」。

【大意】 もし夫子が不幸にして生命を落とすような危難にあえば顔子は必ずや身を挺して夫子を護ったであろう。夫子・顔子の師弟相互の愛護の厚さ、結びつきの深さは、ともに道を求めることにおいて在るのであって、恩義を尽くすということだけに在るのではない。

■第二十三章

季子然問、仲由冉求、可謂大臣与。子曰、吾以子為異之問。曾由与求之問。所謂大臣者、以道事君。不可則止。今由与求也、可謂具臣矣。曰、然則従之者与。子曰、弑父与君、亦不従也。

季子然《きしぜん》問う、仲由《ちゅうゆう》・冉求《ぜんきゅう》は、大臣と謂うべしや。子の曰わく、吾れ以《おも》えらく子異なるの問いをせんと。曾《すなわ》ち由と求との問いなり。所謂大臣とは、道を以て君に事う。不可なるときは則ち止む。今由と求とは具臣《ぐしん》と謂うべし。曰わく、然らば則ちこれに従わん者か。子の曰わく、父と君とを弑《しい》せんには亦従わず。

【訳】 季氏の子然が孔子に問うた。あなたのお弟子の仲由と冉求とがわが家臣となりましたが、この二人を大臣と呼んでもよいでしょうか。孔子が答えていわれた。あなたは異なことを問われたようだ。仲由と冉求とについて問われるのですか。そもそも大臣とは道をもって君に事えるものをいうのです。もし道をもって事えることができなければ、臣であることを止めます。それが大臣といえる臣です。いまの仲由と冉求とはただ員数揃えの臣にすぎません。子然が問うた。それではこの二人は私のいうままに従いますか。孔子がいった。父と君とを弑逆するような大罪に従うことは決してありません。

【注解】　子然は季氏の子弟である。仲由・冉求の二人の弟子を家臣としたことを子然はみずから大きなことをしたとして、二人を大臣と呼ぶべきかと問うたのである。異なるとは普通ではない問い方をしていることをいう。曾とは乃ちと同じ。夫子は仲由・冉求の二人を軽くみなして、この二人を大臣にする季子然の野心を抑えたのである。道を以て事えるとは、主君の心の非を正して、道に違えることは決して申し述べたりしないことをいう。止むとは致仕して去ることをいう。具臣とはただの員数揃えの臣をいう。これに従わんかとは、二人が君の欲するままに従うかの意。父と君とを弑せんには亦従わずとは、小事には従わないことはないとはいえ、大義に反することには決して従わないという意である。

【大意】　朱氏（朱熹）はいう。「仲由・冉求の二人は大臣としては不足するとはいえ、君臣の義については多く聞き、深く身に体していた。君を弑逆し、親を害する大罪に荷担することは決してない。死をもってしても奪いえない節操を備えていることを夫子は認めていた。夫子はここでは季氏における臣たらざる叛心を挫こうとされているのである」。○夫子が大臣を論じられているのを見ると、その品格を中心にして、その地位を重んじることはない。世の道が伸展するのであれば、たとえ最下の一命《いちめい》の官位にいても、十分に大臣たりうるとし、世の道が退縮するならば、三公の高位にあるものでも、具臣であることを免れないとされるのである。揚雄《ようゆう》（前漢の文人）が魯の二人の儒生に大臣の名を許しているところを見れば、身分のない在野の士であっても、その器量を備えれば大臣となしえたことを知るのである。

■第二十四章

子路使子羔為費宰。子曰、賊夫人之子。子路曰、有民人焉、有社稷焉。何必読書然後為学。子曰、是故悪夫佞者。

子路、子羔《しこう》をして費《ひ》の宰たらしめんとす。子の曰わく、夫《か》の人の子を賊《そこ》なわん。子路の曰わく、民人《みんじん》有り、社稷《しゃしょく》有り。何ぞ必ずしも書を読みて然る後に学とせん。子の曰わく、是《こ》の故に夫の佞者《ねいしゃ》を悪《にく》む。

【訳】 子路が若い子羔を費邑の宰領にしようとした。孔子がいわれた。まだ世も知らぬあの子を駄目にしてしまう。子路は対えていった。費邑には治めるべき民人がいます。仕えるべき社稷があります。子羔が学ぶに事欠くことはありません。書物を読むだけで、学問が成るわけではないでしょう。孔子はいわれた。だから口達者の佞人をわたしはきらうのだ。

【注解】 賊は害する意。子羔は良い性質をもつが、学問が不十分である。これをにわかに政事の場に用いれば、むしろその人を害することになると夫子はいうのである。季氏の私邑（領有地）の費には治めるべき民人がおり、仕えるべき社稷がある。この実地の政事こそ学問ではないか。書物を読むことだけを学問とすることはないのではないかと子路はいうのである。佞者とは是非善悪を混乱させて、人を惑わすものをいう。子路のいかにも道理ありげな言葉が実は人を賊なうことになるのである。夫子はそれゆえ子路のこのいい方を斥けたのである。

【大意】 范氏（范祖禹）はいう。「学んで後に政事に入るのが古来のあり方で、政事をもって学とするものを聞いたことはない。道の本は身を修めることにあり、身を修めた後に人を治めることに及ぶものであることは、書物に説かれている。その知識を得て後にそれを行いうるのである。どうして書を読まないでよいことがあろうか。子路は子羔に直ちに政事に就くことで学ばせようとした。それは先後本末の次序を間違えている。この間違いを知らずに子路がもっともらしい言葉で抗弁するのを、夫子は佞者として斥けられたのである」。

【論注】　書とは先人のすぐれた言行を記載したものである。それゆえこれを読まないときは、人の成功と失敗の迹に暗く、今日の用務に正しく応じることができない。思うに旧事に依ることで新事は為しやすく、古事を学ぶことで今事を制《さだ》めることができる。過去の多くの業績を学び蓄えることなくして、よく国を治め民を安らかにしうるものはない。ただし読書の法には正があり俗があり、善があり不善がある。その区別をよくよく察すべきである。

【評釈】　この章は士大夫が読書人階層として形成される前の、あるいはそのとばロをなすような時期におけるものであるだろう。政治に必要な学問知識は実地に形成されるはずだという子路に、孔子は「この口達者の佞人」といった批判をしかなしえていない。范氏の注釈も仁斎の論注も儒者という読書人階層が形成された後の読書・学問の正当化論であって、孔子のものではない。『論語』にわれわれが見るのは、古えを学ぶこと、先人の遺文を学ぶことが好きだという孔子の姿である。彼はやがてこの古えの学びによる反省的な自己陶冶という学問観と君子像とを構成していく。われわれが『論語』に読むべきなのは孔子のこの原初性における〈古学〉的学問観と〈読書〉的君子像である。

■第二十五章

子路曾晳冉有公西華侍坐。子曰、以吾一日長乎爾、毋吾以也。居則曰、不吾知也。如或知爾、則何以哉。

子路・曾晳《そうせき》・冉有《ぜんゆう》・公西華《こうせいか》侍坐《じざ》す。子の曰《のたま》わく、吾れが一日も爾《なんじ》より長ずるを以て、吾れを以てすること毋《な》かれ。居《よのつね》は則ち曰《い》わく、吾れを知らずと。如《も》し爾を知ること或《あ》らば、則ち何を以てせんや。

【訳】子路・曾晳・冉有・公西華の四人が孔子の側近くに座していた。孔子がその弟子たちにいわれた。自分が年長だからといって遠慮することはない。日頃お前たちは自分を評価するものがいないといっているが、もしお前たちの力量を知り、用いられたならばどのような働き方をするのか。

【注解】曾晳は曾参の父であり、名は点。孔子は自分が年長であるからといって遠慮することなく、それぞれの志を述べるように弟子たちにいっているのである。常にお前たちは自分を認めるものがいないといっている。もし用いるものがいたら、どのように国を治めようとするのか。それを語ってみよと。

子路率爾而対曰、千乗之国、摂乎大国之間、加之以師旅、因之以饑饉、由也為之、比及三年、可使有勇且知方也。夫子哂之。

子路率爾《そつじ》として対えて曰わく、千乗《せんじょう》の国、大国の間に摂《せっ》して、これに加うるに師旅《しりょ》を以てし、これに因るに饑饉を以てせんに、由やこれを為《おさ》めば、三年に及ぶ比《ころ》おい、勇ありて且つ方《むか》うことを知らしむべし。夫子これを哂《わら》う。

【訳】子路が慌ただしく起ち上がって答えた。千台の戦車をもつ国でありながら、大国の間に挟まれ、大軍の攻勢を受けながら、さらにそれに重ねて国内は饑饉に苦しむという難儀があっても、もし私が用いられ、治世に当たるなら三年たったころには、勇気をもった、正しい道を知る国民を作り上げるでしょう。夫子はそれを聞いて微笑んだ。

【注解】摂とははさまること。二千五百人の軍勢を師といい、五百人を旅という。因るは仍《かさ》ねること。穀物の熟さないことを饑といい、菜類の熟さないことを饉という。方は義方、正しい道。哂うは微笑すること。

求爾何如。対曰、方六七十、如五六十、求也為之、比及三年、可使足民。如其礼楽、以俟君子。

求、爾《なんじ》は何如《いかん》。対えて曰わく、方六七十、如《も》しくは五六十、求やこれを為《おさ》めば、三年に及ぶ比《ころ》おい、民を足らしむべし。その礼楽の如きは、以て君子を俟《ま》つ。

【訳】求よ、お前はどうか、と孔子は問われた。冉求は答えていった。私にもし方六、七十里、もしくは五、六十里の国の政治が任せられれば、三年たったころには、民を十分に富ましめましょう。国の礼楽の面は能力ある君子を得て、その任に当たらせます。

【注解】求、爾は何如とは、孔子が求（冉有）にお前はどうかと問われているのである。足るとは富んで足ること。冉求は子路の言葉を承けていっているのである。諸侯の大国を治める力はないが、方六、七十里ないし方五、六十里の小国であれば自分にも治めることができる。その民を十分に富ましめるだろう。ただ礼楽については有徳の君子を俟って、彼に任じたいと。夫子が冉求の言葉を咎めていないのは、これを是認されているからであろう。

赤爾何如。対曰、非曰能之、願学焉。宗廟之事、如会同、端章甫、願為小相焉。

赤、爾は何如。対えて曰わく、これを能くせんと曰うには非ず。願わくば学びん。宗廟の事、如しくは会同に、端章甫《たんしょうほ》して、願わくば小相《しょうしょう》たらん。

【訳】赤よ、お前はどうか、と孔子が問われた。公西華は答えていった。自分にできるというわけではありませんが、学びたいと願っています。それは宗廟の祭祀にあたって、もしくは諸侯の会同の際に、礼服礼冠を整えて小相の役を務めたいと願っています。

【注解】赤（公西華）もまた冉有の言葉を承けていっている。自分にはできるというのではないが、学びたいとは、以下の抱負をまず謙遜の言葉でいっているのである。宗廟の事とは祭祀の事をいう。諸侯の時に会合するのを会といい、多くの諸侯が王に対面するのを同という。端は黒い礼服、章甫は礼冠。君主の礼を賛助するものを相といい、大相と小相とがある。

点爾何如。鼓瑟希、鏗爾。舎瑟而作、対曰、異乎三子者之撰。子曰、何傷乎。亦各言其志也。曰、莫

春者、春服既成。冠者五六人、童子六七人、浴乎沂、風乎舞雩、詠而帰。夫子喟然嘆曰、吾与点也。

点、爾は何如。瑟《しつ》を鼓《ひ》くこと希《や》んで、鏗爾《こうじ》たり。瑟を舎《お》いて作《た》って、対えて曰わく、三子者の撰に異なり。子の曰わく、何ぞ傷《いた》まんや。亦各《おのおの》その志を言うなり。曰わく、莫春《ぼしゅん》には、春の服既に成る。冠者《かんじゃ》五六人、童子《どうじ》六七人、沂《き》に浴し、舞雩《ぶう》に風して、詠じて帰らん。夫子喟然《きぜん》として嘆じて曰わく、吾れは点に与《くみ》せん。

【訳】点よ、お前はどうか。瑟を弾いたり止めたりしていた曾皙は、音を立てるように瑟を下に置き、立ち上がって答えた。私の思うところは三人の方々とは異なります。孔子は、たとえ異なろうと気にとめることはない、それぞれに思うところを述べているのだからといわれた。曾皙は答えていった。晩春の頃合い、春服もすでに整い、冠を着け終えた若者五、六人と、まだ冠せぬ童子六、七人とともに沂水に浴し、舞雩に登り、風に吹かれ、歌を詠じて帰りたいものです。夫子は歎声を発していわれた。わたしは点と同じ思いだ。

【注解】希は間歇的である、弾いたり止めたりすること。鏗爾は瑟を投げ置く音。舎は置く、作は起つこと。撰は具えていること。日頃の抱負の意。莫春は春の終わり、晩春、今の三月（旧暦）である。曾点がその志をいうのがちょうど晩春の時であった。春服とは薄い袷の衣服。礼には二十歳で冠をし、まだ冠をしないものを童というとある。沂は魯の城南の川の名。朱氏（朱熹）は、「地志には温泉ありという。当然そうであろう。風するとは涼をとること。舞雩とは天を祭り、雨乞いの禱りをする祭壇、土を盛り、樹木を植えてある。詠とは歌うことである」という。曾点は深く周末擾乱の現状を厭い、よく治まった古えの世の淳風を慕った。それゆえその言葉には、唐虞三代の盛世の民たち、不足することなく、生まれえた性のままにのびのびと過ごしえた民たちの気象に合するものがある。それゆえ夫子は深く感歎していわれたのである。私は点と同じ思いだと。夫子の唐虞三代の盛んな世を見ることを願う意に曾点の志は合っていたのである。

三子者出。曾皙後。曾皙曰、夫三子者之言何如。子曰、亦各言其志也已矣。曰、夫子何哂由也。

三子者《さんししゃ》出ず。曾皙後れたり。曾皙の曰わく、夫の三子者の言何如《いかん》。子の曰わく、亦各《おのおの》その志を言うのみ。曰わく、夫子何ぞ由を哂《わら》うや。

【訳】三人の弟子たちは退出した。曾皙だけが後れた。曾皙は孔子に、あの三人の方々の答えをどう思われるかとたずねた。孔子は、それぞれが自分の志をいったまでだと答えられた。曾皙はさらにたずねた。夫子はなぜ由の答えに笑われたのですかと。

【注解】三子は同じように答えた。ところが夫子はことに子路の答えにだけ微笑された。曾点はそれを疑って問うたのである。

曰、為国以礼。其言不譲。是故哂之。唯求則非邦也与。安見方六七十、如五六十、而非邦也者。唯赤則非邦也与。宗廟会同、非諸侯而何。赤也為之小、孰能為之大。

曰わく、国を為《おさ》むるに礼を以てす。その言譲らず。是の故にこれを哂《わら》う。唯《ただ》求は則ち邦に非ずや。安《いずく》んぞ方六七十、如《も》しくは五六十にして、邦に非ざる者を見ん。唯赤は則ち邦に非ずや。宗廟会同、諸侯に非ずして何ぞや。赤やこれが小たらば、孰《た》れか能くこれが大たらん。

【訳】 孔子が答えていわれた。国を治めるには礼をもってするものである。ところが由の言葉にはいささかの謙譲の意も見えない。それゆえ笑ったのである。求は謙遜して、方六、七十里、もしくは方五、六十里の国というが、それもまた大国ではないか。赤は宗廟会同において小相として仕えることを願うが、それが諸侯の会同であることに違いはない。赤は小相として務めるというが、では赤を措いてだれが大相を務めるというのか。

【注解】 国を治めるには礼をもってするものである。だが子路の答えにはいささかの謙譲の言葉もない。諸侯の大国を治めることをいいながら、礼を解することのない子路の言葉の不釣り合いを夫子は笑ったのである。以下は二子の言について夫子の笑わなかった理由をいっている。冉有は大国を治める志をもちながら、謙遜してあえて大国ということを避けている。それゆえ夫子は笑うことをされなかった。また公西華はあえて諸侯をいうことをせずに、宗廟で小相として仕えることを願った。みな謙遜した言葉である。「孰れか能くこれが大たらん」とは、よくその右に出るものはないという意で、公西華の力量を認めた言葉である。

【大意】 程子がいっている。「古えの学者たちは優優として余裕がある。子路・冉有・公西華も自ずから先後の序にしたがい悠々とみずからの志を述べている。夫子も彼らの述べるところを認めている。その志としていうところはみな実事である。後世の学者たちはひたすら高遠を好む。だがたとえその心を千里の外に遊ばせても、その身はかえって此処にあるだけなのだ」。

【論注】聖人孔子の学は有用の学である。もし経世済民の務めに不足するところあれば、たとえ書を多く読み、理を弁じて明らかであっても、その学を貴重とはしない。三人の弟子たちのいうところは、後世の見方からすれば、ただ実用の末事にとらわれて、極所を求めることをしないもののように見えるだろう。だが三子の志をいうところはみな実事（実地実用の事）であって、後世の空文に力を注ぎ、実用を忘れるものと比べることはできない。三子はみな有用の実材である。この三子に対して、曾点の志を言うところを見れば、悠然としてみずから楽しみ、従容として生を送り、それはちょうど「井戸を掘って飲み、田を耕して食らい、帝王の恩恵に気付くこともない」（『十八史略』五帝）という古人の気象である。夫子はかつて「老人には気分が安らかであるようにし、友人には信頼され、年少者には親しめるようでありたい」（公冶長二十五）といわれていた。また『礼記』の載せる夫子の言葉に、「三代の王たちの英明な治世を私は見ることはできない。だがその世への志を私はもっている」（礼運）とある。曾晳は中道の人とはしがたいが、世俗の外に放浪するようなものではない。彼のいう志は暗に聖人孔子における三代の治世への志向に合するところがあるゆえに、夫子は覚えず嘆息して「吾れは点に与《くみ》せん」といわれたのである。

【評釈】仁斎は曾晳に同調した孔子の意を推察して、唐虞三代の民の気象を曾晳の言葉に読んでいる。これは曾晳のあの舞雩の諷詠ともいうべき言葉についての仁斎の精一杯の解釈であろう。この曾晳の言葉をまさしく詩として読むのは徂徠である（『論語徴』）。

按ずるに曾点浴沂の答えは微言なり。後世詩学明らかならず、ゆえに儒者は微言を識らず。その解を得るもの尠なし。按ずるに曾点は礼楽の治に志あること、家語に見ゆ。是れ必ず伝授する所あり。孟子に点を狂者と称す。その言に曰く、「古えの人、古えの人」と。その志極めて大にして、礼楽を制作し、天下を陶冶するに志有り。……然れども礼楽を制作すとは、天子の事、革命の秋《とき》なり。ゆえに君子はこれを言うを諱《い》む。……則ち礼楽を言うべからず。かつその意、三子が諸侯の治を志すを小とするなり。而してこれを言うを難《はばか》る。ゆえに志を言わずして、已今の時を言うなり。是れ微言なるのみ。夫子その意の在る所を識る。ゆえに深くこれを嘆ずるなり。

徂徠は「莫春《ぼしゅん》には春服既に成る」の数語は、「高朗爽快、超然として高視し、狂者の象なり」と、曾晳を狂者とし、浴沂の言を詩的微言とするのである。狂者とは大なる志をもちながら、その行いの尋常に異なる人である。徂徠は曾晳を狂者とし、浴沂の言を狂者の大なる志を内に隠した微言だとする。孔子はその微言の内にある志を察したというのである。徂徠は三子者が治道の志をいうこの章のコンテキストの中で、局外者的な曾晳とその言葉とをとらえている。曾晳をめぐる「狂者」と「微言」という視点は、局外者的な曾晳とその言葉になぜ孔子が深い詠嘆とともに同じたのかを解き明かす鍵でもある。

私はここで徂徠のいう「微言」に注目したい。詩という文学的言語を徂徠は微言という。微言とは辞書によれば、「微妙な、奥深い言葉、内緒ばなし、それとなく遠回しにいうこと」とある。徂徠は詩を微言という。曾晳の舞雩の詩的言辞とは『論語』における代表的な微言である。志をいう言葉がなぜ微言になるのか。なぜその言葉は詩でなければならないのか。徂徠は時をいう。その時は革命の秋《とき》ではないからである。また徂徠は位をいう。その位は制作者の位置から遠く隔てられているからである。そのとき志をいう言葉は詩となり、微言となる。だから『論語』の孔子の言葉とは本質的に詩であり、微言なのである。先王の礼楽の道を志す孔子は、このとき、その遂げえぬ志を詩・微言としてしか語りえないというのである。「舞雩」とは、孔子の微言を絵にして見せたのである。

曾点の舞雩の言葉はたしかに詩である。これは文学的表現として理解すべきだろう。孔子が歎声とともにこれに与したことからすれば、それは孔子の発する言葉でもある。ではなぜこのとき孔子の言葉は浴沂舞雩の詩とならざるをえなかったのか。私は孔子の言葉が詩とならざるをえないその時を、孔子晩年の時とみたい。この時、孔子は六十九歳を過ぎていた。年譜はこの章の孔子を七十一歳と推定している（「孔子年譜」、渋沢論語付載）。その翌年、治道の大志を述べた子路は衛の内乱で横死する。孔子晩年のこの時、その言葉は現実への深い嘆きの言葉、反語としての詩たらざるをえない。私は「莫春には、春服既に成る。冠者五六人、童子六七人、沂に浴し、舞雩に風して、詠じて帰らん」という局外者を装う諷詠を、深い否定的なアイロニーの文学的な表現として読むのである。これは孔子の反語的な歎声である。

なおこの先進篇の章と公冶長篇の「孟武伯問う」の章との構成上の連関を指摘したのは和辻哲郎である（『孔子』）。和辻は『論語』各篇の成立問題との関わりからいっているのである。その和辻はこの「舞雩」の句について、これは古来多くの人に愛せられた句ではあるが、「恐らくこれは孔子学派の運動とは独立に生じた民謡の類で、先進篇の編者が孔子の伝記の中に取り入れたものであろう」といっている。

顔淵《がんえん》第十二

■第一章

顔淵問仁。子曰、克己復礼為仁。一日克己復礼、天下帰仁焉。為仁由己。而由人乎哉。

顔淵、仁を問う。子の曰《のたま》わく、己れに克って礼を復するを仁とす。一日も己れに克って礼を復するときは、天下仁に帰す。仁をすること己れに由れり。而《しか》も人に由らんや。

【訳】 顔淵が仁について問うた。孔子はそれに答えていわれた。自分に打ち勝って、人のためにし、礼を反復して行いを整えるならば、天下は仁に帰するだろう。この仁を行うかどうかは、ただ自分によるのであって、人によるのではない。

【注解】 この章は夫子《ふうし》（われらが師孔子）が、天下に仁をなす道について述べられたものである。克つは勝つである。己れとは人に対する自分をいう。復するとは反復すること。己れに克つとは、己れを捨てて人に従うことである。それは自分を優先させないという意である。己れに打ち勝つならば、広く人を愛することができるようになる。礼を反復するときは、自分の行いをほどよく整えることができる。それゆえよく人を愛し、その行いをよく整えることができれば、仁はここに行われたということができる。一日とはその志が初めて起こったその日をいう。すなわち、志の生じたその日から自分に勝って人を愛し、礼を反復して行いを整えるならば、天下が仁に帰することの勢いは、沛然として禦《ふせ》ぎようのないほどであることをいう。終わりに夫子はもう一度、「我、仁を欲すれば、斯《ここ》に仁至る（自分が仁を欲するならば、すぐそこに仁はやってくるのだ）」（述而二十九）の意を繰り返しいって、その言葉を締めくくっている。

顔淵曰、請問其目。子曰、非礼勿視。非礼勿聴。非礼勿言。非礼勿動。顔淵曰、回雖不敏、請事斯語矣。

顔淵の曰わく、その目《もく》を請い問う。子の曰わく、礼に非ざれば視ること勿《な》かれ。礼に非ざれば聴くこと勿かれ。礼に非ざれば言うこと勿かれ。礼に非ざれば動くこと勿かれ。顔淵の曰わく、回不敏なりと雖ども、請う斯《こ》の語を事とせん。

【訳】顔淵はさらにその詳細を聞くことを願った。孔子はそれに答えていわれた。礼によらずに物を見ることをしないことだ。礼によらずに物を聞くことをしないことだ。礼によらずに物を言うことをしないことだ。礼によらずに物を行うことをしないことだ。顔淵は答えていった。回は不敏とはいえ、これを自分の大事として行うようにいたします。

【注解】目とは条目をいう。「六言」「六蔽」「五美」とか「四悪」の類をいう。朱氏（朱熹）は「事とする」とは「事を事とする（専念する）」意だといっている。顔子はすでに孔子の答えによって仁の大綱を理解したが、さらにその条目を詳しく問うて、その理解を十分なものにすることを願ったのである。それゆえ夫子は四つの条目を挙げて顔回に告げたのである。言うところは、礼にしたがって行うならば、仁は己れのものとなって失われることはないということである。それは『易経』にいう「君子はもって礼に非ざれば履まず」（「大壮」象文）の意である。顔子は速やかにその旨を心に刻み、みずからそれに堪えうることを知り、直ちに仁の実践を己れの任として疑わなかったのである。

【大意】 顔子は王の輔佐たりうる人材である。それゆえ孔子は天下に仁道を行う道をもって、顔子の仁への問いに答えられたのである。それはまことに夫子が四代の礼楽の長所短所をのべて、国家創建への顔子の問いに答えられた（衛霊公十）のと表裏をなすものである。思うに仁が天下の徳であるとは、慈愛惻怛《そくだつ》の心が内外遠近に満ちわたり、家にあっては家に仁が行われ、邦にあっては邦に仁が行われ、天下にあっては天下に仁が行われて寛裕和穆《わぼく》の風が人の肌を被い、骨髄に浸み透るほどであることをいうのである。それはあたかも堯帝の徳が「世界の四方の果てにまで満ち亘り、天地上下にまで及び」（『書経』堯典）、舜帝の治は「百の司の務めはことごとく整い、四門に迎える諸侯はことごとく和穆の徳を具えていた」（舜典）とあるごとくである。思うに「己れに克つ」とは仁を為す本であり、「礼を復する」とは仁を為す地盤である。己れに克つことができなければ、仁徳を身に得ることはできず、礼を反復することができなければ、仁の行いをもち続けることはできない。『中庸』に「斉明盛服して、礼に非ざれば動かざるは、身を脩むる所以なり」とあるが、「身を脩むる」とは仁において己れを維持することをいうのである。孔子も「己れを脩めて以て百姓を安んずることは、堯舜もそれ猶これを病めり」（憲問四十五）といわれているように、「身を脩める」ことが仁徳の形成にとってもつことの意味はきわめて大きい。

【評釈】　この章は『論語』の中でもっとも規範的《ノーマティヴ》な性格をもった問答からなる章である。しかし規範的な性格をもった言語や問答こそが『論語』のものだとすれば、この章は『論語』を代表するものとなる。簡野道明はこういっている。「此章は孔子第一の高弟たる顔淵が、道の最上とする所の仁を行うの道を問いたるに対して、孔子の御答えありし言を記す。克己復礼の章として、論語中名高き一章なり」（簡野論語）。だが仁への問いに対して、「こういうように行いなさい」と遂行《パフォーマティヴ》的な言語をもって答えるのが、孔子学園の問答の常態だと考えるものにとってはこの章はむしろ例外である。顔淵が「仁」を問い、その問いに、孔子が「克己復礼」をもって「天下に仁を為すべき」ことをいう孔子の問答自体が例外的だと私には思われる。だが仁斎はこの章を例外とはみなさない。仁斎はこの章をも遂行的立場からする仁をめぐる問答として読もうとしている。遂行的な言語を『論語』における孔子の言語の常態とする仁斎によってもたらされるこの章の解釈については あらためて見る。私もまた『論語』における孔子の言語の常態は遂行的だと考えるが、この章は例外的にきわめて規範的だと見ている。おそらくこの章は、孔子とその言葉とを聖なる規範とみなすようになる孔子没後の時代に、孔子とその学の正統的継承者であった顔淵との間の聖なる問答として選定されたものであるだろう。

この章を経典『論語』の代表的な一章とするような解釈が朱子によってなされている。『論語』を規範的法典たらしめる規範的言語をもってする解釈が朱子によってなされるのである。『論語集注』における朱子の解釈のほぼ全文をここに引いておこう。規範的言語とは、その言語によるこの一章の解釈を通じて朱子の規範主義的な道徳哲学の全体が推定されうるような言語である。まず朱子の立場からするこの章の訓み方を見ておきたい。

顔淵、仁を問う。子曰く、己れに克ちて礼に復《かえ》るを仁と為す。一日己れに克ちて礼に復らば、天下仁に帰す。仁を為すは己れに由る、人に由らんや。

仁は本心の全徳なり。克は勝つなり。己れは身の私欲を謂うなり。復は反《かえ》るなり。礼は天理の節文なり。仁を為すは、その心の徳を全くする所以なり。蓋し心の全徳は天理に非ざるは莫《な》し。而れども亦人欲に壊《やぶ》れざること能わず。故に仁を為すは、必ず以て私欲に勝ちて、礼に復ることと有らば、則ち事皆天理にして、本心の徳また我に全し。帰すとは、猶与《くみ》するがごとし。また言う、一日も己れに克ちて礼に復らば、則ち天下の人皆その仁に与す。極めてその效の甚速にして至大なるを言うなり。また言う、仁を為すは己れに由りて、他人の能く預かる所に非ず。またその機の我に在りて難無きことを見《あらわ》すなり。日々にこれに克ちて、以て難しと為さざれば、則ち私欲浄尽し、天理流行し、仁勝《あ》げて用うべからざらん。……非礼とは己れの私なり。勿は禁止の辞。是れ人心の主を為す所以にして、私に勝ちて礼に復るの機なり。私に勝てば、則ち動容周旋、礼に中《あた》らずということ無くして、日用の間、天理の流行に非ざること莫し。(『論語集注』)

ここに「天理」という究極的な本体論的な概念をもった規範的言語をもってトータルに解釈された普遍的な道徳哲学体系として、『論語』解釈学＝儒学が成立することになる。しかもその道徳哲学体系は、人欲・私欲に対する厳しい禁圧的な道徳体系である。『論語』が中国において士大夫層に受容されていったのは、この朱子たちによる規範的言語をもってした道徳哲学体系としてであった。彼らはこの「克己復礼」解に見る厳しい禁圧的な道徳規定をも、天下の公を担いうる士大夫的主体を形成するための自己制約的規定として受容していったのであろう。

たしかに『論語』は朱子学によって中国だけではない、東アジアの士大夫層に受容され、彼らを君子的士大夫として再形成するとともに、新たな読書人につくりかえていったのである。日本では武士を支配階級とした近世社会の成立とともに、禅宗寺院内で受容されていた朱子学は、江戸幕府によって社会一般に公開された。近世日本では朱子学は支配階級である武士の専有物ではなかった。町人にも農民にも儒学・朱子学は一般に公開されたのである。これは日本の朱子学受容の特殊的あり方である。武士たちは、朱子の「克己復礼」解を武士的克己のエートスの形成の中で受容しても、町人たちにとって朱子の「克己復礼」解はただ厳しすぎる抑圧でしかなかった。そこから仁斎の独自にして貴重な「克己復礼」解がもたらされることになる。『論語』における孔子の常態的言語を遂行的《パフォーマティヴ》だとする仁斎は、朱子の規範主義的な解釈を解体する。「克己」とは、私を克服して他人の立場にたつこと、すなわち「恕（思いやること）」と仁斎はいう。「復礼」とは、私の行いを人びととのつながりの中で整え、繰り返し実践することだ。そのことが仁を行うことであり、仁が自分においてしっかりと基盤をもって成立してくることだというのである。こう解することによって『論語』の言葉はより大きな普遍性をもって、より普遍的な人間的基盤において見出されてくる。これは『論語』解釈における仁斎の大きな貢献であろう。

■第二章

仲弓問仁。子曰、出門如見大賓。使民如承大祭。己所不欲、勿施於人。在邦無怨、在家無怨。仲弓曰、雍雖不敏、請事斯語矣。

仲弓《ちゆうきゆう》、仁を問う。子の曰わく、門を出でては大賓《たいひん》を見るが如く、民を使うことは大祭を承《たす》くるが如くす。己れの欲せざる所は、人に施すこと勿かれ。邦に在って怨み無く、家に在っても怨み無し。仲弓の曰わく、雍《よう》、不敏なりと雖ども、請う斯の語を事とせん。

【訳】　仲弓が仁について問うた。孔子が答えていわれた。一度《ひとたび》門を出て仕えの場に立ったら、常に貴い賓客に対するように恭敬の心をもってし、民を使う場にあっては、大祭を執り行う際のように慎重にし、あなどったり、軽々しく民を扱ったりしないことだ。自分が欲しないことを人にしてはならない。そうであってはじめて、邦にあって怨みを受けることもなく、家にあっても怨みを受けることはないであろう。仲弓は答えていった。雍は不敏ではありますが、お教えを実行するように努めます。

【注解】　仲弓、孔子の門人、姓は冉、名は雍。門を出るとは、出仕して公卿に事えることをいう。大祭を承くるが如くすとは、民を軽々しく扱ってはならないことをいう。礼をもって恭敬の心と態度を保ち、人に対するならば、仁は自分のもつところとなると説かれているのである。自分の欲しないことを人にしてはならないとは、仁の行いの要《かなめ》である。邦に在って怨み無く、家に在っても怨み無しとは、仁を自分のものにすることの効験である。『詩経』にいう「東よりし西よりし、南よ

り し北よりし、来りて服せざることなし」（大雅・文王有声）とはこの意である。仲弓は夫子の言葉を直ちに受容し、あえて疑うことはなかった。門弟はこれを記録し、顔子の「仁の問い」とともに『論語』に収めたのである。

【大意】　仲弓の才能は顔子に次ぐものである。それゆえ夫子は仲弓の問いに、天下に仁を為す道をもって答えたのである。大賓を見るが如くし、大祭を承《たす》くるが如くするとは、事を執り行うに常に恭敬の心をもってすることをいう。己れの欲せざる所は人に施すこと勿かれとは、人を思いやる恕を行うことをいう。すでに事を執り行い、人に対して敬であり、恕であるならば、仁はまさしく其《そ》処《こ》に行われる。邦に在って怨み無く、家に在っても怨み無しである。

【論注】　孔門の諸子は、仁の意味について熟知していた。だが仁の行い方についてはは未熟であった。それゆえ弟子の問うところも、夫子の答えるところもみな仁の行い方についてであって一つとして仁の意義を論じるものはない。これを草木の花に譬えていえば、仁とは花であり、仁の行い方とは灌漑培養の方法である。孔門の弟子たちが問い、夫子が答えるのはみなこの灌漑培養の方法であって、かつて花の形状色芳を問うものはなかったのである。だが後世の儒家たちは『論語』のただ文字面にしたがって、もっぱら仁の意義道理を求めようとしたのである。それはちょうど草木の灌漑培養の方法によって花の形状色芳を想像するようである。それゆえ彼らは仁を心の本来としての虚静としたり、本心を把持するあり方を仁としたりすることになるのである。孔子の没後、孟子の時代になると聖人の道は衰え、その学も廃れていった。天下の人びとは仁の行い方を見失っただけではない、その名義をも知りえなくなったのである。それゆえ孟子は諄々として仁とは何かを説いていったのである。「惻隠の心は、仁の端なり。羞悪の心は、義の端なり」（『孟子』公孫丑上）と。また孟子はこうも教えた。「人みな忍びざる所あり、これをその忍ぶ所に達するは仁なり。人みな為さざる所あり。これをその為す所に達するは義なり」（尽心下）と。それゆえ人は仁の行い方を、『論語』によって基づけるべきであり、仁の意義を『孟子』を参照して明らかにすべきである。

■第三章

司馬牛問仁。子曰、仁者其言也訒。曰、其言也訒、斯謂之仁矣乎。子曰、為之難。言之得無訒乎。

司馬牛《しばぎゅう》、仁を問う。子の曰わく、仁者はその言や訒《かと》うす。曰わく、その言や訒うす、斯れこれを仁と謂うや。子の曰わく、これをすること難《かた》し。これを言うこと訒うすること無きことを得んや。

【訳】司馬牛が仁について質問した。孔子はそれに答えていわれた。仁者とはそれを言うことを難《かた》くするものだ。牛はさらに訊ねた。言うことを難くすることが仁であるのですか。孔子は答えられた。仁を行うということは難しいことだ。この難しさを知るものは、軽々しく言葉にすることはない。

【注解】司馬牛は孔子の弟子、『史記』に名は犂《り》とある。訒は難《かた》いである。仁者は徳を内に十全に備えることをして、外にそれを言い表すようなことはしない。司馬牛の人となりは多言で躁がしい。それゆえ夫子は牛の問いに答えるのにこの言葉をもってしたのである。だが牛は仁道の偉大さに比して、夫子のいわれることはあまりに小さいと思った。そこで牛は再び問うたのである。夫子はそれに対して、再び仁は行うに難く、言葉にし難いものだと答えられた。仁者とは苦労し、努めて行う人のことをいうのである。苦労し、努めて行う人は、そのことを言い渋る。言葉を訒くするとはそういうことである。だから軽々しくいう人に、その仁徳をいうことは決してできない。夫子がいわれるのはそういうことである。

【大意】　夫子は仁を問う弟子たちに必ず仁を行う仁者のあり方をもって答えられるのはなぜなのか。仁とはそもそも形はない。それゆえ仁という徳の体《すがた》を分からせるには、仁の行い方をもって教えるのが最善であり、それ以上に分かりやすい道はない。それゆえ夫子は仁者の心がけをもっていい、また仁者の行い方をもって教えたのである。この章はまさにそれである。○朱氏（朱熹）はいっている。「牛の人となりは多言にして躁である。それゆえもし夫子が牛の性質上の欠点に即するように、仁の実践の一般をもって答えたならば、彼の多言の気質によって仁をいっそう深く言葉をもって考えていくことになり、彼の短所はますます増大し、結局は仁徳から牛をいっそう遠ざけることになってしまうだろう。それゆえ夫子はあのように答えられたのである」。

【評釈】　仁斎はここで自分のこの章の理解と同じくするものとして朱子を引いたのだろうか。だが朱子は司馬牛の性質の短所のゆえに孔子のこの答えがあることをいうのであって、仁斎とは『論語』における孔子の教えの理解において根本的に異なっている。仁斎は『論語』における孔子の「仁」の教えは仁道の行い方であって、仁とは何かではないとする。とすれば上の朱子からの引用は、朱子でさえこうだというにすぎないものかもしれない。ところで『論語』における孔子の「仁」の教えは、それが何かを教えるものではなく、その行い方だということは重大な問題をもっている。

孔子は「仁」とは何かという説き方をしない。そのことは彼の教えの中心をなすような「仁」概念が存在しなかったということではもちろんない。存在しなかったのは「仁とは何か」の問いに「仁とは何々である」と答えるような概念定義的な「仁」の言説である。孔子が弟子たちに語り始める紀元前五世紀の始めのころ、「仁とは何か」を説かずして、人間の政治・社会生活を維持する上で大事な「仁」という行い方、心の持ち方はすでにあったのであろう。それが人間にとって根本的な大事であることを自覚化させていったのが『論語』の孔子の教説である。ただ『論語』では他者の立場にたつ(政治的には民の立場にたつ)行い方・心の持ち方の集約されたものが「仁」であって、それ以上に「仁」についていうことはなかったのである。「仁」とはすでに人びとに共通に了解されているあり方であった。孔子は「仁人(仁を行い、仁を心がける人)」であることを、人が「君子」であるための、いいかえれば人が道徳的主体であるための必須の条件としたのである。この孔子の教説によって「仁」という人間の道徳的基本言辞が成立したのである。だから漢和辞典によって「仁」字とその古い用語例を尋ねれば、ほとんど『論語』によって答えられるのは当然である。白川静は「仁」の語源について、「仁の古い字形も、人の下に衽席を敷く形で、人を安舒にする意がある。二人を仁となすというような観念的な造字法は、古代にあってはその例はみない」(『字通』)といっている。しかしこれは「仁」字の語源的成立と観念性をもった成立との間には違いがあることをいうものとして理解すべきだろう。『論語』が前提にしている「仁」とは「二人を仁となす」というような対他的存在としての人間の大事な行い、心がけをいうものであったであろう。

では「仁をどう行うか」から「仁とは何であるか」という問いへの変化、あるいは行為を問う言語から概念を問う言語への変化をどう考えたらよいのか。「仁とは何々である」といった規範的言語が成立するのは仁斎がいうように『孟子』においてである。孟子の没年は前二八九年とされている。とすれば孔子（前四七九年没）に後れることほぼ二百年である。諸子百家争鳴をいわれる戦国時代である。孟子は告子との論争を通じて「性善」説を確立するように、戦国諸子との思想抗争が、孟子による「仁義」といった儒家的基本概念の形成をもたらしたといいうるのである。こうした「仁義」といった儒家的基本概念の歴史的形成とは別に、孔子におけるような「仁」を行い方においてもっぱらいう遂行《パフォーマティヴ》的な言語から、後世儒家の「仁とは何であるか」という概念定義にもっぱらかかわるような規範的な言語への移行をどう考えたらよいのか。仁斎はそれを概念定義することなく人間的行為の総体を「仁」としていたような古人の〈人間的共通了解〉の亡失からくる後世の回復的な思惟作業だとしている。孔子没後二百年の孟子がしたのはそうした概念の回復的作業である。他方、徂徠はそこに人間の思惟・言語における〈物〉と〈名〉との、〈物〉と〈義〉との分離を見るのである。たとえば徂徠は「六経は物なり」という。『六経』とは古代の制度文物の体系、すなわち人間の事実・事行・事例の体系であったということである。それからすれば「仁」とはもともと人間の行為的事実、すなわち〈物〉であったのだが、人はその事実を過去に置き忘れて、「仁」という〈名〉のみを伝えていく。そこから〈物〉を見失った後世の儒家による「仁」の名義の恣意的追求が始まっていくと徂徠はいうのである。先王の古代における〈物〉と〈名〉との合致を明らかにする彼の古学（古文辞学）の〈天命〉的成立をいう徂徠の『弁道』の言葉を引いておこう。

不佞《ふねい》、天の寵霊に籍《よ》り、王・李二家の書を得て以てこれを読み、始めて古文辞あるを識る。ここにおいて稍稍《しようしよう》六経を取りてこれを読む。年を歴るの久しき、稍稍、物と名との合するを得たり。物と名と合して、しかるのち訓詁始めて明らかに、六経得て言うべし。六経はその物なり。礼記・論語はその義なり。義は必ず物に属《つ》き、しかるのち道定まる。(『弁道』)

■第四章

司馬牛問君子。子曰、君子不憂不懼。曰、不憂不懼、斯謂之君子矣乎。子曰、内省不疚、夫何憂何懼。

司馬牛、君子を問う。子の曰わく、君子は憂《うれ》えず懼《おそ》れず。曰わく、憂えず懼れず、斯れこれを君子と謂うか。子の曰わく、内に省みて疚《やま》しからずんば、夫《そ》れ何をか憂え、何をか懼れん。

【訳】 司馬牛が君子について問うた。孔子は答えていわれた。君子は内に憂えることなく、懼れることもない。牛はさらに問うた。では憂えることなく、懼れることのないものを君子というのですか。孔子はいわれた。内に省みて疚しいところがなければ、何を憂え、何を懼れるのか。

【注解】 憂えず懼れずとは仁にして勇なるものにしてはじめて可能である。それゆえこれを君子というのである。疚むとは病むである。己れに省みて、心に思いわずらうことがなければ、心はすっきりとし、真っ直ぐに気強く道に向かい、何の憂え、懼れることもないことをいっているのである。

【大意】 晁氏《ちよう》(晁説之《えつし》)はいう。「内に徳を十全に備え、心に病むところなければ、憂えることも懼れることもない。それゆえ「君子はどのような境遇に入っても、自得しないことはない」(『中庸』)

というのである。内に憂懼《ゆうく》があって、強いてそれを外に追いやるのではない」。朱氏（朱熹）はいっている。「憂懼あるものは、心に慊《あきた》りないものをもつ。内に省みて、疚《やま》しいところがなければ、「心は広く、体は胖《おお》らか」（『大学』）になり、どうして憂懼することがあろうか」。

■第五章

司馬牛憂曰、人皆有兄弟。我独亡。子夏曰、商聞之矣。死生有命、富貴在天。君子敬而無失、与人恭而有礼、四海之内、皆兄弟也。君子何患乎無兄弟也。

司馬牛憂えて曰わく、人皆兄弟有り。我独り亡し。子夏の曰わく、商これを聞けり。死生命有り、富貴天に在りと。君子敬して失すること無く、人と恭しくして礼有らば、四海の内、皆兄弟なり。君子何ぞ兄弟無きことを患えんや。

【訳】司馬牛が自分の境遇を憂えていった。人には皆兄弟があるが、自分には一人の兄弟もないと。子夏はそれを聞いていった。私は「死生命有り、富貴天に在り」という言葉を聞いている。君子たるもの、わが事において慎み、過つことがなく、人に接して恭しくして、礼にはずれることなければ、世の人びとはみな我に親しく、あたかも兄弟のようになるであろう。どうして兄弟のないことを憂えることがあろうか。

【注解】『春秋左史伝』は宋に司馬牛なる者がいたといい、その注釈家杜預《とよ》はそれを桓魋《かんたい》の弟だとしている。だが本章によれば牛に兄弟のないことは明らかである。『左氏伝』が司馬牛というのは、孔子門の牛とは別人であろう。『孔子家語』が桓魋の弟という司馬牛を孔子門の牛としているのは、左氏の誤りにそのまま従ったゆえだろう。「自ら為そうとしたことではないのに、ある結末になってしまうのは天である。自ら招こうとしたのではないのに、ある結果を招いてしまうのは命である」（『孟子』万章上）。すなわち死生・存亡・富貴・利達はみな天の為すところであり、命の招くところであり、人の力でその結果を移し替えることはできない。どうして死生・富貴をめぐって徒《いたずら》に憂えることがあろうか。敬とは人が事において慎むことをいう。人は為すべき事に慎み、過つことなく、人に接して恭しくし、礼にはずれることがなければ、人は必ず親しく我と交わる。そうであれば天下の人はみなわが兄弟であり、どうして兄弟のないことを憂えたりすることがあろうか。

【大意】 天命は順受せずんばあるべからず。人事はみずから尽くさずんばあるべからず。それゆえ命を知るものは、みずから己れにあるものを出し尽くして努め、その結果への期待、願望をいささかももつことはない。またいささかの怨恨の念もない。子夏の言は、まさしく天命を知るものの言だといえよう。

【評釈】 私はここで仁斎の【大意】でいう言葉を現代語訳せず、二重否定でいう原文を書き下し文のままに記した。どう現代語訳してもこの原文がもつ微妙なニュアンスが失われると思ったからである。

■第六章

子張問明。子曰、浸潤之譖、膚受之愬、不行焉、可謂明也已矣。浸潤之譖、膚受之愬、不行焉、可謂遠也已矣。

子張《しちょう》、明《めい》を問う。子の曰わく、浸潤《しんじゅん》の譖《そしり》、膚受《ふじゅ》の愬《うったえ》、行われざるを、明と謂うべきのみ。浸潤の譖、膚受の愬、行われざるを、遠しと謂うべきのみ。

【訳】子張が見ることの明について質問した。孔子はいわれた。徐々に浸み込んでいくような誹りや、皮膚にいきなり刺さるような訴えに動かされることなく人をはっきり見うることである。また徐々に浸み込んでいくような誹りや、皮膚にいきなり刺さるような訴えに動かされることなく遠くを見うることである。

【注解】斉氏はいっている。「水が物を潤すのは、水の浸透が次第に増していくことである。それゆえ誉め称えておいてその人の善を誹れば、それは骨身に浸みる誹りとなる。それを浸潤の譖という。また皮膚に草木の棘が刺されば、その痛み痒みは直ちに表に現れる。自分の利害にかかわるような切なる訴えを膚受の愬という」。譖は人の行いを誹ること、愬は己れの冤罪を訴えること。徐々になされる非難や急迫する訴えに心を動かされないような人を見出すことは難しい。もしそのような人がいたら、その人は遠いことをも見通しうる人である。それゆえ夫子は遠く見ることをも兼ねて答えられたのである。

【大意】朱氏（朱熹）はいっている。「人を傷つけるものが、徐々に水が浸みこむようにして、にわかに誹ったりしなければ、それを聴くものは、その讒言を信じこんでしまう。また身に切な冤罪を急き込んで、激しい言葉で訴えられれば、聴くものはその詳細を確かめることなく、即座に激しい対応をしてしまう。この二つの事態で明察することは難しい。この事態に対して明らかに見ることのできるものは、遠きをも見通しうるものである」。

■第七章

子貢問政。子曰、足食、足兵、民信之矣。子貢曰、必不得已而去、於斯三者何先。曰、去兵。子貢曰、必不得已而去、於斯二者何先。曰、去食。自古皆有死。民無信不立。

子貢政《せい》を問う。子の曰わく、食を足《た》し、兵を足し、民はこれを信にす。子貢の曰わく、必ず已むことを得ずして去《す》てば、斯の三つの者に於いて何をか先にせん。曰わく、兵を去てん。子貢の曰わく、必ず已むことを得ずして去てば、斯の二つの者に於いて何をか先にせん。曰わく、食を去てん。古えより皆《みな》死有り。民《たみ》信無くんば立たず。

【訳】子貢が政治について問うた。孔子が答えていわれた。食を十分に備え、兵備を十分に整え、民に信実《まこと》を教え導くことだ。子貢が重ねて問うた。もしやむをえずこの三者から一つを取り去らねばならぬとしたら、何をまず取り去るべきでしょうか。兵備を取り去るべきだろう。子貢がさらに問うた。やむをえず残りの二者から一つを取り去るとしたら、何を取り去るべきでしょうか。孔子がいわれた。食を取り去るべきだ。古えより人に死はあることだ。食を去ることができても、信を去ることはできない。民における信実が失われたら、国ばかりではない、人の道が成り立たなくなる。

【注解】民に恒産（生業）あれば、間違った心は生じない。武備整うときは、民は安心していられる。民を導くのに信実《まこと》をもってするならば、国の本は堅固である。兵備はたしかに国を安全に保つ要であり、それを取り去ることはできない。しかしながら民の食が十分にあり、民に信実があれば兵備を去っても国は堅固である。それゆえ兵を取り去ることはできるが、食と信とは取り去ることはできない。最後に夫子のいわれることの意味は、食とは人の天（太陽）である。だから食が無くなれば、人は死ぬ（食者人之天。無食則死）。だが死とは人にいずれにしろ訪れるものである。もし人に信実が無いときには、もはや人道そのものが成り立たなくなる。人における信実の欠落は、国の存立を危うくさせるだけではない、人間世界の成立を危うくさせるのである。

【大意】張氏（張栻《ちょうしょく》）はいっている。「食が無ければ人は死ぬ。だが人の生に死があることは、人の常理である。しかし人の信が無くなるならば、人は欺き合い、奪い合い、人の道理は滅亡する。これは死よりも重い事態である。兵と食とは為政の急務である。だが民の信こそが為政の根本である。もし民との信が欠けるときには、たとえ米粟の蓄えがあっても、誰れとともにそれを食そうとするのか。たとえ兵の備えがあっても、誰れのために用いようというのか」。〇程子はいっている。「孔門の弟子たちは善い問いをなし、夫子の答えを得て、直ちに事柄の深い極みに到達した。だがこの章は子貢にしてはじめてなしうる問いであり、聖人孔子にしてはじめてなしうる答えである」。

【評釈】『論語』における「政」をめぐる問答は、君＝為政者と被治者としての民との関係性における政治についての問いであり、答えである。だから孔子の答えの「民信之矣（民これを信にす）」も君と民との政治的関係におけるものであろう。朱子はだから子貢の問いに対する孔子の答え「足食、足兵、民信之矣（食を足し、兵を足し、民これを信にす）」をこう解している。「倉廩《そうりん》実ちて、武備脩《おさ》まり、然して後に教化行われて民我を信じて離れ叛《そむ》かざるを言うなり」。食料と兵備を充実させ、その上に民を信義に教え導けば、民との信頼関係が成立するだろう。だから「民信之矣」とは、「民に信義の徳を教え、民と我との関係を信義関係として成立させる」ことを意味することになる。信義は上下の階級差にかかわらずそれぞれに遵守すべき道徳的立場とするところから、「民の信」をめぐる孔子の言葉は朱子にこう解されることになる。

愚謂《おも》うに、人情を以て言えば、則ち兵食足りて後に、吾が信以て民に孚《まこと》あるべし。民の徳を以て言えば、則ち信は本《もと》人の固有する所、兵食の得て先んずる所に非ざるなり。是れを以て為政者は当《まさ》に身《みずか》らその民を率いて、而して死を以てこれ（信義）を守るべし。危急を以て棄つべからざるなり。（『論語集注』）

この朱子の解を中村惕斎はこう意訳している。

民たとい食ありて、生けりとも、上《かみ》たる人を信ずることなく、うたがいて、親しまれざる時は、一日も自ら立てることなし。……よりて上たる人、食なくして自ら死するとも、信をば下《しも》に失うことなく、民をして、食なくして、死せしむるとも、亦信をば上に、失わざらしめよとぞ。蓋し政をする者は、みずから民をひきいて、死を以て、相共に信を守るべし。危急にありとも、これをすつることなかれ。（『論語示蒙句解』）

朱子は君と民との関係を為政者の側から信義関係として作り直しているように思われる。信義における君民関係は、君はもちろん民もまた身を挺して守るべき道徳的関係となる。こう読んでくると朱子と仁斎との違いがはっきりしてくる。仁斎は為政者の側から孔子の言葉を読んでいない。彼は民を人として、「民の信」を「人における信実《まこと》」と解している。そこから「民信無くんば立たず」を、上の訳に見るように、「民における信実が失われたら、国ばかりではない、人の道が成り立たなくなる」と解するのである。孔子を人倫の指導者とする仁斎からする筋の通った理解である。

ちなみに徂徠は「民無信不立」を「民信ずること無くんば立たず」と読む。上と下、治者と被治者との政治的関係のなかで「信」をとらえる徂徠は、為政者における問題として「民無信不立」を読んでいく。すなわち、

「民信ずること無くんば立たず」とは、上《かみ》信無くんば、則ち民立たざるなり。民の父母たるは、仁なり。上仁にして民これを信ず。是れこれを信ずるは民に在り。ゆえに「民信ずること無くんば立たず」と曰う。その実は「信」なる者は上の為す所なり。孔安国曰く、「邦を治むるには信を失うべからず」と。これを得たり。「立たず」とは、民心動揺してその身を措くところ無きなり。(『論語徴』)

徂徠は最後に朱子・仁斎の理解に皮肉をこめた批判を浴びせている。

朱子曰わく、「民の徳を以てして言えば、則ち信は本《もと》人の固より有する所」と。是れその解を得ずして動《やや》もすれば五常の説を為す。経生なるかな。仁斎曰わく、「民に教うるに信を以てす」と。講師なるかな。(『論語徴』)

私の理解、「民の信」とはお上の言が信頼できることである。それが信頼できなくなったら、すなわち民における信がなくなったら、民はもうその国でやっていけない。「信」とは人の言を実として信じることである。それゆえ、「民、信無くんば立たず」とは、「お上の言葉を信じることができなくなったら、民はもうこの国ではやっていけない」ということである。

■第八章

棘子成曰、君子質而已矣。何以文為。子貢曰、惜乎夫子之説君子也。駟不及舌。文猶質也、質猶文也。虎豹之鞟、猶犬羊之鞟。

棘子成《きよくしせい》の曰わく、君子は質のみ。何ぞ文を以てせん。子貢の曰わく、惜しいかな夫子の君子を説くことや。駟《し》も舌に及ばず。文は猶《なお》質のごとし。質は猶文のごとし。虎豹の鞟《かく》は、猶犬羊の鞟のごとし。

【訳】 棘子成がこういった。位にある君子人は何よりも質朴であるべきだ。文彩をもって飾ることなど必要はない。子貢はそれを聞いていった。残念だな、夫子(棘子成)がする君子の説かれ方は。舌が動き出してしまうと、四頭立ての馬車でも追いつけない。文と質とは別々のものではない。それぞれの質とともに文があるのだ。虎豹の皮も、犬羊の皮も、皮としては同じものだが、その毛によって虎豹であり、犬羊であるように。

【注解】 棘子成は衛の大夫、時人の文をより好むことを憂えていったのである。子貢は、棘子成のいう君子は一方に偏している。それゆえその見方は害をもたらしかねない。地位あるものの言は世の模範となる。言葉に慎重でなければならない。喋りやすい舌が一度動けば、四頭立ての馬車でも追いつけないことになる。子貢は棘子成の失言を惜しんでいるのである。鞟とは毛を取り去った皮をいう。文と質とは両方なくてはならないものである。だが文が貴重とされる。したがって君子・小人が区別されるのは文にあって、質にあるのではない。たとえば虎豹の皮と犬羊の皮とは皮であることにおいて変わりなく同質である。もしことごとく文を取り去って質のみとするならば、君子・小人の区別はないことになる。

【大意】そもそも君子が君子たるゆえんは文にあるのである。その文とは文質均しく具える君子の文であって、質に対する文ではない。夫子が「郁郁乎として文なるかな」〔八佾十四〕と称える文である。礼儀三百・威儀三千・貴賤尊卑おのおの等威をもってある世界の文章的〔礼楽制度的〕形成を文というのである。それゆえ文とは「文質彬彬〔文と質とをほどよく備えたもの〕」〔雍也十六〕であるべきなのである。もし文をことごとく取り去って、ただ質のみを存するならば、君子は野人と異なるところはない。質のみにして、どうして風俗を正し、世道を導くことができようか。子貢が棘子成の失言を惜しむのはそれゆえである。

第九章

哀公問於有若曰、年饑用不足。如之何。有若対曰、盍徹乎。曰、二吾猶不足。如之何其徹也。対曰、百姓足、君孰与不足。百姓不足、君孰与足。

哀公、有若《ゆうじゃく》に問うて曰わく、年饑《う》えて用足らず。これを如何《いかん》せん。有若対えて曰わく、盍《な》んぞ徹せざる。曰わく、二にして吾れ猶足らず。これを如何《いかん》ぞそれ徹せん。対えて曰わく、百姓《ひゃくせい》足らば、君孰《た》れと与《とも》にか足らざらん。百姓足らずんば、君孰れと与にか足らん。

【訳】哀公が有若に問うていった。今年は饑饉で収入少なく、用に足りないのだが、これをどのようにしたものかと。有若は答えていった。なぜ徹（十分の一税）の法にしないのですか。哀公は、すでに十分の二税にしているのに、なお用に足りないのだ。どうして徹の法で事態が解決するというのか。有若は答えていった。民が足りるというとき、君主は民以外のだれと足りないといったりするのですか。民が足りないというとき、君主はその民以外のだれと足りるといったりするのですか。

【注解】鄭氏（鄭玄）はいう。「周法では収入の十分の一を税とし、これを徹といった。徹とは通であり、これが天下の通法だということである」。考えてみるに、周礼には郷遂《きようすい》（直轄地）には貢法を用い、都鄙（知行地）には助法を用い、一夫に田百畝を与えるとある。周代貢助の二法を通法としたが、その実はともに十分の一税であった。それゆえこれを徹というのである。有若は徹法を用いるならば、上下均しく負担し、民の饑乏に陥ることはないと考えたのである。魯では宣公よりさらに畝毎に十分の一税を課した。それゆえこの税法を二（二重の税法）という。哀公は有若の言に従って通法に徹することはできないことをいう。だが君とは民があってはじめて君であるのだ。民がなければ君もない。それゆえ百姓《ひやくせい》（人民）が足るときは、君も自ずから足るのである。百姓に不足があるときは、君もまた不足するのである。有若は君民一体の意義を説いて、哀公の厚斂（重い徴税）を止めようとしたのである。

【大意】『詩経』に「霊台《れいだい》を経始《けいし》す、これを経《はか》りこれを営む。庶民これを攻《おさ》め、日ならずしてこれを成す。経始すること亟《すみやか》にすることなかれ。庶民子のごとく来たる（霊台を始め作《な》さむと、池を経り標《しるし》立つれば、民人のつどい築きて、日ならずして疾く成りぬ。急ぐことなかれといえど、民は子のごとくつどい来ぬ）」

（大雅・霊台。目加田誠訳『詩経』中国古典文学大系による）とあるのは君民一体をいうのである。有若がいう「百姓が足るならば、君は一体だれとともに足らずというのか」とは、これをいうのである。
○楊氏（楊時）はいっている。「仁政は必ず土地の境界を測ることから始まる。正しい計測によって、はじめて均しい井田となり、公平な穀禄となる。軍事と国政の必要は、入るを量って後に出すべきことである。それゆえ天下は一の通法に徹して、はじめて百の成果を挙げることができるのだ。これをもって上下ともに不足を憂れうることはない。二重の徴税にもかかわらずなお不足をいう哀公に、十分の一税に徹することを説くのは迂遠だと人は疑うだろう。だが十分の一税は天下の中正であり、取りすぎるのはあの桀の暴政であり、少なすぎるのは未開の俗制である。税法を改めるべきではない。後世徴税の根本を究めることなく、末事にのみかかずらわる。こうしてしまりなく税を取り立て、かぎりなく出費して、上下ともに苦しむことになる。徹法（十分の一税）をこそ務むべきであり、それは決して迂遠な道ではないことをだれも知ろうとはしない」。

■第十章

子張問崇徳弁惑。子曰、主忠信。徙義、崇徳也。愛之欲其生、悪之欲其死。既欲其生、又欲其死、是惑也。（誠不以富。亦祇以異。）

子張、徳を崇《たこ》うし、惑いを弁ぜんことを問う。子の曰わく、忠信を主とし、義に徙《うつ》るは、徳を崇うするなり。これを愛してその生を欲し、これを悪《にく》んでその死を欲す。既にその生を欲し、またその死を欲す。是れ惑いなり。（誠に富を以てせず。亦祇《またまさ》に異なるを以てす。）

【訳】 子張が徳を高め、惑いを弁《わきま》えることを問うた。孔子が答えていわれた。忠信を第一にし、義にしたがう行為へと進み出ることだ。人が愛《いと》しいときにはその生を欲し、憎らしくなればその死を欲したりするものだが、一度は生を欲しながら、今度はその死を欲したりするのは惑いにすぎない。

【注解】 忠信を主とすることは道徳を高める基礎であり、義に進み出て行えば道徳を高めることは速やかである。人の死生は天命である。その長さ短さを左右することは人にはできない。常人の情として、人を愛すればその生の長いことを欲し、人を憎めばその人の死を欲したりする。これは惑いである。これを惑いと弁えれば、この類いの混乱を犯すことはなくなる。本章最後の一文は『詩経』の小雅・我行其野の一句である。程子は、「これは錯簡である。この詩句はもともと第十六篇（季氏篇）の「斉の景公、馬千駟あり」（第十二章）の上にあるべきものである。本篇次章に「斉の景公」の字のあることから生じた誤りである」といっている。

【大意】 徳を高めることは道の学問の結実であり、その中身をなすことでもある。惑いを弁えるとは、学問の功というべきことである。みな学問をするものの切務である。

【評釈】 本章の「弁惑」をめぐる孔子の言葉、すなわち「これを愛してその生を欲し、これを悪んでその死を欲す。既にその生を欲し、またその死を欲す。是れ惑いなり」は質問者子張における具体的な事例に基づいていわれているように思われる。『論語』における孔子の具体的事例による教えの言説の代表例ともいいうるものではないか。これを「崇徳」の教説と同じレベルで理解しようとすると無理なこじつけになってしまう。

■第十一章

斉景公問政於孔子。孔子対曰、君君、臣臣、父父、子子。公曰、善哉。信如君不君、臣不臣、父不父、子不子、雖有粟、吾得而食諸。

斉の景公《けいこう》、政を孔子に問う。孔子対えて曰わく、君、君たり、臣、臣たり、父、父たり、子、子たり。公の曰わく、善いかな。信《まこと》に如《も》し君、君たらず、臣、臣たらず、父、父たらず、子、子たらずんば、粟《ぞく》有りと雖ども、吾れ得て食らわんや。

【訳】 斉の景公が孔子に政治のことを問うた。孔子はそれに答えていわれた。君が君であり、臣が臣であり、父が父であり、子が子であることです。景公はそれを聞いていわれた。良い言葉だ。もしまことに君が君でなく、臣が臣でなく、父が父でなく、子が子でなければ、国は乱れ、たとえ倉に食糧があっても、食うことはできないといった事態になってしまうだろう。

【注解】 景公の名は杵臼《しょきゅう》。政治をすることは、君臣・父子の関係が名分通りであることを本としている。この当時、斉の国の君臣父子関係はみな道に外れていた。それゆえ夫子はこのように答えられたのである。景公がいうところは、君臣・父子の秩序が乱れれば、国は亡び、禄を受けることもできないという意である。

【大意】　朱氏（朱熹）はいう。「景公は孔子の言葉を良いとしながらも、これを用いることをしなかった。その結果、継嗣の乱れから、陳氏による君の弑殺と国の簒奪という禍いをもたらしてしまった」。○為政の本は君は君として臣は臣として、父は父として子は子としてあって、乱れないことにある。為政のこの根本を求めずに末をとり計ることをするならば、たとえ当を得た施策条令を発しても国を善くすることにはならない。夫子が景公の政治への問いに、政治が成るか成らないかは、もっぱら為政者たる君主その人の責任であることを答えられたのである。残念ながら景公は夫子の言葉の善さを知りながら、その意をわが身に反求することを知らなかった。斉の国の乱れはここに起因する。後世の人君がこの章を読んで、わが身にこれを反求することがなければ、もう一人の景公となるだけである。

■第十二章

子曰、片言可以折獄者、其由也与。

子の曰わく、片言《へんげん》以て獄を折《た》つべき者は、それ由か。

【訳】　孔子がいわれた。ほんの片切れの言葉を聞いて、訴訟を裁断できるのは、子路だけだ。

【注解】　孔氏（孔安国）は片とは偏だといっている。片言は半言、片切れの言葉。折は断つである。

【大意】　これは子路の明決果断の人となりをいうものである。子路は人の僅かな片切れの言葉を聞いて、その人の誠偽を見分けることができる政事の才能をもっていた。それゆえ孔子は、「由や果なり。政に従うに於いて何んか有らん〔子路は果断です。政治に従うことに何の問題がありましょう〕」（雍也六）といわれたのである。

■第十三章

子路無宿諾。

一 子路諾《だく》を宿《とど》むること無し。

【訳】 子路は人との約束を果断に実践し、怠ることは決してなかった。

【注解】 朱氏（朱熹）は、「宿は留めるである。怨みを宿めるの宿の意である。約束を果たすことを急ぎ、留めることをしなかった」といっている。『論語』の記述者は孔子の子路を評する二つの言葉をここにまとめて記したのである。○古本ではこれを前章とは別の一章としていたが、邢氏（邢昺）が前章と合して一章にしたものを、旧にもどして二章とした。

【大意】 子路は忠信にして剛毅果断。人との約束の実行を急ぎ、怠ることは決してない。小事においてこのようであれば、大事における子路の剛毅果断を人は推して知るべきである。

■第十四章

子曰、聴訟吾猶人也。必也使無訟乎。

一 子の曰わく、訟《しょう》を聴くこと、吾れ猶人のごとし。必ずや訟《うった》え無からしめんか。

【訳】 孔子がいわれた。民の訴訟をよく聞くことにおいて人と異なることはないが、ただわたしは民の訴えがないようにしたいと強く願っている。

【大意】 民を治める者は、民の訴えをよく聞くことを治者の働きとしているが、民に訴えを起こさせる不満を除くことが治道の本であることを知らない。それゆえ門人は、その本を正し、源を清くするときは、民は自ずから争うことなく、訴えがなくなるものであることを夫子のこの言葉によって示そうとしたのである。陳氏（陳櫟）はいっている。「訴えを聞く者は、民の争いを聴き、裁決する。訴えのない者とは、身を正しくし、徳をもって民を化す。したがって民は自ずから争わず、それゆえ訴えを聴くこともない。訴えを禁じてそうなったのではない。黙してこれを化し、潜《ひそ》かに誠ならしめたのである」。

■第十五章

子張問政。子曰、居之無倦、行之以忠。

「子張、政《せい》を問う。子の曰わく、これに居て倦《う》むこと無く、これを行うに忠を以てせよ。

【訳】 子張が政治について問うた。孔子は答えられた。心をそのことに置いて、倦むことなく務めることだ。事にあたって真心をもって行うことだ。

【注解】 朱氏（朱熹）は、「これに居るとは政治を常に心にとどめることをいい、行うとは事にあたって発揮することをいう」といっている。

【大意】 外を願うことなく専念すれば、倦むことはない。事を行うに、わが事のごとくに行えば、必ずそれは忠心（心の中心）からのものとなる。倦むことなく、忠心から行えば、事は速やかに成就する。この二事は為政の至要である。

【評釈】「倦むことなく専念せよ。事を行うに真心をもってせよ」とは政治への問いに対する答えとしては、あまりに普通の、だれもが日常に行うべき道徳をいっているにすぎないように思われる。仁斎は「この二事は為政の至要である」といっているが、だがこの二事は人の生活の大事であって、為政にかぎられるものではない。とするならばなぜ孔子は子張の政治についての問いにこのような答えをしたかが考えられねばならない。子張とは誰れか。子張とは孔子より四十八歳年少の弟子である。彼は曾子、子夏らとともに最も若い年齢層に属する弟子であった。この子張をめぐる言葉は『論語』には多くある。子夏（名は商）と子張（名は師）とを比較した孔子の言葉はよく知られている。「子貢問う。師と商とは孰れか賢《まさ》れる。子の曰わく、師や過ぎたり、商や及ばず。然らば則ち師は愈《まさ》れるや。子の曰わく、過ぎたるは猶及ばざるがごとし」（先進十五）。朱子はこの「過ぎた」子張と「及ばざる」子夏の人となりを評してこういっている。「子張才高く意広し、而して苟《いたずら》に難きを為すを好む。故に常に中に過ぐ。子夏は篤く信じて謹しみ守る、而して規模狭隘なり。故に常に及ばず」（『論語集注』）。子張は高い才能を有し、あえて難事を好むようなできる人の風をもっていたのであろう。決して子夏のような篤実な人ではなかった。孔子はこの「過ぎた」人を評価することはなかった。だから孔子は「師や辟《へき》」（先進十七）ときびしくその人柄を批判するのである。辟とは人に取り入るような、立ち居振る舞いを取り繕い、誠実さに欠ける態度をいう。子張をこのように見てくれば、はじめて孔子が子張の政治への問いに答えた言葉が理解される。孔子は己れの才能を自負する子張に、子夏のごとくただ「篤実であれ」と答えたのである。「倦むことなく務め、真心をもって行え」とは決して為政の金言ではない、それは普通の人びとが普通に生きる上での大事である。この普通に生きる上での人の大事を孔子が、才能豊かな高士子張に向けていったところに、孔子が類いまれな教師たるゆえんを私は見る。

■第十六章

子曰、博学於文、約之以礼、亦可以弗畔矣夫。

―子の曰わく、博く文を学びて、これを約するに礼を以てせば、亦以て畔《そむ》かざるべし。

※この章は重出である。雍也篇第二十五章と同文。

■第十七章

子曰、君子成人之美、不成人之悪。小人反是。

―子の曰わく、君子は人の美を成して、人の悪を成さず。小人は是れに反す。

【訳】孔子はこういわれた。君子は人に美事長所があれば、それを完成させるようにし、人に悪事短所があれば、それが高じて悪人となることがないようにする。小人はそれに反して人の美事を妨げて善人たらしめず、人の悪事を見て罪人に仕立ててしまう。

【注解】成すとはその事を完全にする、完成させることをいう。

【大意】君子は善事を称えることを長くし、悪事を謗《そし》ることを短くする。それゆえ君子は人に美事長所があればそれを称えて、その完成を助けようとする。また人に悪事短所があればその人のために弁解し、宥恕を乞い、悪人となってしまわないようにする。舜が父の悪を隠して、その善を顕して称えたのもこれと同類である。刻薄な小人の心は善事を嫌い、人に美名あるときは、隠された悪事を摘発《あば》き、その美事の成るのを妨げ、壊そうとする。人に悪い評判があるときは、法をあやつり証拠立てをして、その人を罪人にしてしまう。君子と小人の心の用いようは事毎にこのように違う。

■第十八章

季康子問政於孔子。孔子対曰、政者正也。子帥以正、孰敢不正。

季康子、孔子に政を問う。孔子対えて曰わく、政は正なり。子帥《ひき》ゆるに正を以てせば、孰《た》れか敢えて正しからざらん。

【訳】季康子が孔子に政治について問うた。孔子は答えていわれた。政とは正です。正しくあることです。もしあなた自身が統治の場に正しくあるならば、だれが不正を犯すことがありましょう。

【大意】君は本であり、民は末である。表が正しければ、影もまた真っ直ぐであり、源が清ければ、流れもまた澄んでいる。それゆえ孔子は、「その身正しければ、令せずして行わる。その身正しからざれば、令すと雖ども従わず」（子路六）といわれるのである。『大学』では、「堯舜は仁をもって天下を統率し、民は仁をもって従った。桀紂は天下を暴（威力）をもって統率したが、民はそれにも従った。暴を好む桀紂の従順の命令に反して民は暴をもって服したのである」といわれている。およそ聖賢が政治を論じるときには、みな本に立ち返ってするのである。以下の二章においても同様である。

【評釈】「政は正なり」という政の字義解釈について考えておこう。説文には「政は正なり。攴に従い、正に従う」とある。攵は攴であり、木でむちうつことをいう撲の原字である。また正とは征服することである。したがって「政」とは撲撃して征服するということが原義であったとされる。やがて「正」が正す、正しく整える意をもつにいたっても、「政」とは上からむちをもって民を正しく整斉し、矯正する意をもち続けただろうと思われる。その場合、「政は正なり」とは「政とは民を正しくするなり」を意味することになる。おそらく孔子の頃まであった「政」字とは「上から民を正す」意義をもったものとしてあったのだろう。孔子はこの「政」字のもともとの意義を転倒させてしまう。上が正しくなければ、下は正しくはならない。君が正しく君でなければ、民も正しく民ではない。これは正名論といわれる。君は君としての名の通り正しく統治者の位置にあるべきである。これが政治の第一の要諦だというのである。この論はまた道徳主義的な政治論である。だがこの道徳主義は既存の政治観をひっくり返すようなラジカリズムをもっている。仁斎はこの孔子の道徳主義的政治論のラジカリズムを継承している。

■第十九章

季康子患盗、問於孔子。孔子対曰、苟子之不欲、雖賞之不竊。

季康子、盗を患えて、孔子に問う。孔子対えて曰わく、苟《いやしく》も子の欲せずんば、これを賞すと雖ども竊《ぬす》まず。

【訳】 季康子が民の盗みを患えて孔子に問うた。孔子は答えていわれた。もしあなた自身が無欲で心正しくあるならば、民に賞金をかけて盗みをすすめても盗むものなぞいません。

【大意】 民のよい治め方は為政者の徳の問題であって、治術の問題ではない。およそ民のもつ非心(間違った心)とは、上が仕向けた結果である。為政の位にあるものが民を導くのに廉恥をもってすれば、民はそれに感化され、たとえ賞金をつけて盗ませようとしても、恥をしる民は盗むことなど決してしない。民の盗みを患えたりすることなどどうしてあるだろうか。季康子は徒に民の盗みを止めさせる施術を求めるだけで、本に立ち返って考えてみることをしない。夫子はそれゆえ本を正すべきことを季康子に切に告げたのである。

■第二十章

季康子問政於孔子曰、如殺無道、以就有道、何如。孔子対曰、子為政、焉用殺。子欲善、而民善矣。君子之徳風。小人之徳草。草上之風、必偃。

季康子、政を孔子に問うて曰わく、如《も》し無道を殺し、以て有道を就《な》さば、何如《いかん》。孔子対えて曰わく、子、政を為すに、焉《いずく》んぞ殺《さつ》を用いん。子、善を欲して、民善ならん。君子の徳は風なり。小人の徳は草なり。草、これに風を上《くわ》うれば、必ず偃《ふ》す。

【訳】 季康子が孔子に政治について問うた。もし世の無道の者を殺し去って、有道の世にしていくということはどうかと。孔子は答えていわれた。あなたはどうして政治を殺すことでしようとするのですか。あなた自身が善を欲すれば、民は自ずから善に向かうでしょう。君子の徳とは風のように、そして草が風になびき伏すように、民の自ずからの感化をもたらすものです。

【注解】 孔子がいわれるのは、政治を執り行うのにどうして刑殺を用いることがあろうか。執政者が善をなそうとすれば、民もまた善に向かうということである。上は一書には尚となっている。加えるの意である。孔子は季康子みずからがまず正すことを欲せられたのである。偃は仆《ふ》すである。

【大意】 善を善とし、悪を悪とすることはこの世界にとって欠かすことはできない。だが善がはっきりと善であるならば、必ずしも悪を悪とすることなくして、悪なるものは自ずから善になるだろう。だがもし善を善とすることなくして、いたずらに悪だけを除き去ろうとしても、それはできない。悪なるものを挙げて除き去ることができないだけではない。善なるものも善であることができないのである。季康子は悪人を殺し除いて、善人をこの世に作り出そうとした。だが季康子は善が善であり、善人が善人である世においては悪人もまた善に化するものであることを知らないのである。それゆえ夫子は「あなた自身が善を欲すれば、民は自ずから善に向かうでしょう」と答えられたのである。末尾の草と風との譬喩は、君の善による民の感化は速やかで容易であることをいうものである。

【評釈】 これは上の善政による下民の自ずからの教化をいう儒教的徳治主義を代表するような章句である。ことに「君子の徳は風なり、小人の徳は草なり」とは徳川の封建的統治の時代を通じて、治者・被治者を問わずにくりかえし語り聞かされてきた教えであったであろう。京都町衆の学者である仁斎はこれをどう解するのか。仁斎は社会的善悪論の本質的な展開をもって答えようとしている。もしこの世界で善（善人、善行）が善として成立しているならば、あえて人は悪（悪人、悪行）をつき出し、除き去ろうとするには及ばない。悪は自ずから善に化することになるだろう。だが一方、善が善として存立しない世界では悪を除き去ることはできない。そこでは善でさえ存立しないのだから。この仁斎の「善が善として成立する世であって、はじめて悪の教化は可能だ」という社会的善悪論は封建領主の善政への期待論ではまったくない。「善が善として成立する世であるかどうか」とは、この封建権力的統治の基盤そのものに突き刺さるような社会的善悪の本質論的な批判の刃であるだろう。ここには仁斎の道徳哲学のすごさがある。

■第二十一章

子張問、士何如、斯可謂之達矣。子曰、何哉爾所謂達者。子張対曰、在邦必聞、在家必聞。子曰、是聞也。非達也。夫達也者、質直而好義、察言而観色、慮以下人。在邦必達、在家必達。夫聞也者、色取仁而行違。居之不疑。在邦必聞、在家必聞。

子張問う。士何如《いか》なる、斯れこれを達《たつ》と謂うべき。子の曰わく、何んぞや爾《なんじ》の所謂達とは。子張対えて曰わく、邦に在っても必ず聞こえ、家に在っても必ず聞こゆ。子の曰わく、是れ聞《ぶん》なり。達に非ず。夫《そ》れ達とは、質直にして義を好み、言を察して色を観、慮って以て人に下《くだ》る。邦に在っても必ず達し、家に在っても必ず達す。夫れ聞とは、色《いろ》仁に取って行い違う。これに居て疑わず。邦に在っても必ず聞こえ、家に在っても必ず聞こゆ。

【訳】 子張が孔子にどのような士を達するものというのかを問うた。孔子は、ではお前にとって達とは何かと反問した。子張は答えて、邦に仕えては必ずその名が聞こえ、家に仕えても必ずその名が聞こえるものが達士だと思うといった。孔子はこれを聞いて、それは聞こえる士であって達する士ではないといわれた。達する士とは、実直にして道義を好み、人の言葉をよく察し、人の様子をよく観て、慮りを深くして人に謙《へりくだ》るものをいうのだ。この士にして、邦に仕えれば必ずその名は達し、家に仕えれば必ずその名は四方に達するであろう。聞こえる士というのは顔色を善くして仁者を気取り、仁に違える行いをして恥じることのないものをいうのだ。その虚名は、邦に仕えれば必ず聞こえ、家に仕えれば必ず聞こえるだろう。

【注解】 達とは内実があって名誉が自ずから達することをいう。夫子は子張のいう達が本来の意ではないと疑い、反問し、子張の性格上の欠点をあえて顕わにし、それを直そうとされたのである。聞とは外を飾ることに務めて、名聞をえることをいう。実直で道義を好むものは己れを偽り飾ることはしない。人の言葉を察し、人の様子をよく観るならば、尊大に構えたりはしない。相手をよく慮《おもんぱか》るものは、己れを高くすることはない。みずから修め、みずから正しくするものは、人に謙《へりくだ》り、人に知られることを求めたりはしない。人はそのような士を信じ、その名を四方に伝えていく。これを達というのである。それに反して聞とは、顔色を善くして仁者を気取り、仁に違いながらも憚《はばか》ることなく行って一時の名声を得ることをいうのである。空なる名声をえながらも、実なる徳は病み傷ついている。

【大意】聞と達との区別が明らかであってはじめて道を求める学者の志は固く定まる。聞とは中が虚で、外に名声があることであり、内実に務めることなく、名声に務めることである。達とは此処に足りて彼処に通じることであり、みずから内に修めて、外に名声を求めないことである。誠と偽と、君子と小人とはそこにおいて区別される。後世のいうところの達とはおよそみな聞であって、決して達ではない。学者はすべからくこの区別をしっかりさせて、聞か達かをみずから撰ぶべきである。

■第二十二章

樊遅従遊於舞雩之下。曰、敢問崇徳脩慝弁惑。子曰、善哉問。先事後得、非崇徳与。攻其悪、無攻人之悪、非脩慝与。一朝之忿、忘其身以及其親、非惑与。

一　樊遅《はんち》、舞雩《ぶう》の下に遊ぶに従う。曰わく、敢えて徳を崇《たこ》うし慝《とく》を脩め、惑いを弁《わきま》えんことを問う。子の曰わく、善いかな問うこと。事を先にして得ることを後にするは、徳を崇うするに非ずや。その悪を攻めて、人の悪を攻むること無きは、慝を脩むるに非ずや。一朝の忿《いかり》に、その身を忘れて以てその親に及ぼすは、惑いに非ずや。

【訳】樊遅が夫子に従って舞雩に散策した際、あえて質問した。徳を高め、悪を治め、惑いを弁えるにはどのようにすべきでしょうか。孔子はよく尋ねたと賞めていわれた。課題の実行を先にし、その報酬は後回しにすることだ。徳を高くするとはそういうことだ。自分の悪を責めて、人の悪を責め立てたりしないことだ。悪を正すとはそういうことだ。一朝の怒りに我を忘れて、肉親にその累を及ぼしたりするのは、惑いでなくて何だとお前は思うのか。

【注解】慝とは隠された悪をいう。脩とはこれを治して去らしめること。樊遅は夫子に従って舞雩に散策した際、日頃もっていた切問をあえて夫子に発したのである。夫子はその問いを賞めて答えられた。まず与えられた課題の実行に務めて、その報酬のことは後にする。徳を向上させることはそこから始まる。隠れた悪を治めるとはもっぱら自分の悪を責めて、人の悪を責めることに意を用いないことである。そうすれば人の悪ばかり見て、自分の隠れた悪を見逃す弊を人は免れることができる。一朝の怒りに我を忘れて、怒りを肉親にまで及ぼすことは、人の知りやすい惑いである。これは人情に免れないことともいえるが、だがこれを惑いと弁えることである。これに似た事態を人は惑いとして弁別することを知らねばならない。

【大意】この章句の言葉は樊遅の日頃の病癖によって告げられたものではあるが、しかし一時の特殊の教えではなく、万世の典則であり、学者だけではない、人びとの常に佩服すべき教訓である。先に子張に告げられた言葉に比べれば、その言葉はいっそう切実である。それは樊遅の問いの彼自身における切実さによることである。学者は深くこの章句における問いと答えとを味わい読むべきである。

【評釈】 樊遅による「崇徳」「脩慝」「弁惑」の法についての問いに対する孔子の答えの具体的で、切実であることを見るべきだろう。孔子の学園ではこの問いにこの答えが与えられたのである。われわれが『論語』を万世の典則として反復して読み、学ぶべきなのはここに答えられた言葉ではない、むしろこの切実な答えの与えられ方、学びと教えの切実なあり方である。

■第二十三章

樊遅問仁。子曰、愛人。問知。子曰、知人。樊遅未達。子曰、挙直錯諸枉、能使枉者直。樊遅退。見子夏曰、郷也吾見於夫子而問知。子曰、挙直錯諸枉、能使枉者直。何謂也。

樊遅、仁を問う。子の曰わく、人を愛す。知を問う。子の曰わく、人を知る。樊遅未だ達せず。子の曰わく、直《なお》きを挙げて諸《もろもろ》の枉《まが》れるを錯《お》くときは、能く枉れる者をして直からしむ。樊遅退く。子夏を見て曰わく、郷《さき》に吾れ夫子に見《まみ》えて知を問う。子の曰わく、直きを挙げて諸の枉れるを錯くときは、能く枉れる者をして直からしむと。何の謂いぞや。

【訳】 樊遅が仁を問うた。孔子は人を愛することだと答えられた。樊遅はさらに知を問うた。孔子は人を知ることだと答えられた。樊遅は夫子の答えの意味をとらえかねた。孔子はそこでさらにこういわれた。真っ直ぐなものを選び用い、多くの曲がったものをそこに置いたままにするならば、曲がったものを真っ直ぐにさせるだろう。樊遅は退出して子夏に会い、さきほど私は先生にお目にかかり知についてお尋ねした。先生は、真っ直ぐなものを選び用い、多くの曲がったものをそこに置いたままにするならば、曲がったものを真っ直ぐにさせるだろうといわれたのだが、これは何をいうことなのだろうかと尋ねた。

【注解】 樊遅は仁についてはよく理解した。だが智の徳については、人を知ることに止まらないのではないかの疑いを残した。夫子の「直きを挙げて、諸の枉れるを錯くときは、能く枉れるものをして直からしむ」の言は、人を知ることの徳が広大であることをいうものである。

子夏曰、富哉言乎。舜有天下、選於衆、挙皐陶、不仁者遠矣。湯有天下、選於衆、挙伊尹、不仁者遠矣。

子夏の曰わく、富《さか》んなるかな言や。舜天下を有《たも》って、衆に選んで、皐陶《こうよう》を挙ぐれば、不仁者遠ざかる。湯《とう》天下を有って、衆に選んで、伊尹《いいん》を挙ぐれば、不仁者遠ざかる。

【訳】 子夏はこういった。夫子の言葉は大きく、その及ぶところははるかに広い。舜が天下をもったとき、多くの人材から皐陶を選んで用いられた。その結果、不仁者は遠ざかっていった。湯王が天下をもったとき、多くの人材から伊尹を選んで用いられた。その結果、不仁者は遠ざかっていった。

【注解】 富は盛んの意。ここで夫子が智について「知人」といわれた一言の意味は盛大であり、その一言の覆い尽くしえないものはないほどである。皐陶は舜に用いられて司法長官を務め、伊尹は殷の湯王の宰相であった。朱氏（朱熹）はこういっている。「不仁者遠ざかるとは、人皆化して仁を為して、不仁者有ることを見ず。その遠ざけ去るが若きのみを言う。所謂枉がれる者を直からしむるなり」。

【大意】 この章は「人を知る」以下、もっぱら智の徳の盛大さをいうものである。樊遅が夫子の言葉を疑い、夫子がそれに応えられ、子夏がその意を述べているのもみな智についてである。樊遅はもとより仁と智とについての夫子の言の相違に疑いをもったわけではないし、夫子もまた仁と智を兼ねて答えようとされたわけでもない。夫子はかつて哀公が民をいかにして服さしめるかを問うたとき、「直きを挙げて諸《もろもろ》の枉がれるを錯くときは、則ち民服す」（為政十九）と答えられた。だが哀公はこの夫子の言葉を、人事の当否をいうものとしてのみ心得て、この一言の中に舜・湯両王による天下統治の盛大さがこめられていることを知ろうとはしなかった。およそ聖人孔子の言葉はこれを見るものの浅さ深さにしたがって、広狭の違いをもたらすものであることを、学者たるもの深く知るべきである。

【評釈】 「挙直錯諸枉」を「直きを挙げて、諸《もろもろ》の枉がれるを錯く」と読むのは朱子に従うものである。徂徠は「直きを挙げて、諸《こ》れを枉がれるに錯く」と読む。これは材木を積む法をいうものだと徂徠は解している。すなわち「直きものをもって枉がれるものの上に置けば、則ち枉がれるものは直きものに圧せられて自ずから直くなる」(『論語徴』)のだという。直をもって枉を直に化すという意味の取り方において、徂徠の読みの方が適切だとみなされる。

仁斎がここで「人を知る」を「智」徳としてとらえようとしていることに注目される。彼は「人を知る」ことを人事の適否という統治の「知」術としてではなく、天下を道徳的世界として成立せしめるような「智」徳としてとらえようとしているのである。

■第二十四章

子貢問友。子曰、忠告而善道之。不可則止。無自辱焉。

子貢、友を問う。子の曰わく、忠告《ちゅうこく》げて善くこれを道《みちび》く。可《き》かざるときは則ち止む。自ら辱しめらるること無かれ。

【訳】 子貢が友との交わりについて問うた。孔子はこういわれた。もし友に過ちがあれば、心を尽くし、言葉を尽くして諫めるべきである。だが友がその言葉を聞き入れないならば、友への忠告を止めるべきである。節度なく諫めて、恥辱を受けるようなことをしてはならない。

【大意】 友と交わる道は、その過ちには心を尽くして諫め、言葉を尽くして導くことにある。だが友がその言葉を聞き入れないならば、しばらく忠告することを止め、自分で悟るのを待った方がよい。節度無く諫めたりすれば、かえって嫌われることになる。節度を失い、みずから恥辱を受けるようなことをしてはならない。○朱氏(朱熹)はこういっている。「友といて、その過ちを友に告げないのは、忠（誠実）ではない。要は友との誠意をもった交わりを、その言葉の前に築いておくことだ。そのとき友に向けた忠告は彼に信じられるだろう。信じられないとすれば、誠意をもった交わりが足りないゆえだ」。

【評釈】孔子は君臣関係でも友人関係でも、誠実をもってする関係であるべきことをいっても、没我の一体性をいうことは決してない。そこには自負心、あるいは自己への誇りを前提にした距離が保たれている。これが君子の交わりであろう。

■第二十五章

曾子曰、君子以文会友、以友輔仁。

一　曾子の曰わく、君子は文を以て友を会し、友を以て仁を輔《たす》く。

【訳】曾子はいっている。君子は友と会して文の学びをともにし、友を仁の道の同行者とする。

【大意】君子は徒に友と会することはしない。君子が友と会するのは、互いに学を励まし、増進させることにある。君子は自分に及ばないものを友とすることはしない。君子はともに仁の道に務めようとするものを友とするのである。君子とは日々にその徳を新たにするものであるからである。

【評釈】人間における友人関係の形成の理想をいったものとして記憶されてよい言葉である。ただ実際にはその理想を忘れて、日本の大学では「以文会」「輔仁会」といった名のみがいたずらに称されてきた。

子路《しろ》第十三

■第一章

子路問政。子曰、先之労之。請益。曰、無倦。

子路、政《せい》を問う。子の曰《のたま》わく、これに先んじ、これに労す。益《えき》を請う。曰わく、倦むこと無かれ。

【訳】子路が政治について問うた。孔子は答えていわれた。民に先んじてわが身を正しくし、民に先んじてみずから勤めることだ。子路はさらにそれに加える教えを請うた。孔子はただ倦むことなく勤めよとだけ答えられた。

【注解】民を治めるには、まず自分自身を正しくすることが必要である。また事に当たって民を使うには、まずその事にみずから勤めることが必要である。為政の道は、「これに先んじ、これに労する」の二言に尽きている。それゆえさらなる教えを請う子路に夫子はただ「倦むことなく勤めよ」とのみいわれたのである。胡氏（胡柄文）はいっている。「子張はいかにも堂々としている（子張十五）。子路はいかにも剛強である（先進十二）。それゆえ両者とも事の始まりは鋭いが、終わりには手を抜き、怠ってしまう。夫子が両者に「倦むこと無かれ」と教えられたのはそれゆえである。さらに誠実に欠ける子張には「忠を以てせよ〔真心をもってせよ〕」（顔淵十五）という教えをも付け加えられたのである」。

【大意】 なすべき道は身近にあり、なすべき事は難しいことではない。それゆえ道を知るものは、道を高遠の域に求めずに身近に求め、為し難いことに求めずに為し易いことに求めるのである。夫子の教えの要《かなめ》はここにある。これを変えてはならない。事にあたってみずから先に立って勤めるならば、民もまたみずから務めることになる。そうでなければ事は廃れてしまう。みずから力を注げば、事は速やかに成る。そうでなければ功の成ることはない。夫子の教えはまことに身近で、しかもなし易い。倦むことなく勤めれば、政治は定まり、その功は必ず成る。大事なことは遠くを見て、近い結果を求めず、煩に堪え、怠ることなく勤めることである。近い結果を求めるならば、必ず怠《なま》け心が生じ、それまでの成果はたちまちに失われてしまう。それゆえ子路のさらなる教えの要請に、夫子はただ「倦むこと無かれ」とだけいわれたのである。これこそ真の薬石ともいうべき教えである。

■第二章

仲弓為季氏宰、問政。子曰、先有司。赦小過。挙賢才。曰、焉知賢才而挙之。曰、挙爾所知。爾所不知、人其舎諸。

仲弓、季氏の宰と為り、政を問う。子の曰《のたま》わく、有司《ゆうし》に先んず。小過《しょうか》を赦《ゆる》す。賢才《けんさい》を挙ぐ。曰《い》わく、焉《いずく》んぞ賢才を知ってこれを挙げん。曰わく、爾《なんじ》の知る所を挙げよ。爾の知らざる所は、人それ舎《す》てんや。

【訳】 季氏に仕えその宰（領地の長）となった仲弓が政治について問うた。孔子がいわれた。部下の役人たちに先だって勤めよ。彼らの小さな過失は大目に見よ。そして何よりも才能あるものを見出し、どう任用することだ。仲弓はいった。残念ながら人を知る範囲の狭い私が才能あるものをどう見出し、どう任用したらよいのでしょうか。孔子はそれに答えていわれた。お前の知るかぎりで才能あるものを見出そうとせよ。それを人が知れば、お前の知らない才能あるものを人は見捨てておくことはしない。

【注解】 有司は属吏、下役人をいう。宰（領地の長）は多くの属吏から見習われるものである。それゆえみずから率先して行えば、部下に怠るものはいない。その過失を赦すならば、部下はのびのびとして悦んで仕えることになる。賢才を挙げ用いるならば、人の励みとなり、政治を公明なものにしていく。夫子のその言葉に、仲弓が謙遜して自分には人の賢否を見分ける力はない、また賢才を見出せるほどの交際の広さを自分はもっていないことをいったのに対して、夫子は答えられた。ひとまず自分の知る範囲から人を選べばよい。お前が本当に賢才を求めていることが知られれば、人はまだ知られていない賢才を必ず推挙し、世に遺賢なしという事態に自ずからなるだろう。

【大意】 夫子のいわれる三綱目は為政の大要である。上のものは下のものの大綱《おおづな》である。大綱が上にしっかりもたれていれば、下の目が弛むことはない。上にしっかり唱導するものがあれば、下はそれに和して怠ることはない。それゆえ有司に先立って行うことを第一にいわれたのである。下の過失を赦そうとせず、みだりに刑罰をもってするならば、民心は上に背くことになる。それゆえ小さな過失を赦すことをその次にいわれたのである。賢才とは国家の存立が依拠する人物である。もしこれを挙げ用いることがなければ、一家も治まらないし、ましてや国も治まらないし、天下もまた治まることはない。それゆえ天下を治めようとするものは、まさに天下の人と共に治めるべきであり、一国を治めようと欲するものは、まさに一国の人と共に治めるべきであり、一家を治めようと欲するものは、一家の人と共に治めるべきである。仲弓はもっぱら政治を己れに求めようとばかりして、人と共にすることを知らない。もし人と共にすることをしなければ、季氏の小邑でさえ治めることはできない。ましてや天下を治めることなどどうしてできようか。それゆえ夫子は賢才を挙げ用いるべきこととの大事を最後に教えられたのである。

【論注】人材のないことを憂えたりするのは、凡庸な君主に共通する欠点である。この広い天下に人材のないことなどがあろうか。上にいなければ、必ず下にいる。朝廷にいなければ、必ず野《や》にいる。もし賢才を強く好むならば、多くの賢才は集まり出てくるだろう。それは茅を引き抜けば、根の連なる茅がごっそり抜け出るようであるだろう。どうして人材のないことを憂えることがあろうか。夫子のいわれる言葉のなんとその意の真っ直ぐで、その心の広いことよ。その言葉は天下の人材をまとまり出るようにさせるに十分である。人材の不在を憂いとすることなどはない。燕の昭王に郭隗《かくかい》が「先ず隗より始めよ」(『戦国策』)といったこととの意味はこれに近い。

■第三章

子路曰、衛君待子而為政、子将奚先。子曰、必也正名乎。

子路の曰わく、衛の君、子を待ちて政をせば、子将《まさ》に奚《なに》をか先にせん。子の曰わく、必ずや名を正さんか。

【訳】子路が孔子にたずねていった。もし衛の君が先生を迎えて、政治を執り行うよう求めたなら、先生はまず何からなさいますか。孔子は答えていわれた。必ずまず名を正すことからするだろう。

【注解】衛の君とは出公輒《しゅっこうちょう》である。名とは内の実を外に表すもの。名がその実と一度違《たが》えれば、違いは全面化してしまう。それゆえ政治は名を正すことを第一にする。

子路曰、有是哉、子之迂也。奚其正。子曰、野哉由也。君子於其所不知、蓋闕如也。名不正、則言不順。言不順、則事不成。事不成、則礼楽不興。礼楽不興、則刑罰不中。刑罰不中、則民無所錯手足。故君子名之必可言也。言之必可行也。君子於其言、無所苟而已矣。

子路の曰わく、是れ有るかな、子の迂なる。奚《なん》ぞそれ正しうせん。子の曰わく、野なるかな由や。君子はその知らざる所に於いて、蓋し闕如《けつじょ》たり。名正しからざるときは、則ち言順わず。言順わざるときは、則ち事成らず。事成らざるときは、則ち礼楽興らず。礼楽興らざるときは、則ち刑罰中《あた》らず。刑罰中らざるときは、則ち民手足を錯《お》く所無し。故に君子はこれを名づけて必ず言うべし。これを言えば必ず行うべし。君子はその言に於ける、苟《いやし》くもする所無きのみ。

【訳】子路はいった。これだから先生の教えは回りくどいといわれるのです。どうして名を正しくすることが急務であったりするのですか。孔子はいわれた。由よ、お前は本当にがさつ者だね。君子というものは、知らないことを知らないとするものだよ。知らないことに、やたらに疑問を差し入れたりしないことだ。名（たとえば君が君という名をもつこと）が正しくなければ、その名をめぐる言葉（君の発する言葉、君についての言葉）は正しくない。言葉が正しくなければ、その名をめぐる事態（君臣という関係、君民という統治関係）は成立しない。この事態が成らなければ、この事態を秩序づけ、修飾する礼楽も興起することはない。礼楽の興起しないところでは、民に対する刑罰は正しく行われない。刑罰が正しく行われない世の中では、民はのびのびと手足を伸ばして生きることはできない。それゆえ君子たるものは名づけたら（たとえば人を友と名づけたら）、その名の通りの言葉をいうべきである（友に対して信の言葉をいうべきである）。言葉にしたら、それを必ず実行すべきである（人を友と呼んだら、友人関係を行いのうえに実現していくべきである）。君子とはかりそめに名づけて言葉にしたりしないものだ。

【注解】迂とは遠いこと。今日の急務ではないことをいう。夫子が子路を野卑だと責めるのは、知らないことにまで疑いを差し挟もうとする態度についてである。君子とは知らざることを知らずとして、それを疑い質《ただ》すような言葉を差し入れたりしないものをいうのである。君子の知とは知らざるを知らずとすることである。「名正しからざるときは事成らず」とは、名が正しくないときには、事がその事として成り立たないことをいうのである。事成らずとは、事が体を成さないことである。思うに百事がそれぞれに体を成して、はじめて「礼楽が興る」ということができる。すなわち人間社会の秩序だった政治・文化が成立するといいうるのである。もし事が事として成り立たなければ、礼楽も興起しない。礼楽が興起しなければ、政治は正しさを欠き、刑罰は誤り、妥当性を失う。最後に夫子がいわれるのは、名はその名の通り正しくなければならないということである。「その言に於ける」というのは、その名をもっていわれる通りにということである。

【大意】　為政の術というべきものは多い。だが衛にとって急務であるのは名を正すことである。もし名が正しくなければ、列挙された五つの弊害が自ずから生じ、百術をもってしても救えない事態となる。この時代、衛にあっては世子蒯聵《かいかい》が母南子の淫乱を恥じて、殺そうとして失敗し、国外に出奔した。衛の霊公は公子郢《えい》を世子に立てようとしたが、郢は辞退した。霊公が没すると、蒯聵の子輒《ちょう》が位を継いだ。それゆえ輒はその父を仇とし、祖父を父として祀ることになった。名の正しからざること、これに過ぎるものはない。孔子の「名を正しくせよ」の言こそが、まさしく衛にとっての急務であったのである。

【論注】　「冉有《ぜんゆう》の曰わく、夫子衛の君を為《たす》けんか。子貢の曰わく、諾《だく》。吾れ将にこれを問わんと。入って曰わく、伯夷《はくい》・叔斉《しゅくせい》は何人ぞや。曰わく、古えの賢人なり。曰わく、怨みたりや。曰わく、仁を求めて仁を得たり。また何ぞ怨まん。出でて曰わく、夫子は為けず（冉有がいった。先生は衛の君を助けることをなさるだろうか。子貢はそれを聞いて、分かった。私がお伺いしてみようといった。子貢は部屋に入って、伯夷・叔斉とはどのような人物でしょうか、と尋ねた。孔子は、古えの賢人であると答えられた。子貢は、伯夷・叔斉は人を恨むということはあったでしょうかと問うた。孔子は、仁人であることを求めて、仁人たることを得たのである。人を恨むというようなことがどうしてあろうか、と答えられた。子貢は部屋を出ていった。先生は衛君を助けることなどなされない」（述而十四）。この章をあらためて読んでみると、夫子は衛君輒《ちょう》をただ助けずとしているのではないように思われる。「夫子は為けず」という子貢の言は、孔子が常にとられている態度からすればそうだということで、晋の范氏の謀叛者である仏肸《ひっきつ》の招き（陽貨六）や季氏に叛いた公山弗擾《こうざんふつじょう》の招き（陽貨四）に応じられようとした夫子に見るのは、人をただその悪い評判によって見捨ててしまうことのない仁者の徳である。もし衛君輒が誠心をもって孔子を迎えて、己れを虚しくして孔子に政治を委ねようとするならば、どうしてこれを助けないことがあろうか。衛君輒がこの態度をもって孔子を遇すれば、「名を正す」ことの実施は決して難事ではない。胡氏（胡寅《こいん》）がいっている。「夫子がもし衛の政治を執るならば、必ずや天王（周の王）に告げ、方伯（諸侯の長）に請いて公子郢《えい》の即位を実現するだろう」と。これは正論かもしれないが、だが人情の許すところではない。人情に反する論に従うことはできない。『中庸』には、「君子は動かずして敬し、言わずして信あり。賞せずして民勧《すす》み、怒らずして民鈇鉞《ふえつ》よりも威《おそ》る（君子はその動作に示すことなく敬《うやうや》しく、言葉を発することなく信実である。君子は報賞によることなく民をみずから励ましめ、怒ること無く民を刑具よりも威れしめる）」とある。思うに聖人孔子が人と時処に応じて施される卓越した教化の真意を、われわれの言葉をもって推し測ることなどできようか。

■第四章

樊遅請学稼。子曰、吾不如老農。請学為圃。曰、吾不如老圃。

樊遅、稼《か》を学ばんことを請う。子の曰わく、吾れ老農に如《し》かず。圃《ほ》を為《つく》ることを学ばんと請う。曰わく、吾れ老圃《ろうほ》に如かず。

【訳】樊遅が穀物の作り方を請うた。孔子は老農にまったく及ばないと答えた。樊遅はそれではと野菜の作り方を問うた。孔子は老いた畑作りに及ぶものではないと答えた。

【注解】作物を植え付けることを稼といい、取り入れることを穡《しょう》という。圃とは野菜を植えるはたけをいう。

樊遅出。子曰、小人哉樊須也。上好礼、則民莫敢不敬。上好義、則民莫敢不服。上好信、則民莫敢不用情。夫如是、則四方之民、襁負其子而至矣。焉用稼。

樊遅出ず。子の曰わく、小人なるかな樊須《はんしゅ》や。上《かみ》礼を好むときは、則ち民敢えて敬せざること莫《な》し。上義を好むときは、則ち民敢えて服せざること莫し。上信を好むときは、則ち民敢えて情を用いざること莫し。夫《そ》れ是《かく》の如くなるときは、則ち四方の民、その子を襁負《きょうふ》して至らん。焉んぞ稼を用いん。

【訳】樊遅が退出してから孔子はいわれた。樊遅はまったく小人と異なることがないではないか。上にあるものが礼にしたがうことを好むならば、民もまた礼をもって敬する態度をとらないことがあろうか。上にあるものが義によることを好むならば、民もまた義による政治に服さないことがあろうか。上にあるものが信実を好むならば、民もまた真情をもって応えないことがあろうか。上にあるものがそのようであるならば、四方の民もその子を背負って、その政治を慕ってやってくるにちがいない。どうして蒔いたり耕したりすることを慌てて学んだりすることがあるのか。

【注解】　小人は細民（下にあって、細事を務めるもの）をいう。礼は上下貴賤を分かち、その別を弁えることである。それゆえ民は敬することになる。義は可否を正しくし、取捨の基準を明らかにすることである。それゆえ民は服することになる。情は実である。信は虚偽を斥ける。それゆえ民は真実の情をもってすることになる。襁は幅八寸・長さ一丈二尺の布で作られた子を背負う帯。

【大意】　礼・義・信の三者は大人《たいじん》（上にあって、大事に携わるもの）の大事である。もし上にあるものがこれを好むならば、下のものもたちまちそれに反応し、上との類似の風を身につけていくだろう。民のこの反応は軍鼓の音よりも速く、飛脚よりも疾い。上の正しい風は万民を鼓舞し、四方の民をなびかせるだろう。ただ残念なのは上に立つものにこの風を好むことの必ずしも篤くないことである。もし上にあるものが徒に細務に心を労して、天下に道を維持することの大事を忘れるならば、それは世間並みの人の務めをすることであって、孔門の学徒のすることではない。夫子は面と向かって樊遅の非を責めずに、彼の退出後にその非を人に告げた。もし面と向かってその非をいえば、もとより樊遅は夫子の言葉にしたがっただろう。だがその納得は実のものでない恐れがある。もし樊遅が夫子のひそかに彼の非をいうのを聞けば、羞悪の心が彼に生じて、悔悟の思いは深く、必ずやその非を改めることになるだろう。夫子の仁とはまさしくこのようである。

【論注】　孔子聖門の学とは世を経《おさ》める学である。古えの聖賢には魚釣りをして身を隠し、土塀造りをして世を遁れていたものはあった。それからすれば、位ある士が農耕に従うことも羞ずべきことではない。だが孔子は樊遅による稼圃の問いを卑小とし、孟子は陳相がいう「賢者は民と並び耕す」という許行の説を斥け（『孟子』滕文公上）、古えの聖人たちを継いで、天下を済《すく》い、世の綱常を確立することを道とし、教えとしてきた。土塀造りや魚釣りのことは、やむをえずして行うことである。世を逃れることを高貴とするのは、孔孟の心ではないことを知るべきである。

【評釈】　この章は上に立つものと下にいるものという身分的差異を、大人（大事に携わるもの）と小人（細民・小事あるいは細事を務めるもの）の差異としてとらえ、経世の場における孔門の学徒の責務とは何かを明らかにしようとする。

■第五章

子曰、誦詩三百、授之以政不達。使於四方不能専対、雖多亦奚以為。

子の曰わく、詩三百を誦して、これを授くるに政を以てして達せず。四方に使いして専《ひと》り対《こた》うること能わずんば、多しと雖ども亦奚《なに》を以てせん。

【訳】　孔子がこういわれた。詩の三百篇を暗誦しても、これに政治の任を課して達成することもできず、外交の使いの役についても一人して対応することができないでは、たとえ暗誦する詩がどれほど多くとも、それは何の意味もない。

【注解】専は独りである。国の政事は大事であり、国の使いは難事である。『詩経』を読んでみずから得ることとあれば、政事において達し、国の使いをも能くすることができるというのである。

【大意】詩の効用は広い。「詩は以て興るべし。以て観るべし。以て群すべし。以て怨むべし（詩は人の心を奮い立たせる。詩は人情世態のさまざまを見せてくれる。詩は人びとと和して共にいるようにさせる。詩は人を怨んで、ただ怒りを人にぶつけるようなことをさせない）」（陽貨八）。心が興起すれば、善を好み、不善を憎む心を奮い立たせることができる。よく観ることができれば、人情を察して世事の変化移りゆきを知ることができる。人と共にすることができれば、温厚和平の心を生ぜしめる。人を怨んでも怒ることがなければ、心狭く、性急で、人に逆らったりする心は消えていく。善を好み、不善を憎むことは政治の本をなす。人情を察し、事変を知ることは、施政の備えである。温厚和平の心が生じれば、十分に言葉を尽くして、意を達せしめることができる。乖戻《かいれい》性急の心が消えれば、事に当たって物に逆らうことはない。このようであって人は政治の場において滞ることなく意を達し、外交の場においても一人でその任に応えることができるだろう。〇程子はこういっている。「経を窮めることは、その用《はたら》きを十全になさしめるためである。世の詩三百を誦するものは、はたして政に従事し、一人して外交の任に応えることができるであろうか。世の詩を学ぶものは、ただ章句の末のみ学んでいる。これは学者の大患である」。

【評釈】詩は古代の共同体的生活に意味をもっていた。仁斎が引く「詩は以て興るべし。以て観るべし。以て群すべし。以て怨むべし」という陽貨篇の孔子の言葉も、そうした共同体的な言語的生の記憶をとどめたものであろう。詩についていう孔子の言葉はその記憶の最後の印である。これらの言葉についての後世の解釈は、その記憶をもたないものによる詩の意味の社会的道徳的効用論としての再構成となる。朱子においてはことにそうであり、仁斎もまたそうである。

■第六章

子曰、其身正、不令而行。其身不正、雖令不從。

子の曰わく、その身正しければ、令せずして行わる。その身正しからざれば、令すと雖ども従わず。

【訳】 孔子がいわれた。その身が正しければ、法令によらずして治まり、その身が正しくなければ、法令をきびしくしても従うものはない。

【大意】 これは聖賢による治人の常法である。これによらずして人をよく治めたものはない。先王の統治は道徳を篤くし、法制を薄くする。根底的に恃《たの》むことのできるのは法令ではないことを聖人は知るからである。孟子がいっている。「人はみな常に天下国家を口々にいう。だが天下の本は国にあり、国の本はこの家にあり、家の本はこの身にあることを忘れている」（『孟子』離婁上）と。本すなわちわが一身を正しくすれば、末は自ずからそれに従って正しくなる。この一身を治めることが本であるかぎり、天下に治め難いものはない。聖人孔子の治平の道をいう言葉がみな易しく、身近であるのはそのゆえである。

■第七章

子曰、魯衛之政、兄弟也。

子の曰わく、魯・衛の政は、兄弟なり。

【訳】孔子がいわれた。魯と衛の国の政治は、文王の遺風を保っていて兄弟のようである。

【大意】魯は周公の後を継ぐ国であり、衛は弟康叔《こうしゆく》の後を継ぐ国であり、元来兄弟の国である。孔子の時代、この二国の衰乱は甚だしいとはいえ、なお二公の遺風を保っていた。それゆえ孔子は二国を兄弟というのである。そこにはまた「魯一変せば道に至らん（魯のいまの政治を変えたなら、きっと先王の治世に復することもできるだろう）」（雍也二十二）の意がこめられている。その当時、斉・晋の強国も魯・衛の弱国に及ばないとだれがいっただろうか。だが斉・晋が亡びて後に魯は亡び、衛の子孫は漢代になお在った。文王の恩沢がかくも遠くに及んだことを否定することはできない。聖人の言は信じるべきである。

■第八章

子謂衛公子荊。善居室。始有、曰、苟合矣。少有、曰、苟完矣。富有、曰、苟美矣。

子、衛の公子荊《けい》を謂う。善く室に居れり。始め有るに、曰わく、苟《いささ》か合《あつ》まれり。少しく有るに、曰わく、苟か完《そな》われり。富《さか》んに有るに、曰わく、苟か美《よ》しと。

【訳】　孔子は公子荊を称えていわれた。荊はよい家のもち方をしている。家のもちはじめに彼は、どうにか家財は集まったといい、少しものをもつにいたって、どうにか家財は備わったといい、十分にもつにいたって、これでどうやら立派になったといった。

【注解】　公子荊は衛の大夫である。合は集まる。完は備わる。朱氏（朱熹）は、「節度をもって段階を登り、速やかに完備することを欲して心を患わしたりしないことをいう」といっている。

【大意】　この章は夫子が公子荊を称えながら住居のもち方を示されたものである。○朱氏はいう。「多くの人の家のもち方は、華美を極めるかと思えば、垣根は傾き、壁は崩れるという有様である。公子荊にあっては家財が集まるといい、次いで備わるといい、そして立派になるというように、そこには自ずから進む順序があり、そのいずれにも「苟《いささ》か」という言葉を副えている。荊は家財をもつことに心を患わせてはいない。それゆえ孔子は荊を称えていったのである」。

■第九章

子適衛。冉有僕。子曰、庶矣哉。冉有曰、既庶矣。又何加焉。曰、富之。曰、既富矣。又何加焉。曰、教之。

子、衛に適《ゆ》く。冉有僕《ぼく》たり。子の曰わく、庶《しょ》あるかな。冉有の曰わく、既に庶あり。また何をか加えん。曰わく、これを富まさん。曰わく、既に富めり。また何をか加えん。曰わく、これを教えん。

【訳】　孔子が衛の国に行かれた際、冉有は御者としていた。孔子は衛の国の住民が多いことに感嘆して、実に大勢の民がいると冉有にいわれた。冉有は、すでに多くの民がここにはいます。その上に何を加えるべきでしょうかと問うた。孔子は、民を富ますことだといわれた。冉有が、もし民を富ますことができたなら、さらにその上に何を加えるべきでしょうかと問うた。孔子は、民に人の道を教えることだと答えられた。

【注解】　僕は馬車の御者であること。庶は衆、多いこと。民の衣食が足りて老幼を養うことができれば、民はその生を全うすることができる。民が孝弟の道を知れば、社会の秩序は安定し、民心も正しいものとなる。

【大意】　ここに聖人孔子の天下に仁をもってする篤い心を見ることができる。夫子は衛の国に入って、民の多いのを見て感嘆された。その国に災害もなく、住民の増大することはそれ自体喜ぶべきことである。それゆえ冉有の問いに答えて夫子は、この多くの民をさらに豊かにさせ、その上に道を教えることをいわれたのである。民に恒産なくして恒心はない（『孟子』、民の生活の安定なくして、民の良心は維持されない）。それゆえ多くの民を豊かにさせ、すでに豊かになれば、民に道を教えるべきことをいわれたのである。道を教えることがなければ、父があっても父ではなく、子があっても子ではなく、兄があっても兄ではなく、弟があっても弟ではない。それは禽獣に等しい。それゆえ民を富ませて、それに道の教えを加えることをいわれたのである。ただ民が増えることだけして、これを豊かにしないのは、民をただ草芥のようにみなしているのである。民をただ富ませるだけで、これに道を教えることをしないのは、民をただ禽獣のようにみなしていることである。これは聖人の天下に仁をもってする心では決してない。

■第十章

子曰、苟有用我者、期月而已可也。三年有成。

子の曰わく、苟も我を用うる者有らば、期月《きげつ》のみにして可なり。三年にして成ること有らん。

【訳】孔子がいわれた。もしわたしを用いるものがあれば、一年あれば乱を治め、綱紀を正すだろう。三年あれば治道の成果を示すことができるだろう。

【注解】期月とは一周年目の同月をいう。許氏（許謙）はいっている。「期月で可というのは、国の衰乱を直し、綱紀をほぼ正しくすることをいう。三年で成すというのは、国の統治が安定し、治道が大いにその成果をあげることをいう」。

【大意】この章は夫子が門人のためにその疑いを解こうとしていわれたものである。当時、晋の逆臣である仏肸《ひっきつ》の招聘に夫子は応じようとされ、また季氏に叛いた公山弗擾《こうざんふつじょう》の招きにも応じて行こうとされた。多くの門人たちはこの夫子の応答に疑いをもっていた。それゆえ夫子は意中を明らかにして、門人の疑いに答えようとされたのである。後篇の「吾れそれ東周を為さんか」の章（陽貨四）を見るべきである。

■第十一章

子曰、善人為邦百年、亦可以勝残去殺矣。誠哉是言也。

子の曰わく、善人、邦を為《おさ》むること百年、亦以て残《ざん》を勝《な》くし殺《さつ》を去るべしと。誠なるかな是の言や。

【訳】孔子がこういわれた。善良な人の国の統治は、百年の統治をもって、悪逆乱暴を無くし、死刑の行われない世にすることができるといわれてきたが、それは本当のことだ。

【注解】「邦を為むること百年」とは、長く継承された統治をいう。「残を勝くす」とは、残虐乱暴の人を化して、悪事を犯さないようにすること。「殺を去る」とは、刑罰で死刑を用いないこと。「誠なるかな是の言や」とは、古言の正しさを称えているのである。

【大意】夫子がここで、「残を勝くし、殺を去る」ことは仁の志の厚い善人たちの百年相継ぐ統治にしてはじめて可能なことで、一朝一夕になるものではないという古言の正しさをいうのは、決して善人を低く見て、民を善化することの遅さを謗っているのではない。門人はこの夫子の言を前置きにして次章の言を起そうとしているのである。

■第十二章

子曰、如有王者、必世而後仁。

子の曰わく、如《も》し王者有らば、必ず世にして後《のち》仁ならん。

【訳】孔子がこういわれた。もし王者が世にあれば、必ず一代にして仁をもってあまねく世を潤すだろう。

【注解】「世」とはその一代の治世をいう。

【大意】この章は前章の意を承けていわれている。「必ず世にして」というのは、子孫相継ぐ統治に比較されない一代の仁政をいう。王者の治世を直ちに「仁」というのは、ただ世に悪逆無道の者を無くし、死刑の行われないようにするだけではないことをいうのである。王道とは仁を根本とする。この世に一人でも生活の場を得ないものがいれば、それは仁ではない。この世で一物でも生育を遂げることができなければ、それは仁ではない。上は朝廷から海の涯《はて》の遠くまで人びとが生を喜び楽しんで一体をなし、上百官は親しく議《はか》り合い、下人民は相愛し相慰めて渾然と融和し、自ずから王の恩沢にうるおうようであるのを仁の至極とし、王道はここに成るというのである。

【評釈】この章の多くの解釈は、この乱世にあってはかりに王者が興っても、その仁政を成すのに一世すなわち三十年を必要とするだろうとしている。「もし〔天命を承けた〕王者が出ても、〔今の乱世では〕きっと一代（三十年）たってからはじめて仁〔の世界〕になるだろう」（金谷論語）。それに対して仁斎の注釈は待望される王者による「王道」という理想的概念の積極的な構成を意図している。仁斎の理想主義的な「王道」概念は原文の漢文的記述で読むことが相応しい。ここに書き下してみた。

王道は仁を以て本とす。一夫その所を得ざるは、仁に非ず。一物その生を遂げざるは、仁に非ず、上朝廷より海隅の遠きに及び、歓欣愉悦《かんきんゆえつ》、合して一体と為り、百官は上に都兪吁咨《とゆうし》し、黎民《れいみん》は下に相愛し相安くし、融如溢如《ゆうじょいつじょ》として、自ずから王沢の中に涵濡《かんじゅ》せざることなき、是れ仁の至り、王道の成るなり。

これは「王道」の理想主義的理念化といいうる文章である。「王道」の理念化は孟子に始まるが、仁斎はそれを徹底させている。京都市井の儒家仁斎に唯一可能な現実政権への理論的関与は、この徹底的に理想主義的な「王道」理念の提示であったであろう。

■第十三章

子曰、苟正其身矣、於従政乎何有。不能正其身、如正人何。

子の曰わく、苟《いやしく》もその身を正せば、政に従うに於いて何んか有らん。その身を正すること能わずんば、人を正するを如何《いかん》。

【訳】孔子がいわれた。自分自身を正しくすることができるならば、政治に従事することに何の問題もない。自分を正すことのできないものが、どうして人を正すことができようか。

【注解】饒《じょう》氏（饒魯）はこういっている。「政に従うことと政を為すこととは同じではない。政を為すのは君主の事であり、政に従うのは大夫の事である。夫子はいま大夫に向けていわれているのである」。

【大意】ここでも夫子がいわれるのは人を治める任にあるものがとるべき常道である。夫子はくりかえしこの治人の常道をいわれた。『論語』の編者は夫子の常言を厭うことなく記している。

■第十四章

冉子退朝。子曰、何晏也。対曰、有政。子曰、其事也。如有政、雖不吾以、吾其与聞之。

冉子《ぜんし》、朝《ちょう》より退く。子の曰わく、何ぞ晏《おそ》き。対えて曰わく、政有り。子の曰わく、それ事ならん。如《も》し政有れば、吾れを以《もち》いずと雖ども、吾れそれこれを与《あずか》り聞かん。

【訳】 冉有が朝廷を退出した。孔子が遅いことの理由を尋ねた。冉有は政事の上で遅くなったと答えた。孔子はその言葉を咎めていわれた。お前は政事というが、それは公の朝廷の政事ではない、季氏の私朝の私事である。もし政事の大事であれば、たとえ退いた身とはいえ、魯の大夫である自分が与り聞かないことがどうしてあろうかと。

【注解】 孔子の弟子冉有は当時魯の権臣である季氏の家宰であった。ここで「朝」というのは季氏による私の朝廷である。晏は晩《おそ》いである。以は用いるである。古く大夫は致仕しても、国政の大事を与り聞くことができた。

【大意】 政とは君のする公事であって、臣のするのは政ではなく事、すなわち私事である。この当時、季氏は魯の国政を専らにし、同列の卿・大夫と公の朝廷で議することなく、ただ家臣と私室で謀議していた。それゆえ夫子は季氏のする政治は私事にほかならないことをはっきりといわれたのである。当時、季氏が主君を蔑《ないがし》ろにしながらも恬然《てんぜん》としてその非を知らないだけではない、冉有もまた夫子の教えに与りながら矇然《もうぜん》として季氏の非を認めることをしなかったのである。それゆえ夫子はこれ以上季氏の非を大ならしめないために、顕然とその非をいって季氏を警めるとともに冉有をも教え、天下万世に公私の義理に過つことがないようにされたのである。『春秋』の意とするところでもある。

■第十五章

定公問、一言而可以興邦、有諸。孔子対曰、言不可以若是其幾也。人之言曰、為君難、為臣不易。如知為君之難也、不幾乎一言而興邦乎。

定公問う、一言にして以て邦を興《おこ》すべきこと、有りや。孔子対えて曰わく、言以て是《か》くの若《ごと》くそれ幾《き》すべからず。人の言に曰わく、君たること難く、臣たること易からずと。如《も》し君たることの難きを知らば、一言にして邦を興すことを幾せざらん。

【訳】定公が問うた。一言でもって国を興起させることはあるだろうかと。孔子はそれに答えていわれた。言葉にそれほどの効果を期待することはできません。だが世にいわれる、「君が君であることは難しく、臣が臣であることも容易《たやす》くはない」の言葉によって、君が君であることの難しさを深く知るならば、その言葉に国を興起させる力を期待することはできるでしょう。

【注解】朱氏（朱熹）はいう。「幾は期するである。一言の間に、邦を興す効果を期待しうるようなものは決してないことをいう」。ただ当時いわれている「君たること難く、臣たること易からず」の言によって、懼れ慎みみずからを警めるならば、この言によって邦を興すことが期待できるのではないかと夫子はいわれているのである。

曰、一言而喪邦、有諸。孔子対曰、言不可以若是其幾也。人之言曰、予無楽乎為君。唯其言而莫予違也。如其善而莫之違也、不亦善乎。如不善而莫之違也、不幾乎一言而喪邦乎。

曰わく、一言にして邦を喪《ほろ》ぼすこと、有りや。孔子対えて曰わく、言以て是くの若《ごと》くそれ幾すべからず。人の言に曰わく、予《わ》れ君たることを楽しむこと無し。唯その言にして予れに違うこと莫《な》からんと。如しそれ善にしてこれに違うこと莫くんば、亦善かららずや。如し不善にしてこれに違うこと莫くんば、一言にして邦を喪《ほろぼ》すことを幾せざらん。

【訳】 定公が重ねて問うた。一言でもって国を亡ぼすことができるだろうか。孔子は答えていわれた。言葉にそれほどのことを期待することはできません。だが人のいう言葉に、「予は君主であることを楽しむものではない。ただ予の言葉に違うもののないのを楽しむのだ」というのがあります。もし善言に違反しないのを楽しむというのならまだしも、不善の言葉にも違反しないのを楽しむといったら、それはまさしく一言でもって国を亡ぼすことができるといえるでしょう。

【大意】 謝氏（謝良佐）はいっている。「君であることの難しさを知るものは、敬謹の態度を持ち続ける。ただその言に違うもののないのを楽しむものは、讒諂面諛《ざんてんめんゆ》（讒言し、諂《へつら》い好き）の人を招き寄せる。国が興隆するか、衰亡するかの分かれ目はここにある。事の徴候を知る君子に非ずして、だれがこれを知ることができようか」。〇私はこう考える。君たることの戒めは、その地位を継ぎ、維持しようとする守成の君主において痛切な大事である。創業の君主はもと貧窮に身を起こし、つぶさに艱難を嘗めてその地位を成した。それゆえあの戒めは不用である。だが守成の君主は、祖宗の業によって安全と富裕の中で生長し、優游と時を費やし、自戒することを知らない。それゆえ夫子の言はもっぱら守成の君主を戒めるものである。およそ人主たるものの最大の患いは、善言を聞くことができないことにある。臣は君に直言を進めがたく、君に諛言は入りやすい。それゆえ昔の明君はみずから臣を招いて、言うべきことのすべてを言わしめた。そうしなければ、たとえ剛直の臣があったとしても、その力を発揮させることはできないからである。いわんや自分に違反しない言葉をのみ楽しむというのであれば、善きはかりごとが目前にあっても、あるいは敗亡の兆しがすでに背後に迫ってきても気づくことはない。「予の言葉に違うもののないのを楽しむ」とは、まさしく一言にして国を亡ぼすものではないか。

■第十六章

葉公問政。子曰、近者説、遠者来。

葉公《しょうこう》、政を問う。子の曰わく、近き者説《よろこ》び、遠き者来たる。

【訳】葉公が政を問うた。孔子はこういわれた。近いものは喜び、遠いものは慕い来るようにしなさい。

【大意】近くからは政治の欠点は見易い。それゆえ実際の恩恵に浴すれば、近いものは喜び、上への見方を変える。人の誠意は物をも動かす。誠意が年久しく積み重なるならば、遠くにいるものも自ずから慕い寄るようになる。為政の本は人心を得ることにある。それゆえ夫子は葉公に民情の如何を察して、その政治の成功と失敗とをみずから考えるように欲せられたのである。

■第十七章

子夏為莒父宰、問政。子曰、無欲速、無見小利。欲速則不達。見小利則大事不成。

子夏、莒父《きよほ》の宰と為《な》り、政を問う。子の曰わく、速《すみ》やかなることを欲すること無く、小利を見ること無かれ。速やかなることを欲するときは則ち達せず。小利を見るときは則ち大事成らず。

【訳】 子夏が莒父の長となり、政事を問うた。孔子はこういわれた。いたずらに速く達成することを欲しないことだ。小さな利益を見ることをしてはならない。ただ速く成し遂げることを欲するならば、事はかえって達成されない。小利を追えば、大事を成すことはない。

【注解】 莒父は魯の邑名。

【大意】 張氏（張栻）はいっている。「速く事をし遂げることを欲すれば、成就することのみを期して、途中の手抜かりが必ず生じ、かえって達成しえないことになる。小利を追えば、ただ目先のことにとらわれ、遠い先の見通しを忘れる。それゆえ大事を成すことはできない」。胡氏（胡寅）はいっている。「孔子の言葉は子夏の欠点を救うためのものであるが、天下後世のものもみなこの言葉を法とすべきである。両漢以来、政治にかかわるものはみな速成を欲し、小利を追う病弊を免れない」。

■第十八章

葉公語孔子曰、吾党有直躬者。其父攘羊。而子證之。孔子曰、吾党之直者、異於是。父為子隠、子為父隠。直在其中矣。

葉公《しょうこう》、孔子に語って曰わく、吾が党に躬《み》を直《なお》くする者有り。その父羊を攘《ぬす》む。而るを子としてこれを證す。孔子の曰わく、吾が党の直き者は、是れに異なり。父は子の為に隠し、子は父の為に隠す。直きことその中に在り。

【訳】　葉公が孔子に語っていった。わが郷党には正直者がいる。父が羊を盗んだことを、その子が子でありながら正直に証言した。孔子はこれを聞いていわれた。われわれの間で正直というのはそれとは違います。父は子のために隠し、子は父のために隠します。正直とはむしろ父子が隠し合うことの中にあります。

【注解】　直躬は身を直くして行うもの。攘は理由があって盗むことをいう。

【大意】　隠すことは正直ではない。しかしながら父子が隠し合うのは人情の至極というべきである。人情の至極はすなわち道である。それゆえ夫子はこれを「直」といわれたのである。もしそれ（父子隠すこと）が道に合することであるならば、それを行うことで道にはずれることは決してない。それゆえ夫子は「直きことその中に在り」といわれたのである。夫子は「大廟に入って事毎《ことごと》に問う」ことを「是れ礼なり」といわれたが（八佾十五）、それはここで「直きことその中に在り」といわれることと同じ類いの教えである。

【論注】　旧注（『論語集注』）に「父子相隠すは、天理人情の至りなり」とあるが、これは正しくない。朱氏は「人情天理」を分けて二つにしている。だが人情とは天下古今の人びとが同じくするものであり、五常百行という人間の行為規範も様式も人の同じくするこの人情によって成立する。この人情を別にして天理なるものがどうしてあろうか。もし人情に合うことなく、天下の難事を仕遂げた人がいたとしても、その心は実に豺狼《さいろう》（山犬や狼）の心、ともに行うことはできない。儒者のなすのは人情によった行いを礼でもってほどよく整え、義でもって正しくするだけである。後世の学者はいたずらに公の字をめぐって説くことを喜ぶ。その弊害は道を傷なうにいたっている。なんとなれば親疎貴賤の区別なく、是を是とし、非を非とするのが公であるならば、父が子の為に隠し、子が父の為に隠すのは直（正直）ではなく、それを公ということはできないことになる。しかしながら夫子がこれを直とするのは、父子相隠すのは人情の至極というべく、礼も義もこの所において成立するからである。それゆえ聖人孔子は礼をいって理をいわないし、義をいって公をいわない。人情を外にし、恩愛を離れて求める道とは、異端者の尚ぶところであり、決して天下の人びとの同じく往くところの道、天下の達道ではない。

【評釈】　「直躬」について、孔安国は「身を直くして行う」意とし、朱子も仁斎もこれに従って、「吾が党に躬を直くするものあり」と訓んだ。だが「直躬は楚の葉県の人」であることが明らかにされ、近来は「吾が党に直躬なるものあり」と訓むようになっている。簡野道明は朱子らの訓みを非とし、後者を正しいとしている（簡野論語）。だがこの章の主題が「直」であることを考えると、直ちに孔安国以来の訓みを非として斥けていいとは思われない。金谷治は「直躬なる者あり」の訓みを掲げながら、補注で「躬を直くする者」と読むのがふつうであるといっている（金谷論語）。これは従来の訓みにただ否定するだけではない配慮を示したものと見ることができる。

もう一つ、この章の仁斎の注釈で注目すべきことは、【論注】でのべる「人情」をめぐる仁斎の倫理学的論説である。仁斎は孔子とともに「父子相隠す」という父子という人倫的関係性の情的表現というべき行為に「直」を見ている。彼らは「羊を攘む」という犯罪の摘発よりも、「父子相隠す」という父子関係に立った人情的表現としての行為を人間世界の成立にとってより重要なものとして取ったことを意味している。「父子相隠す」ことの方が「道」に近いとしたのである。仁斎はこの立場を、「父子相隠すは人情の至りなり。人情の至りは即ち道なり」という言葉をもっていった。これは仁斎倫理学の基本的テーゼといっていい。ともに喜び、ともに悲しみ、ともに憂え、ともに楽しむ「人情」は、「人の道」の普遍性を基底的に支える概念、あるいは「人の道」を普遍的なものとして構成していく概念になるのである。仁斎はそれを、「人情とは天下古今の同じく然るところのもの、五常百行、みな是れによりて出ず」というのである。朱子学において「人の道」の普遍性を支えるのは「天道」であり、究極的には「天理」であった。「天理」は超越的であるとともに、人に内在する。「性（道徳的本性）」とは人に内在する「天理」である。人は普遍的であり、道徳的でありうる根拠をすでに本性として備えているのである。だがこの「天理」を否定する仁斎にあって、人はいかにして普遍的であり、道徳的でありうるのか。それを可能にするのは、人の生存がそなえる「知」と「情」とによるしかない。「知」とは人間的体験の広く、深い学習によって獲得され、「情」とは同情・同苦という対他的心情の涵養がもたらす働きである。かくて「人情」が仁斎倫理学において道徳の普遍性を基底的に支える概念として構成されることになる。この「人情」概念の構成に仁斎倫理学の日本的性格を読み取るより、むしろ生存する存在としての「人間」の学としての倫理学の成立を見るべきだろう。

■第十九章

樊遲問仁。子曰、居処恭、執事敬、与人忠。雖之夷狄、不可棄也。

樊遲、仁を問う。子の曰わく、居処《きよしょ》恭しく、事を執《と》って敬し、人と忠なること。夷狄に之《ゆ》くと雖ども、棄つべからず。

【訳】樊遲が仁を行うことを問うた。孔子が答えていわれた。平常その居るところで恭しく身を持し、事を務めては慎んで行い、人と交わって忠実であることは、たとえ夷狄の住む遠方の地にあっても、棄てては決してならない行い方である。

【注解】「夷狄に之くとも棄つべからず」とは、固く守って失ってはならないことをいう。

【大意】恭しくするときは恣《ほしいまま》にすることはない。敬するときは驕ることはない。人に忠であるときは人の事をないがしろにしない。仁を求める方はまさにここにある。仁とは人との間に発現される美徳である。それは規矩（行い方）を得れば成就し、それを得なければ成就しない。それゆえ夫子は君子における修身の常法をもって、仁の求め方についての樊遅の問いに答えたのである。深くして切なる答えである。

■第二十章

子貢問曰、何如斯可謂之士矣。子曰、行己有恥、使於四方不辱君命、可謂士矣。

子貢問うて曰わく、何如なる、斯れこれを士と謂うべき。子の曰わく、己れを行うに恥有り、四方に使いして君命を辱《はずかし》めざる、士と謂うべし。

【訳】 子貢が問うていった。士ということができるのはどのようなものでしょうか。孔子が答えていわれた。自分の行いに恥を知り、四方に使いして君命を辱めないものだ。

【注解】 意欲をもちながら行うことを差し控え、なお行うだけの能力を備えるものを士という。

曰、敢問其次。曰、宗族称孝焉、郷党称弟焉。

曰わく、敢えてその次を問う。曰わく、宗族孝を称し、郷党弟を称す。

【訳】 子貢はあえてその次を問うた。孔子は答えていわれた。一族の間でその孝行が称えられ、郷党の間でその悌順が称えられるものだ。

【注解】 宗族郷党の間でその孝弟が称賛されるものならば、その行為の善は見るまでもなく明らかである。

曰、敢問其次。曰、言必信、行必果。硜硜然小人哉。抑亦可以為次矣。

――曰わく、敢えてその次を問う。曰わく、言必ず信に、行い必ず果たす。硜硜然《こうこう》たる小人なるかな。抑《そもそ》も亦以て次と為すべし。

【訳】子貢があえてまたその次を問うた。孔子はいわれた。言うことに嘘なく、必ず実行するものだ。これはこちこちの小人だが、あえてその次とすべきなのはこの堅い人たちだ。

【注解】朱氏（朱熹）はいう。「果たすとは必ず行うことをいう。硜とは小石の堅いことをいう」。ここで小人というのは、その識量が物に拘泥して狭く、はなはだ小さいことをもってである。

曰、今之従政者何如。子曰、噫、斗筲之人、何足算也。

――曰わく、今の政に従う者は何如《いかん》。子の曰わく、噫《ああ》、斗筲《としょう》の人、何ぞ算《かぞ》うるに足らん。

【訳】子貢はさらに今の政治に従うものの士としての資質を問うた。孔子は、ああと溜息をついていわれた。狭量の人ばかりだ。士を数えることもできない。

【注解】子貢はまた今の政治に従うものの士の資質を問うた。噫は心の不平の声。斗筲とは一斗二升を容れる竹器。斗筲の人とは狭量の人をいう。算は数えること。一善として世に見るべきもののない狭量の人ばかりであることを識《そし》っているのである。

【大意】　夫子は「自分の行いに恥を知り、四方に使いして君命を辱めないもの」を士とされ、それ以下のものは士とするに足らずとされた。子貢は、士たるものの資質をそのように厳しく区別すると、世のいわゆる棄才を見逃すことになるのではないかと思い、重ねてその次を問い、さらに今の政治に従事するものの資質について問うにいたっている。子貢は自分の意に満たないことを挙げて、重ねて夫子に問うている。孔門に学ぶ者は、この子貢の重なる問いに見るように、自分の見方を直ちに是として、軽々しく人の可否をいったりはしない。

【論注】　孝弟は実徳であり、忠信は実心である。それゆえ聖人孔子の教えは孝弟をもって本とし、忠信をもって主とする。だがここでは孝弟・忠信の人を第一の士ではなく次の士としているのはなぜか。思うに孔子聖人の学とは有用の実学である。もしその徳が人に及ぶほど弘くなく、その才が人を動かすほど宏くないときは、たとえ孝弟・忠信を称えられようとも、それはただ己れ一身を善くするものであって、人に及ぶものではない。それゆえ孝弟・忠信の人も次の士たらざるをえないのである。

【評釈】　仁斎がいう「実徳」「実心」とは、人倫関係を実際に充実させるような徳であり、心である。そうであるゆえ「孝弟を本」とし、「忠信を主」とすることが聖人孔子の教えの第一とされるのである。この仁斎の理解に、「士とはいかなるものか」という問答はすでに齟齬を来している。この「士」とは、君臣関係における位をもつ士である。政治を課題としてもった士である。この士の資質がここで問われているのである。こうした問答をもつ孔門の学を仁斎は「有用の学」として、そこから「孝弟・忠信の人」が「次の士」とされる理由を説明しようとしている。だがこれはあえてした説明であり、この説明は「孝弟は実徳」「忠信は実心」とする仁斎の孔子聖学理解の核心概念を損なうものである。君臣関係における位ある士（君子）を有徳の士（君子）たらしめようとした孔子の学と教えは、新たな国家的有為の士の形成課題を負わされていくのである。それが学校施設《アンシュタルト》としての孔子の学（儒学）の成立過程である。その成立過程を『論語』自体がすでにもっているのである。

■第二十一章

子曰、不得中行而与之、必也狂狷乎。狂者進取、狷者有所不為也。

子の曰わく、中行《ちゅうこう》を得てこれに与《くみ》せずんば、必ずや狂狷《きょうけん》か。狂者は進みて取り、狷者は為さざる所有り。

【訳】孔子がいわれた。中道の士を得て、道を行う任をともに担うことができなければ、私はきっと狂狷の士とともにするだろう。狂者はみずから進んで道を取るものであり、狷者は固く節を守り、外れたことをしないものだ。

【注解】中行とは中道である。進取とはみずから進んで道を求めること。朱氏（朱熹）はいっている。「狂者とはその志は極めて高いが、行いがその高さに及ばないものをいう。狷者とはその知は十分ではないが、節を守ること固く、踏み外すことのないものをいう」。

【大意】中道の士であらずして、道の重さを担いうる士ということはできない。だが中道の士をえないときには、必ずや狂狷の士を得て道を担うべきことを夫子はいわれるのである。思うに志高く、直ちに聖人の域に入ろうとする狂者とは、中道の士に次いでともに道に進みうる力量を具えたものである。狷者とはその行いにおいて清潔で節を重んじ、一毫の不義をも犯さないものであり、ともに道を固く守るものであり、狂者に次ぐ器量を具えたものである。夫子が狂狷の士を取るのはそのゆえである。凡庸の材は道の重さの前に萎縮し、それを担う任にたえない。

【評釈】 中道の人を得ないときには、進取であれ、固守であれ過ぎたものを選ぶという孔子の興味ある人材観を示す章である。夫子のこの選択の理由づけを仁斎のようにしてしまうと孔子の興味ある人材観が見失われてしまうようだ。

■第二十二章

子曰、南人有言。曰、人而無恒、不可以作巫医。善夫。不恒其徳、或承之羞。子曰、不占而已矣。

子の曰わく、南人《なんじん》言えること有り。曰わく、人として恒《つね》無しは、以て巫医《ふい》を作《な》すべからずと。善いかな。その徳を恒にせずんば、或《あ》るいはこれが羞《はじ》を承《すす》む。子の曰わく、占《うらな》わざるのみ。

【訳】 孔子がいわれた。南方の国の人の言葉に、「人に変わらずに持続する恒徳がなければ、巫医でさえ、その業を務めることはできない」とあるが、それは善い言葉だ。「その徳を恒にすることがなければ、みずから恥辱を受ける結果になる」という易の言葉について、孔子は占いを待たずにそれは自明だといわれた。

【注解】　南人とは南方の国の人。恒は常である。恒無しとは始まりはあるが終わりがなく、中途で失われることをいう。巫とは人のために祈禱するものであり、医とは人の病いを治療するものである。もし変わらない心をもつことがなければ、人に実をもって対することがないゆえ、世に賤業といわれる巫医の業でさえ務めることはできないという意である。「その徳を恒にせずんば、或いはこれが羞を承む」は『易経』の恒卦・九三の爻辞である。承は進むの意。自ずから恥辱を受けることになることをいう。張氏（張栻）は、「占わざるのみ」とは「そうなることの道理の必然は、占決を待つことなく明らかであることをいう」としている。

【大意】　変易することなく持続することを恒という。また事の始まりがあり、事の仕上がる卒《おわ》りのあることをも恒という。恒であることは容易なようで、これを固く持ち続けることは難しい。もしこの恒であることに反するならば、人のする百事は確実な基盤を失い、頼むことのできないものになってしまう。それゆえ巫医の賤業といえども、恒徳なくしてその業を務めえないことになる。ましてや聖人の道を学び、行おうとするものは徳を恒にするもの、すなわち聖人の道への志向を終始実践的にも自覚的にも持ち続けるものでなければならない。

■第二十三章

子曰、君子和而不同。小人同而不和。

子の曰わく、君子は和して同ぜず。小人は同じて和せず。

【訳】　孔子はこういわれた。君子は人と和する。だが人とたやすく仲間を組んだりはしない。小人はそれに反して、人とたやすく仲間を組むが、人と和することはない。

【注解】　君子は人と和する心をもつゆえ、人に逆らい、人を失ってしまうことはない。同時に君子は義理にしたがうゆえ、人とたやすく同ずることはない。小人は君子におけると反対である。

【大意】　君子はただ仁義にしたがう。君子は事に当たって人と和して人を失わない。また人にたやすく同ぜずして己れを失わない。仁の徳はここに成り、義もまたその中にある。〇朱氏（朱熹）はこういっている。「君子の和とは人と恭謙の心を同じくし、人と争い憎む意のないことをいう。君子が同ぜずとは、事に当たって正義を守り、道理に従い、阿諛追従して党派の風を吹かせたりしないことである。小人はこれとは反対である。君子・小人の二者はその外は似て内は実に相反している。君子・小人二者の間における相似相反の隠微な情状は古来軌を一にしている。宋の韓琦《かんき》（魏公）・富《ふ》弼《ひつ》（鄭公）・范仲淹《はんちゅうえん》（文正公）は天子（宋の仁宗）の前では議論を戦わせ、色を失うほどであったが、それが終わればお互いに和気を失うことはなかった。だが、王安石・呂《ろ》恵卿《けいきょう》・章惇《しょうとん》・曾布・蔡京《さいけい》氏は父子兄弟で悪を同じくして助け合いながら、相互の仲違いは極まることがなかった。聖人孔子の不易の聖言をこれらの事柄によってしっかりと見てみるべきであろう」。

■第二十四章

子貢問曰、鄉人皆好之何如。子曰、未可也。鄉人皆悪之何如。子曰、未可也。不如鄉人之善者好之、其不善者悪之。

子貢問うて曰わく、鄉人皆これを好《よ》みせば何如《いかん》。子の曰わく、未だ可ならず。鄉人皆これを悪《にく》まば何如。子の曰わく、未だ可ならず。鄉人の善き者はこれを好みし、その善からざる者はこれを悪まんに如《し》かず。

【訳】 子貢が問うていった。郷党の人たちが皆好《す》くというのは、人の評価としてどうでしょうか。孔子は答えて、それで十分だということにはならないといわれた。子貢はいった。それでは郷党の人が皆悪むというのはどうでしょうか。それも不十分だ。郷党の善い人が皆好きだといい、郷党の悪い人が皆悪むというのに及ばない。

【大意】 輔氏（輔広）はいっている。「一郷の人がみな好くというのは時流に合わせ、汚毒に染まった人である。一郷の人がみな悪むというのは世に逆らい、通俗に背く人である。それゆえ十分ではないといわれたのである。ただ一郷の善人が自分と同じゆえにその人を好むとするならば、その人には当然好まれる実があるとすべきである。一郷の善からざる者が自分と異なるゆえにその人を悪むならば、その人はかりそめに人に容れられるような行いをしない人である。その人が賢人であることに間違いはない」。

■第二十五章

子曰、君子易事而難説也。説之不以道、不説也。及其使人也、器之。小人難事而易説也。説之雖不以道、説也。及其使人也、求備焉。

子の曰わく、君子は事《つか》え易うして説《よろこ》ばしめ難し。これを説ばしむるに道を以てせざれば、説びず。その人を使うに及びてや、これを器《き》にす。小人は事え難うして説ばしめ易し。これを説ばしむるに道を以てせずと雖ども、説ぶ。その人を使うに及びては、備わらんことを求む。

【訳】　孔子がこういわれた。君子は事えやすいが、その人を悦ばせることは難しい。君子は道に順うことなくして悦ぶことはないからである。人を使うに当たっては、君子はその人の器量にしたがって用いる。小人に事えることは難しいが、その人を悦ばせることは簡単だ。小人は道に順わずとも、いくらでも悦んだりする。人を使うに当たっては、小人は能力がすべて備わることを求めたりする。

【注解】「これを器にす」とは、その人材の器量にしたがって人を使うことをいう。これを含む前半末尾の二句は、君子には事え易く、悦ばせることの難しさの意を説くものである。後半末尾の二句はその逆に、小人には事え難く、悦ばせることの易しさをいうものである。

【大意】　輔氏（輔広）はいっている。「君子は自分自身を厳しく維持し、人に対しては寛《ゆる》やかである。小人は己れには寛やかで、人の非を責めることには厳しい。君子は人が道理にしたがうことを悦び、小人は人が自分にしたがうことを悦ぶ。君子は人材を尊重し、その器量にしたがって使うゆえ、天下に用いることのできない人はない。小人は人それぞれの材質器量を軽視する。それゆえ人に全備の能力を要求するから、使用できる人はいないという結果になる」。

■第二十六章

子曰、君子泰而不驕。小人驕而不泰。

――子の曰わく、君子は泰《ゆた》かにして驕《おご》らず。小人は驕りて泰かならず。

【訳】孔子がいわれた。君子は常に大らかで、人に驕ることはない。小人は常に人に驕って、大らかであることはない。

【大意】君子は倹《つつ》ましく自分を保ち、その能力を人に先立てることをしない。それゆえ常に泰《ゆた》かで、人に驕ることはしない。小人はもてる能力をたのみ、自分を倹ましくし、身の程を弁えることをしない。それゆえ人に驕って、人と競り合い、泰かであることはない。

■第二十七章

子曰、剛毅木訥、近仁。

――子の曰わく、剛毅《ごうき》木訥《ぼくとつ》は、仁に近し。

【訳】孔子がいわれた。剛毅木訥であるものは、すでに仁者に近い徳の持ち主だ。

【注解】木は質朴をいう。訥とは遅鈍であること。

【大意】仁の徳は誠実であるところに成る。誠実であるとは人を欺かないことである。それゆえ剛毅木訥であるものは、いまだ仁に至らずとも、表面仁者を装いながら行いで違うものと異なり、すでに仁に近いということができる。巧言令色の人は、外を似せて内を偽るものである。剛毅木訥の人は、外は粗野だが内に取るべきものをもつ。聖人が仁か不仁かを弁別するのはこの点においてである。○胡氏（胡炳文）はいう。「剛毅木訥の四者をもつものは、その資質において仁に近いものである。それに学力を加えるならば、近いというにとどまらない」。

■第二十八章

子路問曰、何如斯可謂之士矣。子曰、切切偲偲怡怡如也。可謂士矣。朋友切切偲偲、兄弟怡怡。

子路問うて曰わく、何如《いか》なる斯れこれを士と謂うべき。子の曰わく、切切偲偲怡怡如《せつせつしいいじょ》たり。士と謂うべし。朋友には切切偲偲、兄弟には怡怡。

【訳】子路が問うていった。どのようなものを士というべきでしょうか。孔子が答えていわれた。切切として友を思い、偲偲として励まし合い、怡怡として和《なご》み合うものを士というべきである。朋友には切切・偲偲とし、兄弟とは怡怡たるものを士というのだ。

【注解】切切とは真心をつくすこと。偲偲は細心に励まし合うこと。怡怡は和み順うこと。みな相互に求めるさまをいう。士であるためには、相互に真心を尽くし、励まし合い、そして和み合う関係が欲せられるという意である。ただこれを分けていえば、切切偲偲として励まし合うのは朋友の道であり、怡怡として仲良くするのは兄弟の道であると、初め重ねていったことを終わりに分けていっているのである。

【大意】この三者はみな忠愛の意を根本にしている。士としてのあるべきあり方を一をもっていいつくすことはできない。だがそれらはいずれも忠愛を本とするものである。もしこの忠愛において不足するならば、いずれの行いもその目的を達するには遠い。それゆえ夫子は忠愛を本とするこの三者をもって子路の問いに答えられたのである。きわめて親切な行き届いた答えである。○黄氏（黄榦）はいっている。「いわゆる士というものは詩・書・礼・義という先王聖人の遺訓・遺教の恩沢に身をひたし、温良和厚の気風を身に着けたもの、これこそ正しい士であろう。屈強剛毅とはただ事態に直面して士が表に顕す気風である。子路は剛気の風をもち、自らを抑制することができず、切切・偲偲・怡怡の心に乏しい。夫子はこれを警《いまし》めたのである」。

【評釈】仁斎が切切・偲偲・怡怡の三者をいずれも「忠愛」を本とするとしていることに注目したい。仁斎はこの三者がいずれも人に対する誠実の心を本にしているとして、これを「忠愛」としていったのである。だが「忠愛」という熟語は一般に用いられるものではない。「忠信」「忠恕」「忠順」はいわれても、「忠愛」という熟語を見ることはない。これは仁斎独自の言葉であろう。彼は対他的な誠実の心をもってする関係を「忠愛」の語をもってしているのである。『教育勅語』的近代日本にあっては、「忠愛」といえば「忠君愛国」の略語となる。

■第二十九章

子曰、善人教民七年、亦可以即戎矣。

「子の曰わく、善人、民を教うること七年ならば、亦以て戎《つわもの》に即《つ》かしむべし。

【訳】孔子はこういわれた。善人の治者が民を教え導くこと七年なれば、民もまた戦いの場にすすんで就くようになるだろう。

【注解】即は就くである。戎は兵士である。

【大意】民を教えるとは民を善に導くことである。いわゆる孝弟忠信をもって身を修めることの教えである。善良の君主がとる道の基本は仁慈をもって民を教化し、刑罰威厳をもって民に対しないことである。この統治をもって七年に及べば、民もまた深く感化され、自ずから長上のために生死をもってするに至る。君主における善が民の心に容易に達するのはこのようである。孟子が「民心を得る」（『孟子』尽心上、補注）とはこのことをいうのである。

【補注】「孟子曰く、仁言は仁声の人に入るの深きに如《し》かざるなり。善政は善教の民を得るに如かざるなり。善政は民これを畏れ、善教は民これを愛す。善政は民の財を得、善教は民の心を得る」（『孟子』尽心上）。

■第三十章

子曰、以不教民戦、是謂棄之。

一　子の曰わく、教えざる民を以《もち》いて戦う、是れこれを棄《す》つと謂う。

【訳】　孔子がいわれた。武器の扱いをも教えていない民を用いて戦うこと、それは民を棄てることだ。

【注解】　教えるとは、民に戦陣の法を教えることをいう。

【大意】　馬氏（馬融）はいう。「戦法を習得していない民を用いて戦わせれば、その戦いは必ず敗れる。これを民を棄てるという」。〇古くは民に軍事を教えるには時をもってした。春夏秋の三季には民を農事に務めさせ、冬の一季にのみ民に軍事兵器の術を習わしめた。こうすることで敗戦の禍を免れることができた。こうした備えをしなければ、民をただ死地に置くことと変わりはない。この章は前章を受けて、民にも武術を訓練せしめる必要を述べられたのであろう。君子が民の命をこのように重んじるものであることを見るべきである。

憲問《けんもん》第十四

■第一章

憲問恥。子曰、邦有道穀、邦無道穀、恥也。

憲、恥を問う。子の曰《のたま》わく、邦《くに》道有るに穀《こく》し、邦道無きに穀するは、恥なり。

【訳】 原憲が恥について問うた。孔子が答えていわれた。邦に道あるときに、為すべきこともせずにただ禄を食《は》み、邦に道なきときに、家居して身を正すこともせずにただ禄を食むのは恥である。

【注解】 憲は原思の名である。穀は俸禄をいう。言う意《こころ》は、出仕しても力を尽くすこともせず、家居しても身を正しく保つことをせずにただ禄を食むのは恥だということである。

【大意】 朱氏（朱熹）はいっている。「邦に道があって治まるときに出仕して為すこともできず、邦に道無くして家居しながら一身を善く保ちえずに、ただ禄を食むことだけを知るのは恥ずべきことである。身を守ることについて強い自覚をもつ原憲は邦に道無きときに禄を食むことの恥を知りながら、邦に道有るときに禄を食むことの恥を知ることはなかった。それゆえ夫子はその問いに接して、出処の二つにおける恥を併せて答えられたのである。一身をただ固く守るだけではなく、志を広く大きくして勉めるべきことを知ることで、原憲を有為の人材たらしめようとされたのである」。
○私はこう考える。世に立つ士として独りその身を正しくすることは易く、その一身を善くするとともに天下を善くすることは難しい。士は恥ずべきことの中に軽重のあることを知るべきである。

■第二章

克伐怨欲不行焉、可以為仁矣。子曰、可以為難矣。仁則吾不知也。

克《こく》・伐《ばつ》・怨《えん》・欲《よく》、行われざる、以て仁とすべし。子の曰わく、以て難しとすべし。仁は則ち吾れ知らず。

【訳】　人に克ち、己れを伐《ほこ》り、人を怨み、欲しがり求めることをしないものを私は仁者だと考えますが、どうでしょうか。孔子はいわれた。たしかにそれらを行わないことは難しいことだ。だがそれを仁だと私はしない。

【注解】　これもまた原憲の望むところを問いとしたものである。馬氏（馬融）はいう。「克とは人に勝るのを好むこと、伐とはみずからその功を誇ること、怨とは些末な忿怨、欲とは貪欲である。原憲はこの四つを行わないことを仁だと考え、その当否を孔子に問うたのである」。その問いに孔子は答えて、克・伐・怨・欲の四つを抑制し、行わないことはたしかに難しいことだ。だがこの四つを行わないことをもって仁とすることに、「吾れ知らず」といわれた。その意《こころ》は、仁とは慈愛の徳が人や物の上に及び、いささかの残忍刻薄の心をもたないことをもっていうのであって、ただ克・

伐・怨・欲を行わないというだけで仁をいうことはできないということである。

【論注】 心は一つである。心がもっぱら温和慈良で満たされていれば、仁である。心が克伐怨欲で満たされていれば、不仁である。仁か不仁かは、ただ心を温和慈良の心として存するかどうかにある。それゆえ徳を知るものは、仁すなわち慈愛の心を充実させ、その心を人に及ぼすことに力を注ぎ、みずからに対する禁止や抑止に懸命になることをしない。それは徳の大事を知って、欲とはそれを敵視するほどの悪ではないことを知るからである。徳を知らないものは、欲がその心に禍いをもたらし、駄目にするとのみ考えて、もっぱら私欲の克服に力をそそいだりする。だが彼らは知らないのだ、徳を修め、仁をもって己れの心を満たせば、欲は自ずから引き退《さが》ってしまうことを。そしてまた徒《いたずら》に欲が己れを傷なうことを悪《にく》んで、強いてこれを無くそうとして、良知良能をも併せて殺してしまうことを。後世の無欲主静を唱えるものは、虚無寂滅の学に従うものであり、決して仁の行いを旨とする孔門の学徒ではないことを知るべきである。

■第三章

子曰、士而懐居、不足以為士矣。

一 子の曰わく、士にして居を懐《おも》うは、以て士とするに足らず。

【訳】 孔子がいわれた。士でありながら、居所に恋々たるものを、士とするに足らない。

【注解】 居は居室をいう。

【大意】 居る処に不足なく、憂い無きことは世俗の喜ぶところである。だが士は四方を経営するの志をもって、もっぱら居室に安逸する楽しみを求めるべきではない。居るところに恋々として、それを去ることのできないものは、義において為すべき所できっと萎縮し、身を退けてしまう。それでは士であるとはいえない。

■第四章

子曰、邦有道、危言危行。邦無道、危行言孫。

子の曰わく、邦《くに》道有れば、言を危《はげ》しうし、行いを危しうす。邦道無ければ、行いを危しうし、言孫《したが》う。

【訳】 孔子はこういわれた。国に道があって治まるときには、真っ直ぐにものを言い、真っ直ぐに道を行うべきだ。国に道がなく乱れているときには、道の行いを真っ直ぐにしても、言葉は人に従い、徒な禍いを避けるべきである。

【注解】 危は、激しくすること。孫は順《したが》うである。洪氏（洪興祖）はいう。「危しいとは矯激ということではない、道を真っ直ぐに通すことである。孫うとは阿諛することではない、害を遠ざけることである」。

【大意】 君子の身を持する法をいったものである。国に道があって治まるときには真っ直ぐにものをいい、真っ直ぐに道を行うようみずから励まし、士風の範をなすべきである。国に道がなく乱れているときには、直道を行うことに努めても、言葉においては人に従い、やや鋒先をおさめ害を招くことを避けるべきである。君子は道を枉げるべきではないが、極言して禍いを招くことは避けるべきである。

■第五章

子曰、有徳者必有言。有言者不必有徳。仁者必有勇。勇者不必有仁。

子の曰わく、徳有る者は必ず言有り。言有る者は必ずしも徳有らず。仁者は必ず勇有り。勇者は必ずしも仁有らず。

【訳】 孔子はこういわれた。徳ある人には必ず言葉がある。だが言葉があっても必ずしもその人が徳ある人とはかぎらない。仁者には必ず勇気がある。だが勇者が必ず仁者であるわけではない。

【大意】 この章で夫子は有徳の者には必ず言葉があり、仁者には必ず勇があることをいっているのである。思うに有徳の者は言葉を行いに先立てることはしない。だが言葉がなくてはならないときに言うものが有徳者である。仁者は勇をもっぱらにするものではない。だが勇気がなくてはならないときに勇をもってするのが仁者である。いたずらに言葉を口にするものは、務めて外を飾ろうとするもので徳有るものではない。いたずらに勇をもってするものは、血気にはやった勇者であって、決して仁者ではない。

【評釈】 孔子はここで「有徳者には必ず言葉がある」「仁者には必ず勇気がある」ことをいっている

ので、有徳者の言とは必ず善い言葉であるとか、仁者の勇とは必ず義に発する勇気であるとかいっているわけではない。ところがこの章のほとんどの解釈者はこの有徳者の言葉を善言とし、この仁者の勇を人格者における勇気とする。たとえば現代のもっとも斬新な解釈者である宮崎市定もこの章をこう現代語訳している。「修養して徳を得た人は必ず良いことを言う。しかし良いことを言う人は必ずしも徳のある人とは限らない。最上の人格者は必ず勇気がある。しかし勇気のある人がいつも人格者とは限らない」（宮崎論語）。金谷治の訳もほぼ同様である。「徳のある人にはきっとよいことばがあるが、よいことばのある人に徳があるとは限らない。仁の人にはきっと勇気があるが、勇敢な人に仁があるとは限らない」（金谷論語）。だが有徳者には必ず善言があるとすれば、これは当たり前のことをいっているにすぎない。有徳者とは善いことを謂う人であり、仁者とは必ず「義を見てせざるは、勇無きなり」（為政二十四）の勇をもつ人であるならば、孔子はここで有徳者、仁者の自明の定義をしていることになる。要するに当たり前のことをいっていることになる。そうなるとこの章の意味はわずかに反語的にいわれている後半の言句にあることになるだろう。だが漢語的修辞からすれば、後半の反語的言句だけが意味をもつようなことはない。孔子がいおうとすることは仁斎が【大意】でいう通り、「有徳者は必ず言有り」であり、「仁者は必ず勇有り」ということであるはずである。有徳者とは言葉が必要な時と処では必ず言う人だということである。仁者とは勇気が必要な時と処では必ず勇気をもって対する人だということである。どのような言葉であるか、どのような勇気であるかが問われているのではない。そのとき言うものであることが、そしてまた勇気をもつものであることが問われているのである。そう考えることで、この孔子の言葉が『論語』にあることの意味も理解されるだろう。この孔子の言葉をそのいう通りに真っ直ぐに理解したのは仁斎だけではないのか。孔子の言葉を真っ直ぐに理解することを妨げてきたのは、朱子の次のような解釈が人びとの『論語』を見る視線を覆ってきたからである。「徳有る者は、和順中《うち》に積みて、英華外《そと》に発す。能く言う者は、或いは便佞《べんねい》口給《こうきゅう》のみ。仁者は心に私累《しるい》なく、義を見て必ず為す。勇者は或いは血気の強のみ」(『論語集注』)。『論語』を真っ直ぐに理解することは難しい。

■第六章

南宮适問於孔子曰、羿善射、奡盪舟。倶不得其死然。禹稷躬稼而有天下。夫子不答。南宮适出。子曰、君子哉若人。尚徳哉若人。

南宮适《なんきゅうかつ》、孔子に問うて曰《い》わく、羿《げい》射を善くし、奡《ごう》舟を盪《とう》す。倶《とも》にその死を得ざること然り。禹・稷《しょく》は躬《みず》から稼して天下を有《たも》つ。夫子答えず。南宮适出ず。子の曰《のたま》わく、君子なるかな若《かくのごと》き人。徳を尚《とうと》べるかな若き人。

【訳】南宮适が孔子に問うていった。羿は射術にすぐれ、奡は大力をもって舟を陸上で進めるほどでしたが、二人ともまともな死に方をしませんでした。だが禹や稷はみずから稼穡《かしょく》(種蒔き植えること)につとめて天下を有《たも》つものとなり、あるいはその祖となりました。夫子は答えることを憚った。南宮适が退室した。孔子は适を称えていわれた。このような人こそ君子というべきだ。このような人こそ、徳を尚ぶ人というべきだ。

【注解】　南宮适は孔子の弟子南容。孔氏（孔安国）はいう。「羿は有窮《ゆうきゅう》国の君主で、夏王である相の位を奪った。その臣寒浞《かんさく》が羿を殺し、その夫人に通じて奡を生んだ。奡は大力で、陸地を舟を引いて行くことができるほどであったが、夏王少康のために殺された。みな天寿を全うすることができなかった」。南宮适はこの二人をもって当時の権力者になぞらえたのである。馬氏（馬融）はいう。「禹は灌漑に力を尽くし、稷は百穀の種を播いた。それゆえ躬《みず》から稼すといったのである。禹は王位を禅り受けてみずから天下を有ち、稷はその子孫が天下の王となった」。南宮适はこの禹稷の例を挙げて、後世の有徳者にして名も位も得ないものになぞらえたのである。适は孔子を念頭にしていったのであろう。「禹稷は躬から稼して天下を有つ」の言葉は当時諱み憚るべきものであったのである。それゆえ夫子はこれに答えず、ただ适における君子の行いと徳を尚《とうと》ぶ人となりを称えたのである。

【大意】　権力を重視し、道徳を軽視するのは世の普通のあり方であって、その間違いを人は知らない。僭乱の主因をなすような魯の高官の家に生まれながら南宮适になおこの言葉があるのは、聖人の門に深く学んだゆえと知るべきである。思うに适は権力の頼むことの出来ない脆さと、道徳の遠くにまで及ぶその効験の大きさとを聖門の学によって知ることができたのである。

■第七章

子曰、君子而不仁者有矣夫。未有小人而仁者也。

一 子の曰わく、君子にして不仁なる者有り。未だ小人にして仁なる者は有らず。

【訳】 孔子はこういわれた。君子であって不仁なものは或いはいるだろう。だが小人であって仁なるものは決していない。

【注解】 君子にして不仁であるとは、人を愛する心をもちながら、人を愛するの実のないものをいうのである。この章でいうことは、君子で不仁者であるものはないわけではないが、小人で仁者であるものは決してないということである。

【大意】 この章の主意は、小人にして仁者を偽るもののためにいうことにある。仁とは人を愛することに尽きる。君子とはもとより仁者であるべきである。だが一度でも人倫を害ない、政事を妨げることがあれば、不仁であることを免れない。孔子は臧文仲《ぞうぶんちゅう》が六つの関所を開き、子産が鼎に刑書を鋳たことを不仁とされた。孔子が彼らについて不仁とされたのはこれだけだ。小人が人を愛さないというわけではない。だが己れの利益にならないときには、父子兄弟であってもその恩に報いることを小人はしない。ましてや他人に対して愛をもってすることなどは決してない。君子で不仁であるものは或いはあり、小人で不仁であるものは必ずあるのはそれゆえである。

■第八章

子曰、愛之能勿労乎。忠焉能勿誨乎。

一 子の曰わく、これを愛せば能く労すること勿《な》からんや。忠ならば能く誨《おし》ゆること勿か

――らんや。

【訳】孔子はこういわれた。本当に人を愛するならば、その人に苦労させることを避けてはならない。本当に人に忠実であろうとするならば、その人に教え諭《さと》すことを厭《いと》んではならない。

【大意】まことの愛であるならば、あえてその人に苦労を負わせるものである。まことの忠であるならば、あえてその人を教え諭すものである。愛するだけで、苦労させることのない慈しむことではない。忠実でありながら、教え諭すことのないのはむしろ不忠である。父兄は子弟に対して、臣は君に事えて、朋友の相交わりにおいて、人はまことの愛に、まことの忠に努めるべきである。

■第九章

子曰、為命、裨諶草創之、世叔討論之、行人子羽脩飾之、東里子産潤色之。

――子の曰わく、命を為《つく》るには、裨諶《ひじん》これを草創し、世叔《せしゆく》これを討論し、行人子羽《こうじんしう》これを脩飾し、東里《とうり》の子産これを潤色す。

【訳】孔子がこういわれた。鄭国の辞命（外交文書）を作成するにあたって、裨諶がまず草案を創り、世叔がこれと論を交え、練り直し、外交を掌る子羽がこれを修飾し、最後に東里に居る子産が精彩ある文章として完成させた。

【注解】命は辞命（外交文書）。裨諶は鄭の大夫。草創は草稿を作ること。世叔は鄭の大夫游吉。討論は討尋講論すること。行人は使節を掌る官。子羽は公孫揮《こうそんき》。修飾は文書を増したり削ったりすること。束里は子産の居住する所。潤色は文彩を付加すること。鄭国の辞命は三子によって成るが、その最後の文章の精彩は独り子産の手によって成った。

【大意】 夫子は鄭国における子産の執政がよく衆才を挙げ用いるものであったことを称え、賢才が国家に大きな益をなすものであることをいわれている。当時の辞命（外交文書）のことごとくを見ることはできないが、しかしこの章を見るならば、友好を増すか、戦争を来すか、成敗離合の分かれ目はみなこの文書にあることを知る。辞命は重大である。叔向（晋の賢大夫）は「子産の文章に諸侯は信服した」といっている。文章のかかわることの重大さを見るべきだろう。子産は三子の長所をよく一つにまとめたのである。

【論注】 古えの良相と称されるものは、自分の長所をもっぱら用いることをせずに、人の長所をよく用いることをしたのである。思うに、己れ一人の善さには限りがあり、天下の善さは窮まりない。それゆえ天下の良き人材を挙げ用いることではじめて天下の善は成るのである。『春秋左氏伝』によれば、裨諶ら三人はみな子産の推薦によってその職にあったという。子産が鄭国の政を執って四十余年、国は兵乱を受けることなく、諸侯に応対して敗れることがなかったという。人の長所をよく用いることができたことの結果である。

■第十章

或問子産。子曰、恵人也。問子西。曰、彼哉彼哉。問管仲。曰、人也。奪伯氏駢邑三百。飯疏食、没歯無怨言。

或るひと子産を問う。子の曰わく、恵人《けいじん》なり。子西を問う。曰わく、彼をさえや、彼をさえや。管仲を問う。曰わく、人なり。伯氏の駢邑《べんゆう》三百を奪う。疏食《そし》を飯《く》らい、歯《よわい》を没《お》わるに怨みの言《こと》無し。

【訳】 或る人が子産について問うた。孔子は答えて、恵み深い人だといわれた。さらに子西について問うた。孔子は、あの人物についてか、あの人物についてかと繰り返しいわれただけであった。そこでさらに管仲について問うた。孔子は、彼は仁人であるといわれた。管仲は伯氏が駢邑にもつ三百戸の知行地を奪った。伯氏は粗食するほどに困窮したが、生涯管仲について怨みごとをいうことはなかったではないか。

【注解】 恵むは愛すること。馬氏（馬融）は、「子西は鄭の大夫である」という。ある人は「楚の令尹子西」だともいう。「彼をさえや、彼をさえや」とは称するに足らないことをいう。「人なり」の人は仁に直すべきである。『孔子家語』の子路が管仲の人となりを問う章で、孔子は「仁なり」と答えている。それからすれば、「人なり」とは「仁なり」の誤りである。前の雍也篇の「宰我、井に仁有り」を問う章で「人」を誤って「仁」としているのを見れば、「人」と「仁」とが同音であることから生じた誤りであるのは明らかである。孔氏（孔安国）はいっている。「伯氏は斉の大夫である。駢邑は地名。歯は年齢。伯氏は駢邑に三百戸の知行地をもっていた。管仲はこれを簒奪した。伯氏は疏食を飯らうほどの困窮に陥ったが、生涯を終えるまで管仲に怨みごとをいうことはなかった」。夫子もこの事例によって管仲の仁を明らかにされたのである。

【大意】子産のことは『論語』には三箇所、『孟子』には二箇所でふれられている。いずれも子産が篤い徳を具える君子であることをいうものである。だが管仲にいたっては、夫子はその器を小といい（八佾二十二）、孟子はその政治上の功績の卑小を譏っている（『孟子』公孫丑上）。この孔孟の子産・管仲両者に対する評価の違いは何に由来するのか。人は医術を論じては人を活かすことを期待する。また人材を論じてはその用に適うものを取ろうとする。管仲という人材とその功績は、王道的規準をもってすれば器は小であり、覇術の譏りを免れない。しかしながら管仲の政治が世とその民にもたらした利沢は天下後世にまで及んでいる。その点に関しては子産のとても及ぶところではない。思うにその才能が高ければ高いほど期待は大きく、その名声が盛んであればあるほど負うべき責任は重い。それこそ夫子が管仲にあえて備わることを求め、子産を貶めなかった理由であるだろう。夫子が人物を論じて、ある人物にはより高い称賛を与え、ある人物からは高すぎる名声を奪ったりされている。これらはみな学者が心を潜めて深く味わうべきところである。

■第十一章

子曰、貧而無怨難。富而無驕易。

「子の曰わく、貧しうして怨み無きは難し。富んで驕ること無きは易し。

【訳】孔子はこういわれた。貧しくて怨むことをしないのは難しい。だが富んで矜《ほこ》ることをしないのは易しい。

【注解】 この章はもっぱら「貧しうして怨みなき」もののためにいわれたものである。

【大意】 富めるものが驕ることをしないのは、事柄としては順当なことで、外《そと》に対して矜らないものの自ずからにすることである。だが貧しくて怨むことをしないのは、境地として逆なことで、内に備えるものなしにはよくできることではない。ただここで夫子がいわれるのは世間の普通の人びとにおける貧富に処するあり方である。道を学ぶものにおける貧富に処するあり方はすでに子貢に告げられた言葉に尽くされている（学而十五）。

【評釈（補注）】 学而篇第十五章「子貢の曰わく、貧しうして諂うこと無く、富んで驕ること無くんば、何如。子の曰わく、可なり。未だ貧しうして楽しみ、富んで礼を好む者には若かざるなり（子貢がたずねていった。貧しくとも人に諂うことなく、富んでいても驕ることのないのは、人の生き方として最善でしょうか。孔子は答えられた。たしかにそれは善い生き方だ。だがそれはまだ貧しくして道を楽しみ、富みながら礼を好むものには及ばない）」。

■第十二章

子曰、孟公綽為趙魏老則優。不可以為滕薛大夫。

子の曰わく、孟公綽《もうこうしゃく》、趙《ちょう》・魏の老たるときは則ち優《ゆた》かなり。以て滕《とう》・薛《せつ》の大夫たるべからず。

【訳】 孔子がいわれた。孟公綽という人物は趙・魏といった大家の家老としては十分に務まっても、小国であっても滕・薛のような国の政治を任《まか》せられる人物ではない。

【注解】 孟公綽は魯の大夫。趙・魏は晋の卿（大臣）の家。老は家臣の長、家老。優は余裕のあること。滕・薛は国の名。大夫は国政を任しうるもの。

【大意】 人はそれぞれによく出来ることと出来ないこととがある。もし人の長所を生かし、短所を棄てて用いるならば、人はそれぞれにその能力を発揮することができ、天下に棄才なしという言葉通りになることをいっているのである。孟公綽は清廉寡欲の人であったが、才能に不足した。趙・魏の両家は盛大で、権勢をもっていたが、諸侯のように内外の難しい政治にかかわることはなかった。滕・薛の両国は小とはいえ、その政治は複雑で、諸侯間の会盟と戦争に巻き込まれていた。それゆえ前者に仕えることは公綽に可能でも、後者に仕えることは不可能だといわれたのである。これは人の用・不用における尺度の問題である。

■第十三章

子路問成人。子曰、若臧武仲之知、公綽之不欲、卞荘子之勇、冉求之芸、文之以礼楽、亦可以為成人矣。

子路、成人を問う。子の曰わく、臧武仲《ぞうぶちゆう》の知、公綽《こうしやく》の不欲、卞荘子《べんそうし》の勇、冉求《ぜんきゆう》の芸の若き、これを文《かざ》るに礼楽を以てすれば、亦以て成人と為すべし。

【訳】子路が成人（完成した人）とはどういう人かを問うた。孔子は答えていわれた。あの臧武仲の備える知と、公綽における不欲の徳と、卞荘子のもつ勇気と、そして冉求における技芸の才に、礼楽を交えて整えるならば、一人の成人を見ることができるだろう。

【注解】成人とは完成した人をいう。臧武仲は魯の大夫。卞荘子は魯の卞邑の大夫。言う意は、四子の長所は世に立ち、名を成すに十分である。その長所をさらに礼楽でもって整え、文を施すならば、偏りを減じ、欠けるを補って、四子を成人たらしめるだろうという意である。

曰、今之成人者何必然。見利思義、見危授命、久要不忘平生之言、亦可以為成人矣。

曰わく、今の成人とは何ぞ必ずしも然らん。利を見て義を思い、危《あや》うきを見て命を授け、久要《きゅうよう》、平生の言を忘れざる、亦以て成人たるべし。

【訳】子路はいった。いまの成人とは必ずしもそのような完成者をいうのではないのではありませんか。利にかかわっては義に適《かな》うかどうかを思い、危機に際しては生命を賭して救うことを考え、古い約束の言葉も、平生言い交わした言葉も忘れないようであるならば、それを成人といってよいのではありませんか。

【注解】この章の後節を胡氏（胡寅）は子路の言葉としている。この言い方は先進篇の「民人有り、社稷有り。何ぞ必ずしも書を読みて然る後に学とせん（治めるべき民人がいます。仕えるべき社稷があります。学ぶに事欠くことはありません。書物を読むだけで、学問が成るわけではないでしょう）」（先進二十四）の子路の言い方に類似する。それゆえ胡氏にしたがってこれを子路の言葉とする。命を授けるは、生命をささげるという意。久要は旧約、まえまえからの約束。平生の言とは大事件ではなく、平生に言い交わした言葉。子路はこう考えた。夫子のいう四子の長所といったものは古今の善の極みというべきもので、にわかに人の及びうるものではない。それゆえ人の忠信節義が子路の説くごとくであれば、成人（完成された人）というべきではないかというのである。『論語』がこの言をここに収めているのは、これもまた道理として夫子の許すものだからであるだろう。

【大意】人を成人（完成した人）の名をもっていうことは難しい。あるいは知、あるいは廉、あるいは勇、あるいは芸を身に備えていても、礼楽をもって整え、文をなすことがなければ成人とはなしがたいと夫子はいわれる。思うに礼なくして人はたやすく慢心し、安易の心を生む。楽なくして人は卑しく、詐《いつわ》りの心を起こすことになる。古今の異能異材は天下に独歩し、意気軒昂として独り己れを高くして、人を凌ぎ、みずからもてる徳に大きな傷を負わせることになる。それゆえこれら異能の士も礼楽をもって整え、文をなすことがなければ成人ではありえないのである。旧注（朱熹『論語集注』）は四子の長所をすべて兼ね備えて、はじめて成人とするが、それは問違いである。聖人孔子でさえ成しうることではない。どうしてそれを孔門の学習者に求めたりしようか。

■第十四章

子問公叔文子於公明賈曰、信乎夫子不言不笑不取乎。公明賈対曰、以告者過也。夫子時然後言。人不厭其言。楽然後笑。人不厭其笑。義然後取。人不厭其取。子曰、其然、豈其然乎。

子、公叔文子《こうしゅくぶんし》を公明賈《こうめいか》に問うて曰わく、信《まこと》なるか、夫子言わず、笑わず、取らざるか。公明賈対えて曰わく、以て告す者の過ちなり。夫子は時にして然る後に言う。人その言うことを厭《いと》わず。楽しんで然る後笑う。人その笑うことを厭わず。義あって然る後に取る。人その取るを厭わず。子の曰わく、それ然り、豈それ然らんや。

【訳】　孔子が公明賈に公叔文子の人物について問われた。文子という人は、言わず、笑わず、取らずの三つの事がいわれているが、それは本当なのか。公明賈は答えていった。それは文子についてお伝えしたものの問違いです。文子は言うべき時がきて、はじめて言うのです。それゆえその言葉をいやがるものはいません。また文子はみずから楽しむことがあって後に笑います。それゆえその笑いをだれもいやがりません。さらに文子は義に適ったものであってはじめて受け取りますから、それを悪くいうものはありません。それを聞いて孔子は、そうだろうと頷かれたが、だがはたしてそれほどの人物なのかと疑いを漏らされた。

【注解】　公叔文子は衛の国の大夫、公孫枝《こうそんし》である。公明賈も衛の人である。文子は清廉寡黙の士であった。それゆえ当時不言と不笑と不取の三つをもってその徳が称えられていた。厭うとは、その言葉などの多いことを苦々しく思って悪むこと。「それ然り」とは、賈の言を一旦は肯定する意。「豈それ然らんや」は、深く思えば、賈の言をそのままに肯定しえないことをいう。

【大意】　朱氏（朱熹）はこういっている。「ここで文子についていわれていることは、礼儀がその中に充実し、時に適った言行をとりうるものにしてはじめて可能なことだ。文子はすぐれた士とはいえ、その域に達した君子であるかは疑わしい。ただ君子とは人の善きを取り、人とともに善を為すものであり、人の非をまともにいうことを欲しない。それゆえ夫子は「それ然り」と肯定され、その後に「豈それ然らんや」と疑いを述べられたのである」。

■第十五章

子曰、臧武仲以防求為後於魯。雖曰不要君、吾不信也。

子の曰わく、臧武仲《ぞうぶちゅう》防を以《ひき》いて魯に後《のち》たらんことを求む。君を要せずと曰《い》うと雖ども、吾れは信ぜず。

【訳】 孔子がいわれた。臧武仲は罪を得て魯を去るにあたって、自己の封地の防に依拠して、その後嗣を立てることを求めた。君に強要しているのではないというが、私は信じない。

【注解】 防は武仲の封邑の地名。要とは心に差しはさむことがあって求めること。武仲は魯に罪を得て魯を去ろうとして、封地防に行き、その後継者を立てて後に去ろうとした。

【大意】 直道（真っ直ぐであること）とは聖人孔子が深く与《くみ》した人のあり方である。その行為の迹が直であるかのようで、その心の実は不直であるようなものは、枉曲の甚だしいものであり、聖人が「不信」をもっていうのはそのような人である。○范氏（范祖禹）はいっている。「君に強要することは、上を無みすることである。それは大なる罪である。武仲の防邑は君より受けた封地である。いま武仲は罪を得て出奔しようとしている。封邑防の後嗣を立てるかどうかは君の決めるべきことで、武仲が専らにすることはできない問題である。にもかかわらず武仲は防に依拠して、その後嗣を請求している。ただ知を好んで、道の学びを好まない武仲ゆえの誤りというべきだろう」。

■第十六章

子曰、晋文公譎而不正。斉桓公正而不譎。

一　子の曰わく、晋の文公は譎《いつわ》って正しからず。斉の桓公は正しうして譎らず。

【訳】　孔子がいわれた。晋の文公は詭《き》道《どう》によって正道によらなかった。斉の桓公は正道にしたがって詭道によることをしなかった。

【注解】　譎は詭、いつわり、あざむくこと。

【大意】　この章の夫子の言葉はもっぱら斉の桓公のために発せられたものである。世の人はみな桓・文を並び称して、桓公が文公に優ることを知らない。夫子は桓公を正しくして譎らずといわれるのである。桓・文の事蹟といえば諸侯会盟以上のものはない。会盟は葵《きき》丘《ゆう》・践《せん》土《ど》の会盟より大なるものはない。葵丘の会盟は桓公が主宰し、皇太子を定めて周の王室を安定させた。践土の会盟は文公が主宰し、天子を正面に立てながら、文公が天下に号令を発した。この二つの会盟の間には公と私、義と利との違いがある。その他の事蹟については推して知るべきである。

【論注】　人を知ることはまことに難しい。人を論じることも易しいことでは決してない。考えてみるに、人の評価に先立つのは、正しい判断基準をもつことである。それを道を知ることといえば、人はよく道を知りえて後、よく人を知るのであり、人をよく知りえて後、よく人を論じることができ、人を論じることができて後、人の是非・邪正の判断も定まるのである。ただ聖人孔子においては一たび権衡・尺度が定まれば、軽重・長短の判断から免れるものは一つとしてないというべきだろう。『春秋公羊伝《くようでん》』（昭公二十年）に「善を善とすることは長く、悪を悪とすることは短し（善を善とするのは、善を長く継承するためであり、悪を悪とするのは、悪を短く消滅させるためである）」とある。斉の桓公も晋の文公も王道の理想からすれば、純正の治者とすることは固よりできない。だが二公を相対的に対比して論ずれば、桓公が文公に比してもつ善さをいうことができる。それゆえ孔子は桓公の譎らざる善を消すことなく顕彰したのである。それこそ孔子の聖人たるゆえんである。後世儒家における人の論評はきわめて厳正である。だがそれはしばしば些細な悪を摘発し、片々たる咎を指斥し、毛を吹いて疵を求めるかのようである。古今に全人はない。それを認めることのない後世儒家における寛容さの欠如は甚だしいというべきである。聖人孔子のいわれることはそうではない。小過は必ず赦し、一善といえども見逃さずに顕彰する。それでこそ孔子は聖人である。

■第十七章

子路曰、桓公殺公子糾。召忽死之、管仲不死。曰、未仁乎。子曰、桓公九合諸侯、不以兵車、管仲之力也。如其仁、如其仁。

一子路の曰わく、桓公《かんこう》、公子糾《こうしきゅう》を殺す。召忽《しょうこつ》これに死す、管仲死せず。曰わく、未だ仁ならざるか。子の曰わく、桓公諸侯を九合《きゅうごう》するに、兵車を以てせざるは、管仲の力なり。その仁に如《し》かんや、その仁に如かんや。

【訳】子路がこういった。桓公が公子糾を殺したとき、召忽はそれに殉じて死にましたが、管仲は死にませんでした。管仲について仁をいうことはできないのではないでしょうか。先生はいわれた。桓公は天下の諸侯を統率するのに兵車（武力）をもってしなかった。それは桓公を相《たす》けた管仲の力によることだ。その仁に及ぶものはだれがあろうか。管仲の仁に及ぶものはない。

【注解】［前段］斉の襄《じょう》公は位に就くも無道であった。鮑叔牙《ほうしゅくが》は「君の民の用い方は濫りに過ぎ、乱の起きることは必定だ」といい、公子小白を奉じて莒《きょ》に出奔した。襄公の従弟公孫無知が襄公を殺した。管夷吾（管仲）と召忽とが公子糾を奉じて魯に出奔した。やがて斉の人が無知を殺した。魯は斉を伐ち、子糾を斉に帰《かえ》して位に就けようとした。だが公子小白がまず斉に入り、位に就いた。桓公である。桓公は子糾を殺した。召忽は糾に殉じて死んだ。管仲は捕囚となることを請うた。鮑叔はこの申し出を受けて桓公に告げ、管仲を相（大臣）とした。［後段］九合は『春秋左氏伝』では糾合となっている、督（とりしまる）の意である。当時諸侯の会盟（会合）には兵車（武装をもってする）の会盟と衣装（礼装をもってする）の会盟とがあった。「兵車を以てせず」とは、諸侯をひきいるのに威力をもってしないということである。「その仁に如かんや」とは、だれが管仲の仁に及ぶものがあろうかという意である。

【大意】管仲は子糾の難に遭っても死ぬことをせずに、桓公に仕え、あまつさえ大臣となって公を相《たす》けた。子路はそれゆえ管仲の仁を疑ったのである。それはもっともな疑いである。だが管仲は功を求めて子糾に二心をもって仕えていたのではない。かつて管仲は桓公を狙い、その帯鉤《おびどめ》を射たことがあった。子糾のために為すべきことは尽くしている。子糾の事が終わり、管仲は死ぬことなく、生を偸《ぬす》むの評を避けることをしなかった。彼は桓公を輔佐して天下を正したのである。それゆえ夫子は管仲が死ぬべきであったかどうかを論じたりすることなく、ただ諸侯を九合し、平和裡に天下を統率した功績を挙げてその仁徳を称えたのである。何となれば、管仲が先王の天下統治の法を挙げ用い、世の衰退した風俗を盛時に戻し、その善政の恩恵が天下後世に及ぶものであるとき、その大きく盛んな徳はまさしく仁に外ならないからである。それゆえ「その仁に如《し》かんや〔その仁に及ぶものがあろうか〕」といわれたのである。仁とは大徳である。慈愛の心を瞬時も忘れることなく人に及ぼすとき、また済世安民の功績が天下後世に及ぶとき、はじめてその人とその徳とを仁と称するのである。それゆえ孟子もまた伯夷・伊尹・柳下恵は「百里の地に君たらば、皆よく諸侯を朝せしめて天下を有《たも》」(公孫丑上)つことができたはずだといい、そのことをもって彼らを仁の人としたのである。孔門の高弟といえども彼らに仁を許すことなく、かえって管仲に夫子が仁を許したのはこの理由によるのである。

■第十八章

子貢曰、管仲非仁者与。桓公殺公子糾。不能死、又相之。子曰、管仲相桓公、覇諸侯、一匡天下。民到于今受其賜。微管仲、吾其被髪左衽矣。豈若匹夫匹婦之為諒也、自経於溝瀆而莫之知也。

子貢の曰わく、管仲は仁者に非ざるか。桓公、公子糾《きゅう》を殺す。死すること能わず、またこれを相《たす》く。子の曰わく、管仲、桓公を相けて、諸侯に覇とし、一たび天下を匡《ただ》す。民今に到るまでその賜《たまもの》を受く。管仲微《な》かりせば、吾れそれ髪を被り、衽《えり》を左にせん。豈匹夫匹婦の諒《まこと》をするや、自《みずか》ら溝瀆《こうとく》に経《くび》れてこれ知ること莫《な》きが若《ごと》くならんや。

【訳】 子貢がこういった。管仲を仁者とすることはできないのではないでしょうか。桓公が公子糾を殺したとき、管仲はそれに殉じて死ぬことをせず、かえって桓公を相けることをしました。孔子はそれに対していわれた。管仲は桓公が諸侯の覇者として天下を統率することを相け、天下に正しい統治を導いたのだ。民は今にいたるまでその恩恵を享受している。もし管仲という存在がなければ、民は今に享受する文明の風を失い、夷狄の風を強いられたであろう。どうして管仲が、世の男女が小さな信義立てから溝の中で首をくくり、うち捨てられてその名も知れぬようになる自死を遂げたりすることがあろうか。

【注解】 子貢はこう考えた。桓公の公子糾の殺害にあたって管仲が殉死しなかったことについては、いうべき言葉がないほどその非は明らかだ。ましてや桓公を相けて覇者たらしめたのは、堪え忍ぶことのできない良心を棄ててしたことである。それゆえ管仲を仁者とすることに大きな疑いがあるというのである。匡は正すである。周の王室を尊び、夷狄を攘《はら》うことは天下を正しくするゆえんである。その賜を受けるとは、夷狄とならずになおこの地に君臣父子の道義が存することをいう。微は無しの意。衽は衣服の衿。被髪左衽とは夷狄の風俗をいう。諒は信である。言う意は、溝の中で首をくくつて死に、その名さえ知られずになってしまうような庶民流の小さな信義立ての死に方なぞ、どうしてすることがあろうか、というのである。

【大意】天は豪傑を偶然に生みはしない。みずから任ずるところ無くして、わが身を愛することなどどうしてしようか。春秋の時、生民は塗炭の苦しみを極めていた。一人の管仲を得て、この民ははじめて中国の民たるを得たのである。管仲を得ざれば、この民は夷狄の民たらざるをえなかった。管仲無しとは、あるべからざることである。管仲が死を選ぶことをしなかったのは、彼のいだく抱負のゆえであろうか。その通りだ。世の男女の信義立ての自死のごときをすることなど決してない。

【論注】『管子』『荘子』『荀子』『韓非子』さらに『越絶書《えつぜつ》』などはみな子糾を桓公の兄とし、桓公を弟としている。とすれば桓公は弟として兄子糾を殺したことになり、それは甚だしい不義の行為となる。それゆえ管仲もまた不義の罪に与したものであることを免れない。ではなにゆえ夫子は深くその功績を称えて、管仲の不死の非を論じることを一つとしてされないのか。思うに春秋の世において子はその母によって身分の尊貴が定まった。出身における嫡庶の区別は厳格であった。妾腹の多数の子について兄弟の道義をもって論じることはなかった。いわんや子糾のためにただ心を尽くして務めた管仲について、その不義を論じることがあろうか。その運窮まり力尽きて管仲は、魯に囚われの身を置いた。だが讐《あだ》に事えることを嫌う世の非難から逃れることなく管仲は桓公に事え、斉桓の大業を達成させた。夫子が管仲の非をいわれない理由はそこにある。

■第十九章

公叔文子之臣、大夫僎、与文子同升諸公。子聞之曰、可以為文矣。

―公叔文子《こうしゆくぶんし》の臣、大夫僎《せん》、文子と同じく諸公に升《のぼ》る。子これを聞いて曰わく、以て文とすべし。

【訳】公叔文子は家臣であった僎を、自分と同じ大夫とし、衛の公朝に昇らしめた。孔子はこれを聞いて、さればこそ文という諡《おくりな》に相応しいといって文子を称えた。

【注解】僎はもと文子の家臣であった。文子が推薦して、自分と並ぶ大夫とし、同じく朝廷に昇るようにした。文とは最も立派な諡である。その行いがこのようであるならば、文と諡しても恥ずかしいことはないという意である。

【大意】文という諱は、舜・文といった聖王にこそ相応しい。文子が僎を推薦したようなことはただ一つの美事にすぎない。にもかかわらず彼が立派な諡号を得たのは、自分を差し置いて賢人を推挙することが一美事を超えたすぐれた徳行であるからである。

■第二十章

子言衛霊公之無道也。康子曰、夫如是、奚而不喪。孔子曰、仲叔圉治賓客。祝鮀治宗廟。王孫賈治軍旅。夫如是。奚其喪。

―子、衛の霊公の無道を言う。康子《こうし》の曰わく、夫れ是くの如くならば、奚《なん》ぞ而も喪《ほろ》びざる。孔子の曰わく、仲叔圉《ちゅうしゅくぎょ》は賓客を治む。祝鮀《しゅくだ》は宗廟を治む。王孫賈《おうそんか》は軍旅を治む。夫れ是くの如し。奚ぞそれ喪びん。

【訳】孔子が衛の霊公の無道をいわれた。それを聞いて季康子が、それほど無道であるのにどうして喪びないのかと尋ねた。孔子がいわれた。仲叔圉がよく外国の使節に応対し、祝鮀がよく宗廟のことに務め、王孫賈がよく軍隊を統括しているからです。衛の喪びないのはそのゆえです。

【大意】国の統治者は人の長所を用い、その才能を役立てるべきことをいう。その長所と才能に適した用い方をすれば、かの三子ほどの才能をもってしてなお無道の国を保ちえたのである。まして や有徳の人を用いたならば、わずかに無道の国を保つだけではない。衛の無道の霊公でさえ、なお その国を保ちえたのである。いわんや有道の君が有徳の人を用いるならば、わずかに国を保つだけ ではもとよりない。後世の人の用い方は、一つの過失を理由にして人の長所を見捨て、あるいは人 を用いてもその能力を発揮させることをしない。これこそが天下国家の衰亡を免れない理由である。

■第二十一章

子曰、其言之不怍、則為之也難。

子の曰わく、その言の怍《は》じざることは、則ちこれを為すこと難し。

【訳】孔子がいわれた。その言葉に恥じることがないとは、実に難しいことだ。

【注解】怍は慙《はじ》である。

【大意】 馬氏（馬融）はいっている。「人は内に実をもっていれば、その言うことに恥じることはない。己れの発言に恥じなきように、内に実を積むことは難しいことだ」。○『易経』の「繋辞下」にはこういわれている。「将に叛《そむ》かんとする者は、その辞《ことば》慙ず。中心疑う者は、その辞枝《わか》る。……善を誣《し》うるの人は、その辞游す。その守りを失う者は、その辞屈す〔叛こうとするものの言葉は恥ずかしげである。心に疑いをもつものの言葉は支離滅裂になる。……善人を讒訴するものの言葉は浮わついたものになる。操守を失うものの言葉は、屈服する〕」。その言葉に恥じなきものとは、その行いに欠けるところのなきものである。難しいことではないか。

■第二十二章

陳成子弑簡公。孔子沐浴而朝、告於哀公曰、陳恒弑其君。請討之。公曰、告夫三子。孔子曰、以吾従大夫之後、不敢不告也。君曰、告夫三子者。之三子告。不可。孔子曰、以吾従大夫之後、不敢不告也。

陳成子《ちんせいし》、簡公を弑《しい》す。孔子沐浴《もくよく》して朝し、哀公に告《つ》げて曰わく、陳恒《ちんこう》その君を弑す。請う、これを討《とう》ぜんと。公の曰わく、夫《か》の三子に告げよと。孔子の曰わく、吾れ大夫の後《しりえ》に従う、敢えて告《こく》さずんばあらざるを以てなり。君の曰わく、夫の三子者に告げよと。三子に之《ゆ》きて告ぐ。可《き》かず。孔子の曰わく、吾れ大夫の後に従う、敢えて告さずんばあらざるを以てなり。

【訳】 陳成子が簡公を弑殺した。孔子は沐浴して朝廷に登り、哀公に申し上げた。陳恒が君を弑殺しました。直ちに討伐していただきたい。哀公がいわれた。そのことはあの三人に告げよ。孔子はこうつぶやいた。わたしは大夫の末尾に列するものとして、あえて陳恒の悪を申し上げたのだが、君はただあの三人に告げよと仰るだけだ。孔子はあの三人の所へ行き、陳恒の悪を告げ、その討伐を請うたが、三人は聞かなかった。孔子はまたつぶやいた。わたしは大夫の末尾に列するものとして、陳恒の悪を告げざるをえずして、あえて告げたのだがと。

【注解】成子は斉の大夫、名は恒、成はその諡。簡公は斉の君主、名は壬。『春秋』哀公十四年に記されている。この時、孔子は致仕し、魯に住んでいた。沐浴斎戒して君にこれを告げたのは、その事を重んじて忽せにしないためである。三子とは魯の三家（孟孫・叔孫・季孫）をいう。孔子は哀公に告げた後、みずからつぶやかれた。礼にしたがえば自分は君に告げるのが当然で、三子に告げるべきことではない。だが君は陳恒討伐をみずから謀ることができずに、三子のもとに行かせ、事を告げさせた。これは何としたことだろうか。君を無みする心をもつ三子は素《もと》より陳恒の討伐を拒んだ。夫子は再び嘆息とともにつぶやかれたのである。

【大意】君や父を殺す賊を人は誅伐することができる。君であり、臣であるものが必ずこれを討ち、許してはならない賊である。これは己れの力の強弱を量るような場合では決してない。魯の斉との遠近をいえば、魯は斉の隣国である。その親疎をいえば、魯は斉の同盟者である。しかるに魯の君も臣も坐したままその賊を許し、耳はその告発を聞こうともしない。それは人の心を失ったというべきである。孔子は老齢致仕の身でありながら、やむをえずしてこれを告発した。人心にとって正しさは一つである。一人がそれを主張すれば、万人がそれに和し、随う。もし哀公が孔子の言を聞き入れて、討賊の正義を主張すれば、天下のだれがこれに応じないことがあろうか。残念ながら哀公は事を挙げることができず、三子もまた私を離れることをせず、孔子の志は成就することをえずに終わった。思うに臣が君を殺し、子が父を殺すことは、ただその一身の悪ではない。世の風俗人心に係わる問題である。一国にあっては一国の恥であり、天下にあっては天下の恥である。夫子は万世に通用する道を明らかにすることを自分の任とされた。それゆえこの天下の賊を討つべき正義が明らかにされずに終わることを懼れて、その罪を正すべきことを君に請うたのである。陳恒の悪をいたずらに憎むからではない。

■第二十三章

子路問事君。子曰、勿欺也。而犯之。

一子路、君に事えることを問う。子の曰わく、欺くこと勿かれ。而《しか》してこれを犯せ。

【訳】子路が君に事える道を問うた。孔子はいわれた。欺いてはならない。君の顔色を犯してもよく諫めよ。

【大意】孔氏（孔安国）はこういっている。「君に事える道とは、義において欺かないことである。君の顔色を犯してもよく諫争すべきである」。〇君に事える道は、欺かないことを本としている。だが君の顔色を犯して諫めることも義であることを知らなければ、いたずらに君に順うという過ちにいたることになる。それゆえ「これを犯せ」といわれたのである。

■第二十四章

子曰、君子上達。小人下達。

子の曰わく、君子は上達《じょうたつ》す。小人は下達《かたつ》す。

【訳】 孔子がこういわれた。君子とは、その心をいつも高い所に向かわせようとするものだ。小人とは、その心をいつも低い所に向かわせてしまうものだ。

【注解】 上とは道徳や仁義のことをいう。下とは世俗の卑賤のことをいう。

【大意】 ここでいわれていることは、「君子は義に喩《さと》る。小人は利に喩る（君子は事に当たって速やかに義を暁《さと》る。小人は事に当たって速やかに利を暁る）」（里仁十六）と同意である。君子と小人とは向かうところを異にしている。君子が向かうところは道徳にあり、小人の向かうところは卑俗にある。その向かう所が常に卑《ひく》いゆえに、人に賤《いや》しまれる。その向かう所が常に道徳にあるゆえに、人に貴ばれる。己れの向かう所を道徳に置くか、卑俗に置くかは、自身の選択にかかわることだ。慎まなければならない。

■第二十五章

子曰、古之学者為己。今之学者為人。

子の曰わく、古えの学者は己れが為《ため》にす。今の学者は人の為にす。

【訳】 孔子がいわれた。古えの学者は学問を自分自身の向上のためにした。今の学者は学問を世間の名声を得るためにしている。

【注解】 古人における学問は己れの切実な要求に根ざしている。それゆえ学問は自身の向上のためにするのであって、それ以外の目的をもってするのではない。後世の人は学問をもっぱら名利のためにしている。道への志をもって学ぶ者は稀れである。また学問を実用に資するとき、学の大小にしたがって人の助けになる。まさしくそれは人の為にする学、人に役立つ学である。だがその学は自分自身の向上に資するものではない。それを学問とするには足らない。

【大意】 己れの完成に努めるものは、人をも完成に導くのである。「誠は自ら己れを成すのみに非ず。物を成す所以なり〔誠は自分自身を完成させるだけではない。人をも完成に導くゆえんである〕」と『中庸』はいっている。いたずらに名声名誉を求め、多を誇り奢靡《しゃび》を競うことばかりをして、およそ己れ自身の向上に力を用いることをしないもの、彼らはすでに自分自身を完成させることのできないものであり、もとより人を完成に導くなどできるわけがない。たとえその学問に人の為になる（人に役立つ）益があったとしても、自身の向上に資するものではまったくない。それを「人の為」としてそのような学を肯定するのは、郢書燕説《えいしょえんせつ》（こじつけの説）というべき卑しむべき言説である。

【評釈】 この孔子の言葉はもともと自律的、自発的な動機からなる学問が時代とともに他律的な動機に規定されるようになったことをいっているのであろう。学問にとって重要な自発性の契機を孔子は「己れの為にす」といったのである。だが程子は『中庸』によりながらこう解した。「古えの学者は己れの為にす。その終わり物を成すに至る。今の学者は人の為にす。その終わり己れを喪うに至る」。程子は「己れの為」の学を「自己自身の人格的形成・完成を求める」学と解したのである。自己自身を完成させるならば、その学問的影響は他者に及び、「物（他者）を成すに至る」というのである。これは孔子の言葉の過剰な読み、解釈である。『中庸』の「誠」説による道徳形而上学的な過剰な解釈である。仁斎もまた程子によることで過剰な解釈の言を展開している。さらに十七世紀日本の江戸社会の仁斎は、すでに世間有用のものとして学問が世業をなす時代の中にいる。「人の為にする（人に役立つ）」学に対する「己れの為にする」学をもってする仁斎の批判は、それをいう仁斎の言葉から、批判そのものの無効が漏れ聞こえてくるようではないか。

■第二十六章

蘧伯玉使人於孔子。孔子与之坐而問焉曰、夫子何為。対曰、夫子欲寡其過而未能也。使者出。子曰、使乎、使乎。

蘧伯玉《きよはくぎよく》、人を孔子に使《つかい》す。孔子これに坐を与えて問うて曰わく、夫子は何を為す。対えて曰わく、夫子その過ちを寡《すくな》くせんと欲して未だ能わずと。使者出ず。子の曰わく、使なるかな、使なるかな。

【訳】蘧伯玉が孔子に使者を立てた。孔子は使者に坐を与えて、その主伯玉について、この日頃何をしておられるかと問うた。使者はそれに答えて、主人は問違いをできるだけ少なくしたいと望んでいますが、まだ少なくするにいたっていませんといった。使者が退出した後に孔子はつぶやかれた。立派な使者だ。まことに立派な使者だ。

【注解】蘧伯玉は衛の大夫で名は瑗《えん》。夫子とは伯玉を指していう。朱氏（朱熹）はいっている。「使者に坐を与えるというのは、その主人を敬して坐を与え、その敬意を使者にも及ぼすことである」。使者の答えは、伯玉は己れが為にする学を努めながら、なおその結果の不十分であることをいっている。一般に使者は言葉を飾って、その主人の賢明さを称えるものである。ところが伯玉の使者は、主人の徳を称えることをせず、その心がけのなお不足することを孔子に答えた。孔子はこれをもって、この使いを立てた主人の賢明さを信じたのである。それゆえ夫子は、「立派な使者だ」と重ねていわれたのである。

【大意】道の窮まりないことを知って、人は自分の至らざること、過ち無しにはないことを知るのである。己れが為にする学問への誠実な心がけがあって後に、自分の過ちを寡くすることの難しさを知るのである。それゆえ夫子は、「過って改めざる、是れを過ちと謂う」（衛霊公二十九）といわれるのである。思うに夫子は、過ちそのことを深く咎めずに、改めることなく再び過つにいたって、それを実の過ちとされるのである。伯玉の使者は、「過ち無からんと欲す」といわずに「過ちを寡くせんと欲す」といい、また「よく過ちを寡くす」といわずに、「未だ能わず」といったことは、深く聖人孔子の心に適うものであった。夫子がこの使者を称えられたのは当然である。

【論注】後世の学問は厳密に過ぎ、一寸の過ちをも人に指摘されないように懸命にその心の欲情を抑制しようとする。彼らは知らないのだ。人は木石ではない。人として過ちのないことはありえないことを。もし己れの過ちを知れば、速やかに改め、正すことである。それが人であることだ。だがもし強いて己れに過ち無きことを求めるならば、人は己れの心を死灰にし、己れの身を枯木にしてしまうか、あるいは外を取り繕い、内の非を隠すものとなることを免れない。それゆえに君子は過ちの無いことを貴ぶことなく、過てば直ちに改めうることを貴ぶというのである。

【評釈】 仁斎の注釈についていつも辛い批判の言葉をいう徂徠が、この章の仁斎の評釈を賞めて、「味わい有るかな、そのこれを言うこと」という言葉を仁斎の『論語古義』からの引用の最後に付している。

■第二十七章

子曰、不在其位、不謀其政。

子の曰わく、その位に在らざれば、その政を謀らず。

※泰伯篇第十五章と重出。

■第二十八章

曾子曰、君子思不出其位。

曾子の曰わく、君子は思うことその位を出でず。

【訳】 曾子がいった。君子はその位置に即して思慮し、その位置をこえて思慮したりはしないことだ。

【注解】 朱氏（朱熹）はいっている。「これは易の艮卦の象辞である。曾子はかつてこの象辞の言を称えた。『論語』のこの章の記者が前章との関連からここに記したのである」。

【大意】 前章は政事を謀るもののためにいわれた言葉であるが、この章の曾子の言葉は君子の平日に期するところをいったものである。范氏（范祖禹）はいっている。「人や物がその居るべきところに止まることで、天下の道理は獲得される。それゆえ君子はその思うところ、その位を超えることなくして、君臣・上下・大小はみなその為すべき職を得ることになる」。

【評釈】 封建的職分論に帰着するものでしかないような曾子の言葉は、われわれの『論語』を読む意欲を殺ぐようにして存在する。仁斎も范氏の言を引くことでごまかしている。

■第二十九章

子曰、君子恥其言而過其行。

子の曰わく、君子はその言いて、その行いに過ぐることを恥ず。

【訳】 孔子がいわれた。君子はその行いの実を超え出る言葉をいうことを恥とする。

【注解】 邢氏（邢昺）はいっている。「先に言葉があり、行いがその言葉に沿わないならば、それは君子の恥である」。

【大意】 「言は行いを顧み、行いは言を顧みる（物をいうときは、その行いを顧みる。行うときには、その言葉を顧みる）」（『中庸』）。それゆえ君子は言葉が行いの実際を超えていることを恥とした。かつて夫子はこういわれた。「古えは言の出《いだ》さざるは、躬《み》の逮《およ》ばざるを恥じてなり（古人は言葉を容易《たやす》く出そうとはしなかった。言葉に実行が及ばないことを恥としたからである）」（里仁二十二）。君子が実であることを務めとしたのはこのようである。

第三十章

子曰、君子道者三。我無能焉。仁者不憂、知者不惑、勇者不懼。子貢曰、夫子自道也。

子の曰わく、君子の道なる者三つ。我能くすること無し。仁者は憂《うれ》えず、知者は惑わず、勇者は懼《おそ》れず。子貢の曰わく、夫子自ら道《い》うなり。

【訳】孔子がいわれた。君子の道というべきものは三つある。だがわたしはその三つにおいて十分ではない。仁者の心は寛《ひろ》く大きく、憂えることはない。知者は道理に通達し、惑うことはない。勇者はよく決断し、懼れることはない。子貢はこういった。これは夫子ご自身のすでに具えるところをいわれたものである。

【注解】君子の道とは、君子がこれに由り、これを行う道をいう。この三者は学を進め、徳を成すための要領である。仁義礼智の徳目とは自ずから異にしている。夫子は己れに責めて、学び続ける道の窮まり無さを明らかにし、またよく勉めるべきことを人にも示されたのである。［末尾の子貢の言］道は言うである。末尾に子貢の言を記して、夫子の実に聖人であることを明らかにしたのである。子貢がいう「夫子自ら道う」とは、君子の道としてのこの三つは、他のだれでもなく夫子ご自身の具えるところだということである。

【大意】これは君子がその徳を成すための要目を挙げて、道の学びへの勧めとしたものである。孔子が「我能くすること無し」といわれるのは、謙遜の言辞のようであるが、しかしこの言葉の本来は、道はいよいよ窮まりなく、聖人孔子の知のいよいよ隆《さか》んであることをいうものである。これを知る子貢はそれゆえ「夫子自ら道うなり」といったのである。それはちょうど「夫子はすでに聖人である」というごとくである。

【評釈】子罕篇第二十八章に「子の曰わく、知者は惑わず。仁者は憂えず。勇者は懼《おそ》れず」とある。これを私は仁斎の理解をふまえてこう現代語訳した。「孔子はこういわれた。智の人は明察し、惑うことはない。仁の人は心寛く、憂えることはない。勇の人は心を決めて事に当たり、懼れることはない」。

■第三十一章

子貢方人。子曰、賜也賢乎哉。夫我則不暇。

一 子貢、人を方《くら》ぶ。子の曰わく、賜や賢《けん》なるかな。夫《そ》れ我は則ち暇《いとま》あらず。

【訳】子貢は人の批評をよくした。孔子はいわれた。賜は賢《かしこ》すぎる男だ。わたしには他人を批評するような余裕はない。

【注解】方は比である。人物を比較して、その長短をいうこと。賢なるかなとは、褒めるに似て、実は子貢の性癖を抑えているのである。夫子はわが身を修めることに精一杯で、人の批評をする暇などはないといわれている。

【大意】子貢が人の批評をすることを好むのは、才識あるものの常態である。他人を批評することを好むときは、必ず自分を正すことが疎かになる。それゆえ君子は人の非に騒ぐことなく内に包み、沈黙し、ただ自分を治めることに切実であって、人物批評を事として務めたりしない。君子は自分を治めることは難しく、人を批評することの益無きことを知っている。

【論注】旧注（朱熹『集注』）はこういっている。「人物を比方して、その短長を較ぶるは、亦理を窮むるの事と雖も、然れども専ら務めて此れを為すときは、則ち心は外に馳せて、自《みずか》ら治むる所以の者疎《うと》し」。人物の良し悪しを評定することは聖人も固《もと》よりすることである。しかしこれを論じるのは己れの鑑戒としてであって、人を比方することを学とするのではない。もし徒に人物の長短を論じるならば、人はますます多言になり、道において寸毫の益もない。晦庵（朱熹）の学はもっぱら理を窮めることを主としている。それゆえ人物を論じることも格物窮理の一端とする。それゆえ窮理の説をこじつけることが、自ずから孔子の意に反するものであることを知らない。

【評釈】人の悪口をいうことを好んだ徂徠はこの章をどう解するのか、徂徠は朱子を批判する仁斎の言を引いた上でこう批判している。「愚按ずるに朱子の「窮理」及び「心外に馳す」というは、みなその家言なり。而して人を方ぶる者は知者の事にして、豈ただ「才識有る者の常態」のみならんや。且つ聖人も亦豈ただ以て「鑑戒と為す」のみならんや。亦将に以てこれを用いんとするなり。その子貢を抑うるゆえんの者は、そのみずから以て賢知と為せばなり。ゆえに「賜や賢なる哉」という。世儒多く聖人の道の即ち王者の道なるに昧《くら》く、動《ややもす》れば窮措大《きゅうそだい》の解を為す。ゆえにその言みな作用無きなり」（『論語徴』）。徂徠は古代先王の道において知とは「人を知る」こと、すなわち人の才能を見抜き、抜擢することであったという。為政者がもつことを要請されるのはこの知である。孔子が先王の道を祖述するものであるかぎり、「人を知る」ことの重要さを否定することは決してない。ところが世間の儒者たちは聖人孔子の道が王者の道であることを知らず、ともすると孔子の言葉に世間の貧しい学者先生並みの解を与えてしまうことになるのだと徂徠はいう。「世儒」とは世のつまらぬ儒者たちを指していう否定的な用語である。「世儒多く聖人の道の即ち王者の道なるに昧い」という徂徠の言葉は、市井の儒者仁斎にはもちえない、為政者と同一化することで可能な視点を、将軍綱吉にも伺候する武家階級の学者徂徠がもったことを意味している。だがこの徂徠の視点を人間社会の〈制作者〉の視点として一般化するには、なおあまりに階級的でありすぎる。仁斎に向けた「動もすれば窮措大の解を為す」という言葉からは差別的嘲笑のにおいが芬々《ふんぷん》とする。

■第三十二章

子曰、不患人之不己知。患其不能也。

「子の曰わく、人の己れを知らざるを患えず。その不能を患う。

【訳】 孔子がこういわれた。人が自分を知らないことを気にかけずに、自分にまだその力のないことを気にしなさい。

【注解】 朱氏（朱熹）はいっている。「意味することが同じで、文章の異なるものは、一度いわれたことを、別の機会に再び重ねていわれたものである。文章がやや異なるのは、夫子がしばしばいわれたものが、その都度記されているからである。この章と同意のものはおよそ四度見え、文章はそれぞれ異なっている。そのことは聖人孔子がこの一事をしばしばいわれたことを意味している。そこに込められた聖人の丁寧な意《こころ》を汲み取るべきである」。

【評釈】 本章と同意のことがいわれている四章とは、「人の己れを知らざるを患《うれ》えず。人を知らざることを患う」（学而十六）。「己れを知ること莫きを患えず、知らるべきことを為すことを求めよ」（里仁十四）。「君子は能くすること無きを病《うれ》う。人の己れを知らざるを病えず」（衛霊公十八）。

■第三十三章

子曰、不逆詐、不億不信、抑亦先覚者、是賢乎。

一子の曰わく、詐《いつわ》るを逆《むか》えず、信ぜざるを億《おもんぱか》らず、抑《そもそ》も亦先ず覚る者、是れ賢か。

【訳】 孔子がこういわれた。相手が欺くかと前もって心配したり、相手の不信を前もって推し測ったりしないで人と交わるのは誠直の人のすることだ。だが先覚の明ある君子は人に欺かれるといった過失を犯すことはない。これをこそ賢明の人というのではないか。

【注解】 逆えるは到着する前に出迎えること。億るはまだ見ないものを心で推し測ること。詐るとは人が欺くことをいう。信ぜざるとは人が疑いをもつことをいう。抑もとは語調をととのえる辞。人が欺くかと前もって警戒したりせず、また人の不信を前もって推し測ったりせずに人に対するものは誠直な人だということができる。だが先覚の明ある人は、そもそも人に詐られ、欺かれることはない。賢明の人というべきである。

【大意】 人の詐りを前もって警戒することをせず、人の疑いを前もって推し測ることをせずに人に対するのは、ただ誠直な人のよくすることである。だがそれをもって君子の至りとすることはできない。先覚の明あって、人による欺詐の失なきものにして、はじめて賢明な君子といえるのである。それはまことの賢者である。

【評釈】 仁斎は過剰な解釈をしているように思われる。この章で孔子のいう言葉は、金谷が現代語訳でいう、「だまされないかと早手まわしもせず、疑われないかと気をくばることもしないでいて、それなのに人より早く気がつくというのは、これは賢いね」(金谷論語)といった程度に理解されればよいのではないか。徂徠は「詐を逆えず、信ぜられざるを億らず」を古語とし、「孔子これを引きて、以て先覚して以て智と為す者を戒む」といい、「孔子は必ず視・観・察を以てす。ゆえに先覚を以て智と為す者は、君子の道に非ざるなり」(『論語徴』)という。この徂徠の理解によって本章を訳せば、「詐を逆えず、信ぜられざるを億らずと古くからいうが、そもそも人の詐りや不信を先覚するといった種類の智者が賢者であったりするだろうか」となる。したがって本章の孔子の言葉は、「抑も亦先覚する者是れ賢ならんか」と反語として読まれることになる。

■第三十四章

微生畝謂孔子曰、丘何為。是栖栖者与。無乃為佞乎。孔子曰、非敢為佞也。疾固也。

微生畝《びせいほ》、孔子に謂《い》いて曰わく、丘、何を為す。是れ栖栖《せいせい》たる者か。乃《すなわ》ち佞《ねい》を為すこと無からんや。孔子の曰わく、敢えて佞を為すに非ず。固《こ》なるを疾《にく》みてなり。

【訳】 微生畝が孔子に向かっていった。孔丘よ、あなたは何を忙しそうにしているのか。世に媚びて口上手に振る舞っているのではないか。孔子は答えていわれた。わたしはあえて世に媚びて人の悦ぶことをしているわけではない。ただ世を離れて固く独りを守るような態度をにくんでいるだけだ。

【注解】 微生は姓、名は畝。栖栖とは依依、忙しく落ち着かないさまをいう。佞を為すとは言葉上手にして人を悦ばすことをいう。畝は夫子が人を教えて倦むことのないあり方を、人に媚びる佞人のさまと見たのである。固とは一つのことに拘って通用しないことをいう。夫子は自分が忙しそうにする口説の徒のようであるのは、世を遠く去った士人が天下離脱の姿勢を堅くして、人びとのために世にもどることをしない頑なさを憎むからだといわれているのである。夫子は微生畝をまったく否定し、斥けているのではない。天下離脱の姿勢に深い警めの言葉を向けたのである。

【大意】 微生畝は、思うに高齢の有徳者で、世を離れ、「聖を絶ち、智を棄て」(『老子』)た隠者の類いであったのであろう。それゆえ夫子を世に佞《おもね》るものとしたのである。だがそれに答える夫子の意は真っ直ぐで、義は正しく明らかで、不快を言葉の上に著すことなどまったくない。和気充溢し、夫子の触れるところすべて道といいうるようである。思うに聖人は仕えるべきときは仕え、止めるべきときは止める。天下の人とともに道を行うことを欲して、あえて高すぎることをしようとはされない。夫子の聖人たるゆえんを、どうして一に固執し、世に通用しない隠者のよく知るところであろうか。〇道は通用するものであってはじめて行われ、固執するときは滞って行われない。通用するときには、一を挙げれば百はそれに順う。固滞するときは、一に執して百は廃《すた》れる。孔子が「固なるを疾む」といわれ、孟子もまた「固なるかな、高叟《こうそう》の詩を為《おさ》むることや〔ずいぶん固陋だね、高老人の詩の解し方は〕」(『孟子』告子下)といっているのは、このゆえである。これを学術に、あるいは政事に当てはめてみよ。その得ると失うと、成ると敗れると、通ずると塞がるとの別はここに生じることではないか。深く察しなければならない。

【評釈】「微生畝謂孔子曰」を仁斎も従来の読み方にしたがって「微生畝、孔子に謂いて曰わく」と読み、微生畝が孔子に直接批判の言葉を告げたと解している。吉川幸次郎はこの冒頭の一句は、「微生畝、孔子を謂いて曰わく」と読むことの方が『論語』の用例からいって正しいとして、本章の微生畝の孔子批判は孔子のいないところでしたものと解している。孔子を「丘」と名指しする言い方や孔子の応答のあり方からして、吉川のように読むことの方が正しいように思われる。ただ微生畝と孔子との間の批判と応答が直接的であったか、間接的であったかはここでは措いて、その批判と応答の中味について考えると、吉川の理解のあり方に私は賛成しかねる。孔子の応答「敢えて佞を為すに非ず。固を疾むなり」を吉川はこう解している。「卑屈な弁舌をはたらかせるつもりはない。……為政者たちの頑固さを憎悪し、それをときほごそうとしてである」(吉川論語)。このように解すると、孔子の応答は批判者に対する単なる弁明になってしまう。ここからは孤高の隠者と世にまみれて巡遊する論説家との間の批判と応答の迫真性は失われる。それは批判・応答の場面が直接的であるか間接的であるかとはかかわらない問題である。仁斎たちのように解することによってはじめてこの応答は、すなわち孤高の隠者に対する世にまみれて巡遊する論説家の応答として生き生きとした意味をもってくるのである。世にまみれて論説するものは絶えず口舌家の誹りを己れの背後に負っている。その背後から聞こえるその誹りにどう答えるのか。孔子の応答は世にまみれて論説するものの応答の原初的正しさを示すものではないのか。そう考えれば、孔子に対する批判者である「微生畝」とは素性も分からぬ隠者であってよいのである。

■第三十五章

子曰、驥不称其力、称其徳也。

―子の曰わく、驥《き》はその力を称せず、その徳を称す。

【訳】孔子がいわれた。良馬はその力だけで良馬と称されるのではない。力をこえたその美《よ》さで称されるのである。

【注解】驥とは良馬をいう。徳とは調良された馬の美点をいう。

【大意】この章は『詩経』のいう六義の詩体の一つ「比（他の物事にたとえてうたう詩体）」のようである。馬に驥のあるのは、人に君子があるのと同様である。驥に力がないわけではない。ただ驥は力をもって称せられるのではない。君子に才能がないわけではない。ただ君子は才能をもって称せられるのではない。そうであるならば、才能だけあって徳なきものは小人とされる。必ずやそうである。

【評釈】馬の徳とは「調良をいう」、とは朱子の注によっている。しかしこれはアイロニカルな注である。馬の徳とは調教（訓練）された馬の美点であるならば、君子の徳も調教された君子（士大夫）の美点をいうことにならないか。宋代の儒者官僚朱子にとってはその通りであったのかもしれない。

■第三十六章

或曰、以徳報怨、如何。子曰、何以報徳。以直報怨、以徳報徳。

或るひとの曰わく、徳を以て怨みに報いば、如何《いかん》。子の曰わく、何を以て徳に報いん。直きを以て怨みに報い、徳を以て徳に報いん。

【訳】ある人が「徳をもって怨みに報いる」ことについて孔子の考えをたずねた。孔子は答えていわれた。怨みに徳をもって報いるというのなら、では徳には何をもって報いるというのか。徳には徳をもって報い、怨みにはそれ相応の報い方を正直にすべきである。

【注解】徳とは恩恵をいう。それ相応の報い方をするのが正しい。夫子は人がもし怨みあるものに徳をもって報いたなら、その人は自分にとって恩義あるものに何をもって報いたらよいのかと問うているのである。是非・善悪・邪正にそれぞれその実にしたがって増減することなく対するのを直というのである。われに怨みあるものにはこの直をもって待《たい》し、われに徳あるものには必ず徳をもって報い、決して忘れるべきではない。かくして徳と怨みとはそれぞれに当を得ることになる。

【大意】直をもって怨みに待するとは、ちょうど秦の人が隣国越の人を、肥えていようが痩せ細っていようが、隣国の国情に心を遣うことなく、ただ隣国の人として眺めるようにすることである。徳をもって徳に報いるとは、その恩恵者が善なるときは、その人の名を揚げて称え、不善なるときは、隠して庇うような心遣いをすべきである。○朱氏（朱熹）はいっている。「或るひとがいう。徳を以て怨みに報いることは、心の厚い報い方である。だが聖人の言をもってこれを見れば、それは私の心持ちから出たもので、怨みと徳への報い方における公平を欠いている。怨みには直をもって待し、徳には徳をもって報いるべきだという夫子の言によって、この二者に対する報いは公平でありうるのである。しかもまた怨みもまた讐《あだ》をもって報われず、徳は必ず忘れることなく報われることによって、夫子のいうところが心の厚さに欠ける報い方だということには決してならない」。

【論注】怨みに徳をもって報いることは正しいことではない。それは義を害することであり、なすべきことではない。怨みに怨みをもって報いることは仁を害なうことであり、なすべきことではない。ただ夫子がいわれる「怨みには直をもって待し、徳には徳をもって報いて忘れるべきではない」という対し方にしたがってはじめて仁義がともに尽くされ、それぞれがその正しさを得るのである。それはまことに万物に正しくその所を得さしめる天地の心のごとくである。また怨みに讎（讐）という私意をもってすべきではないというが、「君父の讎は共に天を戴かず」とされる讎はその限りではない。

【評釈】仁斎は本章の解釈において朱子によりながら、全的に朱子の解によらないところから、その解釈はしどろもどろなものになってしまっている。朱子は孔子のいう「直」を私なき至公の立場をいうとしている。「その怨む所の者に於いては、愛憎取舎《しゅしゃ》、一に至公を以てして私無きは、所謂直なり」

（『論語集注』）と、怨みに対して私意の愛憎をこえた至公の立場からすることが「直」だとしている。朱子によりながらこの「至公の直」をとらないところから、仁斎の「直」の解は私意の思い入れなく事柄に距離感をもって対する立場といった文字通り漠然としたものになってしまっている。徂徠はこの仁斎の解を「妄なるかな」と切って捨てるようにいう。「妄なるかな。「直きを以て怨みに報ず」とは、当に怨むべきときは則ち怨み、当に怨むべからざるときは則ち怨みず。その怨むるの時に当たりて、豈漠然として心を用うるところ無からんか。「徳を以て徳に報ず」とは、恩恵を以て恩恵に報ずるを謂うのみ。豈別に精微の解有らんや」（『論語徴』）。だが徂徠のこのような切って捨てるような批判を読むとき、逆に仁斎が解釈の曖昧さを残しながらこだわり続けたものが何かが思いやられる。それは仁斎が「天地の心」をいっているような一種の包容性だろうか。

■第三十七章

子曰、莫我知也夫。子貢曰、何為其莫知子也。子曰、不怨天、不尤人、下学而上達。知我者其天乎。

子の曰わく、我を知ること莫《な》きかな。子貢の曰わく、何すれぞそれ子を知ること莫き。子の曰わく、天を怨みず、人を尤《とが》めず、下学《かがく》して上達《じょうたつ》す。我を知る者はそれ天か。

【訳】孔子がこういわれた。わたしを知るものはいないな。それを聞いて子貢がいった。どうして先生を知るものがいないなどということがありましょうか。孔子がいわれた。わたしを知るものがなくとも、わたしは天を怨むことはない。人を尤めることもしない。わたしはただ卑近な事柄から学びはじめ、道へと学び進めてきただけである。このわたしを知るもの、それはただ天ではないか。

【注解】 これは夫子が黙契（無言にして理解し合う）の人なきをみずから歎いていわれた言葉である。下学するとは、人事の身近なことを習い学ぶことである。上達するとは、その学が道徳の奥にまで至ることである。

【大意】 朱氏（朱熹）はいっている。「天に容れられずして、天を怨むことをしない。人に合わずして、人を尤めることをしない。低いところから学んで、上にまで達することを知る。ただみずから反省し、修養に勉め、順序を履んで先に進むだけで、特別に人と異なることをしてここにまで至ったわけではないと夫子はいわれる。だが夫子のこの語意を深く味わうとき、その中に自ずから人には知りえない、ただ天のみが知ることの妙のあることを覚るのである」（『論語集注』）。

【論注】 天が知るというのは何をいうのか。天は無心である。ただ人びとの心をもって心としている。人が正直であればだれもが悦び、誠実であればだれもが信頼する。道理の行き届いた言葉にはだれもが服さざるをえない。これは天下のだれもが認める公是であり、だれの心も同じく然りとするところである。孔子がみずから楽しむところはここ、だれもが同じく然りとする道においてである。それゆえ「我を知る者は、それ天か」といわれたのである。この理はいかに磨こうとすり減ることなく、いかに砕こうと壊れることはない。それは孔子の当時において赫然として知られることがなくとも、千載の後には必ずやこれを識るものがあるだろう。これこそ聖人孔子がみずから恃み、欣然として道を楽しんで身を終えられたゆえんである。

【評釈】 これは晩年における孔子の究極的感慨というべき言葉である。しかもそれは「我を知る者はそれ天か」と余計な言葉を省いた究極的な表現となっている。この孔子の究極的な表現を理解し、人に説くためには、多くの言葉をもってこの表現にいたる心の過程を辿り、飛躍の空間を埋めなければならない。だが多くの言葉を補ってこの孔子の究極的な表現を再表現したとき、はたしてそれは孔子のものであろうか。仁斎が本章に付した【論注】は仁斎にしてはじめてなしえた孔子の究極的な表現の苦心の言葉をもってした再表現である。だがこの仁斎の苦心の言葉からなる【論注】を読んだとき、これは孔子と同一化した仁斎の、すなわち、古学者仁斎の究極的な表現ではないかと思わざるをえなかった。私はこのことを貶めていっているのではない。むしろ仁斎にしてはじめてなしえたこの再表現を称えながらいっているのである。『論語』の注釈者は数知れずいる。だが「我を知る者はそれ天か」という言葉に孔子の人と思想の究極的な表現を読んだものはいるだろうか。また吉川幸次郎を引き合いに出せば、彼はこの章をこう解釈している。「孔子はいった、私がこうして不遇なのは、天意でもあろう。しかし、天を怨む気もちはない。また同じ時代の人間の罪でもあろう。しかし人間をとがめる気もちもない。ただ私は、低いところから学問をはじめて、より高次なものへの到達を求めるだけである。……こうした私の態度を理解してくれるのは、天であろう。人間にはわからないかも知れぬという意味が、うらにある」(吉川論語)。吉川はいったい『論語』を真剣に読んでいるのかを疑わせるような解釈である。彼は「我を知る者はそれ天か」を孔子の究極的な感慨の表出とは見ていない。仁斎はこれを孔子の人と思想の究極的な表現として読んだ。したがって仁斎の解釈には孔子に学んだすべてのことがこめられている。だからこれは古学先生伊藤仁斎の究極的な感慨の表出でもあるのだ。この【論注】は仁斎の究極的な表現として余計な説明的補足を省いた簡潔な、凝縮された言語からなっている。したがってこれを意味ある現代語に移すには多くの言葉を補わなければならない。しかしそれをしたとき、そこにあるのは仁斎のものではない、私の文章であり、私の思想であるだろう。私はここでは意訳することなく、直訳するにとどめた。だがこの【論注】は『論語』学としての仁斎古学にとってきわめて重要な文章である。ここに原文を書き下して引いておきたい。私の現代語訳の不足をこれによって補っていただきたい。

論に曰く、何をか天これを知ると謂うや。曰く、天、心無し。人心を以て心とす。直なるときは則ち悦び、誠なるときは則ち信ず。理到るの言は、人服せざること能わず。此れ天下の公是にして、人心の同じく然るところなり。此れを以て自ずから楽しむ。故に曰く、我を知る者はそれ天かと。この理や、磨けども磷《うす》からず、摧《くだ》けども毀《か》けず。当時に赫著《かくちょ》とせずと雖ども、然れども千載の下、必ずやこれを識る者有り。これ聖人の自ら恃《たの》んで、忻然《きんぜん》として楽しんで以てその身を終ゆる所以なり。

■第三十八章

公伯寮愬子路於季孫。子服景伯以告曰、夫子固有惑志於公伯寮。吾力猶能肆諸市朝。子曰、道之将行也与、命也。道之将廃也与、命也。公伯寮其如命何。

公伯寮《こうはくりょう》、子路を季孫に愬《うった》う。子《し》服景伯《ふくけいはく》以て告げて曰わく、夫子固より志を公伯寮に惑わすこと有り。吾が力猶能くこれを市朝《しちょう》に肆《し》せん。子の曰わく、道の将《まさ》に行われんと

―するか、命なり。道の将に廃《すた》れんとするか、命なり。公伯寮、それ命を如何《いかん》。

【訳】公伯寮が季孫に子路について讒言した。子服景伯が孔子に告げていった。あの方（季孫）はもとより公伯寮の讒言によって子路を疑っています。私には寮の死骸を広場の晒しものにするだけの力があります。孔子はいわれた。道がこの国に行われるのも、また廃れるのも、天命のするところだ。公伯寮のごときものによってどうなるというものではない。

【注解】公伯寮は魯の人である。愬うとは讒言すること。子服は氏、景は謚、伯は字、魯の大夫子服何《か》である。夫子とは季孫を指している。季孫は寮の讒言によって子路に疑いをもっていることをいっている。肆とは死体をさらすこと。子服景伯は寮を誅殺することを欲しているのである。最後の孔子の言葉は、道が行われるも、廃れるもみな命に繋がるものであり、寮のよくするところではないことをいうものである。

【大意】聖人孔子が人事について命をいわれる場合と、いわれない場合とがある。道が行われるか廃れるか、世が治まるか乱れるかについては常に必ず命をいわれる。道の行廃、世の治乱は究極的には天の致すところであって、人ではないとされるからである。人の出処進退や利害得失に際して孔子は必ず義をいわれ、命をいわれない。それらはみな己れによることであって、他の人によることではないからである。人びとは一般に人生上に帰結することについて、悩み、苦しんだりする。それは各自におけるこの帰結が天命であることを知らないからである。世の賢者は天命に己れを委ねることはできても、よく天命に安んじることはできない。それは真に天命を知らないからである。

ただ聖人のみが富貴貧賤、夷狄患難、どのような事態に際しても自得し、動ずることはない。まことに天命を知ることの至りというべく、泰然としてみずから安んじ、心の動かされることはない。それゆえ「命を知らざれば、以て君子たること無し」（堯曰四）といわれるのである。

【評釈】 ここでは孔子の究極的な人生態度というべき天命観が述べられている。仁斎はそのように読む。すなわち孔子晩年における天命観が述べられていると。それゆえ仁斎は【大意】で『論語』最終篇堯曰の最終章の「命を知らざれば、以て君子たること無し」を引くのである。そのことはわれわれの『論語』精読の課題として、孔子における究極的な人生態度というべき天命観のわれわれにおける共有的理解の問題があることをいっているように思われる。これは『論語』の読者に向けられた大事な課題の提示である。「なぜ天命を知るものを君子とするのか」。

■第三十九章

子曰、賢者辟世。其次辟地。其次辟色。其次辟言。

子の曰わく、賢者は世を辟《さ》く。その次は地を辟く。その次は色を辟く。その次は言を辟く。

【訳】 孔子がこういわれた。賢者は無道の世を避けるものである。それに次ぐものは乱れた土地を去るものである。さらにそれに次ぐものは礼の廃れた宮廷を去るものである。そして終わりは不善の言を発する主君を去るものである。

【注解】世とは一時代の世をこぞっていう。辟は避けるである。世を避けるとは、天下に道無きときには隠れることをいう。思うに世とともに推移しながら、その推移の中に己れの形跡を顕わに見せないのは、和して流されることのない有道の士にしてはじめてできることである。それゆえこれを賢者というのである。長沮《ちょうそ》や桀溺《けつでき》（微子六）など隠者の流を指して賢者をいうことはできない。地を避けるとは乱れた国を去って治まる国に行くことである。この地を避ける人の幾《きざ》しを見ること敏速であるとはいえ、世を避けるものの超然として自得するあり方には及ばない。それゆえその次というのである。色を避けるとは不善の有様が為政者に現れるのを見て去ることをいう。地を避けるものよりはさらに急迫した事態への対応の仕方である。言を避けるとは不善の言葉が為政者に現れるのを見て去ることをいう。地を避けるものよりはさらに急迫した事態への対応であり、色を避けるものよりもさらに事態の悪化は顕わである。それゆえこれを最後の事態としたのである。

【大意】君子は君に仕えて、その学ぶところを行おうとする。だが学ぶところと合致しないとき、その志を枉げて仕えに従い、禍いをみずから取ることはしない。それゆえ君子は幾しを見ては直ぐに起ち、一日もぐずぐずすることはしない（『易経』繫辞下伝）。世を避けるものは、天下に関わって身を隠すものである。地を避けるものは、その出処を一国にかかわってするものである。色を避けるものは、その国の儀礼習俗の乱れを見て去るのである。言を避けるものは、道に違う主君の言に接して去るのである。みな乱世にその身を失わない処し方とはいえ、そこには大小遅速のちがいがある。それゆえその処し方を順序立てていわれたのである。

【評釈】現実の政治世界とのかかわりにおける孔子の出処進退を規定している根本的姿勢、すなわち

「危邦には入らず、乱邦には居らず。天下道有るときは則ち見《あらわ》る。天下道無きときは則ち隠る」（泰伯十四）という言葉に見うるような孔子の根本的姿勢がここで言い直されていると見ることができる。だが「天下道有るとき則ち見る。天下道無きときは則ち隠る」という出処進退のあり方はわれわれには分かりにくい。それは亡命とか、あるいは内部亡命的な隠棲がとる政治的態度がわれわれの伝統の中にないからであろうか。それとともに乱世を去り、乱邦を去り、乱君を去ることを毅然としていいうる自立的な言説者を私はここに再発見する。質の悪い現代語訳の例として吉川幸次郎の訳をここでもあげておこう。「もっともすぐれた人物は、その時代全体から逃避する。その次の人物は、ある地域から逃避して他の地域にゆく。その次の人物は、相手の顔色を見て逃避し、その次の人物は、相手の言葉をきいて、それから逃避する。なににしても、逃避、隠遁についての教えであり、突如としてあらわれる感じをまぬがれない。しかし孔子は、がむしゃらな理想主義者でなく、人間はさまざまな環境に遭遇することを、よく心得ていたから、不幸な環境にいる場合の教えとして、こういう言葉をも吐きそうにも思える」（吉川論語）。

■**第四十章**

子曰、作者七人矣。

― 子の曰わく、作《た》つ者七人。

【訳】孔子がいわれた。世を避けて起ったものは七人いる。

【注解】　作は起《た》つである。言う意は、世を避け、起って隠れ去る者は今七人という意である。七人とあるのは、恐らく原文には七人の姓名があったのであろう。今それが誰れであるか考えることはできない。

【大意】　この章は前章の意を承けたものである。○輔氏（輔広）はいっている。「一般に書に載ることで深く索《たず》ねるべきものがあり、これを索ねなければ省略の過失を犯すことになるものがある。また一方必ずしも求めるに及ばないものもあり、強いてこれを求めれば穿鑿の過ちを犯すことになるものもある。深く索ねるべきものとは義理であり、必ずしも求めるに及ばないものとは、ここで云われる七人である」。

【評釈】　仁斎は朱子にしたがって作とは起つであるとし、本章を「起って隠れ去る者今七人」の意に解している。徂徠は「作者はこれを聖という」（『礼記』楽記）によりながら作者を古代の聖人＝制作者とし、「七人とは堯・舜・禹・湯・文・武・周公なり」（『論語徴』）としている。この徂徠の解釈が成立するためには、この章は前章から切り離された独立した一章とみなされなければならない。古くはこの章は前章すなわち第三十九章の末尾の一句とみなされていた。朱子は独立した一章とするが、内容的には前章を承けていわれたものとしている。仁斎も朱子の理解にしたがっている。徂徠はこれを独立した一章とし、彼の聖人＝制作者観にしたがった解釈をしている。だがその徂徠は第三十九章の解釈をしていない。『論語徴』には「徴に説なし」という未解釈の章がいくつもあるが、これもその一つである。

■第四十一章

子路宿於石門。晨門曰、奚自。子路曰、自孔氏。曰、是知其不可、而為之者与。

子路、石門《せきもん》に宿す。晨門《しんもん》の曰わく、奚《いず》れ自《よ》りすと。子路の曰わく、孔氏自りすと。曰わく、是れその不可なるを知って、これを為す者か。

【訳】子路が石門に宿をとったその翌朝、晨門の役のものが訊ねていった。どちらからですか。子路は、孔氏の家からだと答えた。その役人はいった。やってもできないことを知りながら、なおやろうとしているあのお方の所からかと。

【注解】石門は地名。晨門は明け方に門を開けるのを職とする役。思うに賢人で、晨門の職務に隠れていたものであろう。自は従《よ》るである。子路がどこより来たかを問うたのである。晨門はこの世に善い政治を行うことができないことを知って、世を避けているものである。それゆえなおこの世で政治を行おうとする孔子を譏ったのである。

【大意】これは夫子の徳を知りながらも、その道とするところは何かを知らないもののいうことである。人は人とともに集団をなさざるをえないのは、鳥獣が鳥獣とともに集団をなさざるをえないのと同様である。人は人の集団を去って、どこに行こうとするのか。それゆえ孔子は「鳥獣には与《とも》に群を同じうすべからず。吾れ斯の人の徒と与にするに非ずして誰れと与にかせん〔自分は鳥獣と共にいようとするものではない。わたしが常に共にいようとするのはこの人びとである。この人びとと共にいずして、いったい誰れと共にいようとするのか〕」（微子六）といわれるのである。思うに道が明らかであるかないかの違いがあっても、廃《すた》れることが道理であるわけではない。世に盛衰の違いがあっても、政治を不要とする時代があるわけではない。夫子がこの世に皇皇《こうこう》として大なるゆえんは、この世に為すべきの道理が存在し、この民の塗炭の苦痛を坐視するに忍びないがゆえである。この大なる仁者孔子を、晨門の徒がどうして知ることができようか。

■第四十二章

子撃磬於衛。有荷蕢而過孔氏之門者。曰、有心哉撃磬乎。既而曰、鄙哉硜硜乎。莫己知也、斯已而已矣。深則厲、浅則掲。子曰、果哉、末之難矣。

子、磬《けい》を衛に撃つ。蕢《き》を荷《にな》いて孔氏の門を過ぐる者有り。曰わく、心有るかな磬を撃つこと。既にして曰わく、鄙《いや》しいかな硜硜乎《こうこうか》たり。己れを知ること莫くんば、斯《ここ》に已《や》まんのみ。深きときは則ち厲《れい》し、浅きときは則ち掲《けい》せん。子の曰わく、果《はた》せるかな、これ難きこと末《な》し。

【訳】孔子が衛に在ったとき磬を打たれた。蕢《あじか》を背負うものが孔氏の門前を通り過ぎながらその音を聞き、心のこもった打ち方だといった。だがすぐにまた、卑しい打ち方だ。心が固くて、はりつめたままだ。世がその人を知ることがなければ、もう世を避ければよいのだ。深い流れは衣を脱ぎ、浅い流れは衣を掲げて渡る、と詩を口ずさんで通り過ぎた。孔子がいわれた。この世を捨てきってしまったものに、難しいことなどまったくない。

【注解】 磬は石製の楽器。簣は草で造った籠。簣を背負うものが磬の音を聞いて、そこに憂世の心のあることを知っていったのである。朱氏（朱熹）はこういっている。「硜硜とは石の出す音であり、同時にひたすらに固いという意がある。衣服を着たまま水を渉るを厲といい、衣服を持ち上げて渉るのを掲という。「深きときは則ち厲し、浅きときは則ち掲せん」は『詩経』邶風《はいふう》の「匏有苦葉《ほうゆうくよう》」の詩句である。人が孔子を知ることなくとも、なお道を説き続けようとする孔子のあり方を流れの浅深を知らずして行くものとして諷喩したのである」。最後の「果たせるかな」とは、往ってしまってもう帰ることのないことをいう。ここでは簣を背負う隠者が世を忘れ去ったまま、もはや戻ることのないことを歎いていっているのである。その意に適わなければ、世に対して何もしないということであれば、何も難しいことはない。だれでもできることだ。

【大意】 夫子は憂世の心を一日として忘れることなく抱き続けた。だからその思いは自ずから磬の声として発したのである。簣を荷なうものはそれを聞いて知ったのである。磬の声に聖人の憂世の心を知るものはただの人ではない。だが彼は聖人の天下に仁をもってする心をまだ分かってはいない。聖人孔子は天下を見ること、わが身を見るかのごとくであった。天下の人びとの虐げられ、苦しめられるさまを見ることは、わが身における病苦のように痛切に思われた。どうして世俗を絶って独りその身を善くすることを欲したりすることがあろうか。世が衰え、学問が廃れ、人の大道がどこにあるかを人びとは知らない。それゆえ人は隠者を高尚と見て、その隠者の行いを難しいこととしている。だが本当に難しいことは、人事の間に振る舞い、世道を維持しながら、人を禽獣たらしめずに人たらしめることにある。世を離れ、俗を絶ち、独りその身を善くすることなど、決して難しいことではない。

【評釈】 憲問篇のこの数章では現実の政治的世界とのかかわりを絶った隠者的存在が見え隠れしている。隠者的存在とのかかわりで孔子の現実世界とかかわる姿勢が問われている。いくつかの章では隠者的存在を呼び出すことによって、現実世界とのかかわりを絶つことのない孔子像が描き出されている。この章に見るような隠者たちのきわめて文学的な形象のあり方からして、これらの章は孔子没後の弟子たちの要請に基づく構成であるかもしれない。弟子たちは現実世界とのかかわりを終生絶つことのなかった教説家孔子を要請していたのであろう。隠者と孔子との区別化はこのようになされながらも、この区別化は成功しているわけではない。この章の簣を負う者にかくれた隠者といい、第四十一章の晨門の役人にかくれた隠者といい、孔子を諷喩する彼らの言葉は的確で生き生きとしている。六十九歳で魯に帰り着くまでの孔子はこうした隠者たちの眼と言葉に曝され続けていたのであろう。しばしば隠者の姿勢の方が正当性をもちうる場面にいくらでも遭遇したであろう。第三十九章の亡命を賢者の行為とする孔子を隠者から区別することは難しい。だがわれわれは孔子を隠者とはしない。魯に帰って先王の祖述者になった孔子を隠者のごとく世を隠れた者とは見ない。孔子を隠者から区別するものとは何か。逆に隠者になるとは何を捨てることなのか。

■第四十三章

子張曰、書云、高宗諒陰三年不言、何謂也。子曰、何必高宗。古之人皆然。君薨、百官総己以聴於冢宰三年。

子張の曰わく、書に云わく、高宗諒陰《りょうあん》三年言わずと、何の謂いぞや。子の曰わく、何ぞ必ずしも高宗のみならん。古えの人皆然り。君薨《こう》ずれば、百官己れを総べて以て冢宰《ちょうさい》に聴くこと三年。

【訳】　子張が『書経』でいう「商の高宗は喪に服して三年、言うことをせず」とはどういうことでしょうかと孔子にたずねた。孔子がいわれた。必ずしもそれは高宗に限られることではない。古えの人びとは高宗にかぎらず皆そうであった。君が薨去されれば、冢宰（首相）が百官の職務を統摂した。服喪する君は三年言わずとも、冢宰が代わって命を下したのである。

【注解】　高宗は殷の王武丁。鄭氏（鄭玄）は諒陰を諒闇に作る。天子は喪の期間倚廬《いろ》（天子が喪に服する建物）に居住する。言わずとはこの期間政事の論議をしないことをいう。古え世は惇朴で民は忠実であった。親の喪に服すること三年、悲しみは深く、家政について言うことをしなかった。それゆえ夫子は古えの人はみなそうであったといわれたのである。諸侯の死を薨という。殷の時代、天子の死をも薨といったので夫子もここで薨といわれたのであろうか。己れを総べるとは己れの職務を総摂することをいう。冢宰は大宰（首相）である。百官はそれぞれの職務を冢宰に聴き、その指示にしたがった。それゆえ君主は三年言うことなくしてありえたのである。

【大意】　商（殷）王朝は衰頽し、諒陰の礼も廃れ、久しく行われなかった。ただ高宗武丁のみがこの礼を再興し、三年の喪に服した。哀戚の心深く、人の子の道をよく尽くしたというべきだろう。商中興の天子高宗と称せられたのは当然である。〇考えてみるに、三年言わざるとは、政事についてのもの言いは冢宰に委せて、みずからあえてもの言いをしないことをいうのであって、口を閉ざしてものを言わないことをいうのではない。孔子が「予れ言うこと無からんと欲す」といい、子貢が「子如《も》し言わずんば、則ち小子何をか述べん」(陽貨十八)といったのも、口を閉ざしてものを言うまいと欲せられたのではない。門人と道を論じることをされまいと欲せられたのである。『書経』(古文)に「王、既に喪を免《のぞ》けども、それこれ言わず」といい、また「王の言は命と作《な》る。言わざれば臣下令を稟《う》くるところなし」(商書・説命《えつめい》上)といったりしているのは後世の附会によるものであるのは明らかである。

■第四十四章

子曰、上好礼、則民易使也。

「子の曰わく、上《かみ》、礼を好むときは、則ち民使い易し。

【訳】孔子がいわれた。上にあるものが礼を好み、自《みずか》ら礼にしたがうならば、民もまた敬をもって上に対し、礼にしたがうだろう。

【大意】上にある者において民の使い易さを欲しないものはいない。しかしながら常に上の欲する通りにはならないのは、民の使役が道に適うものでないからである。そもそも国を治め、天下を平らかにすることは礼を本にする。礼に基づくことによって世の上下は自ずから明らかになり、民の心の向かう所も自ずから定まる。昔、先王の時代、王が一度《ひとたび》号令を発するや、あるいは一度政令を出すや、民がそれに応えるあり方はちょうど水が低きに流れるように、あえて遅れるものもなかった。それは民がよく上下の別をわきまえ、あえて敬せずということは無かったゆえである。それゆえ民を治める要は礼にあって、法制にはないというのである。

【論注】　夫子は人に教えるに徳をいい、学をいい、礼をいい、義をいわれるが、その際、それらを好むことをもって最上とされた。かつて夫子はこういわれた。「上《かみ》礼を好むときは、則ち民敢えて敬せざること莫し。上義を好むときは、則ち民敢えて服せざること莫し。上信を好むときは、則ち民敢えて情を用いざること莫し」（子路四）。またこうもいわれた。「吾れ未だ徳を好むこと色を好むが如くなる者を見ず」（子罕十七）。その事を好むときはその事に習熟し、その事に習熟するならばその効果は明らかになり、さらにそれへの反応が窮まりなく現れてくる。漢唐以来、宮中に礼闈《れいい》（礼の特別部門）が置かれ、礼官が設けられ、儀礼祭式諸制度の詳細は十分に講じられてきた。しかしながら礼はただ無内容な虚器となって、天下にその実を達することはなくなった。それは礼がただ文飾の道具になってしまい、これを好む者の心の充実をもたらすものではなくなったからである。孟子がいっている。「上に好む者あれば、下、必ずこれより甚だしき者あり」（滕文公上）と。これもまた上の好むことの益が甚大であることをいっているのである。

【評釈】　この章は泰伯篇第十章の「民はこれに由らしむべし。これを知らしむべからず」とともに、『論語』の隷従的民衆観を示す代表的章句である。吉川幸次郎は「解釈の必要はないであろう」（吉川論語）といって解釈を放棄している。吉川が放棄している解釈とは、宮崎市定がしている「為政者が礼を尊重すれば、人民は温順で使いやすくなる」（宮崎論語）といった解釈であろう。だがなぜ吉川はこの解釈を放棄したのであろうか。宮崎のするような解釈はあえてせずとも自明であるからか。あるいは放棄することをもってこの章句に見る隷従的民衆観への拒否的姿勢を示そうとしたのか。吉川の「解釈の必要はないであろう」という言葉には、この両者が含意されているようだ。

だが仁斎はこの章句の内容は自明としてその解釈を放棄することはしない。もし放棄したならば、この章句とその解釈が内包する隷従的民衆観を自明なものとして容認したことになるだろう。さらにいえば孔子自身を隷従的民衆観の所有者として容認することにもなるだろう。仁斎は吉川のように解釈を放棄しないし、宮崎のように既成の自明の解釈に従うこともしない。あえていうならば仁斎のこの章の解釈には彼の『論語古義』という思想作業の全意味がかけられている。もしこの章が、宮崎のいう「為政者が礼を尊重すれば、人民は温順で使いやすくなる」という程度のものならば、なぜ人生の大半を『論語』のために費やす必要があるのかという疑いが仁斎に生じただろう。『論語』の一章の解釈に町人学者仁斎の存在の意味がかけられていることをわれわれは思いみるべきだろう。

■第四十五章

子路問君子。子曰、脩己以敬。曰、如斯而已乎。曰、脩己以安人。曰、如斯而已乎。曰、脩己以安百姓。脩己以安百姓、堯舜其猶病諸。

子路、君子を問う。子の曰わく、己れを脩めて以て敬す。曰《い》わく、斯くの如きのみか。曰《のたま》わく、己れを脩めて以て人を安んず。曰わく、斯くの如きのみか。曰わく、己れを脩めて以て百姓《ひゃくせい》を安んず。己れを脩めて以て百姓を安んずることは、堯舜もそれ猶これを病めり。

【訳】子路が君子について問うた。孔子は己れを修め身を正しくし、敬をもって人に対するものをいうのだと答えられた。子路はいった。ただそれだけのことですか。孔子はふたたびいわれた。己れを修めて、人びとの生を安らかにするものだ。子路はまたいった。ただそれだけのことですか。孔子はさらにいわれた。君子とは己れを修めて、百姓の民（ことごとくの民）の生を安らかにするものだ。堯舜の聖王でさえそのことに苦労されたのである。

【注解】己れとは人（他者）に対して自分をいう。己れを修め身を正しくすることは、民を安らかにする政治の本である。これを本とするならば、国を治め天下を平らかにすることにおいて難しいことはない。敬とは大小多少の異なりなく慢《あなど》らないことをいう。百姓とはことごとくの人をいう。己れを修め、敬をもって人に対すること、すべてはそこに尽くされている。だが子路はなお足らずとして問いを重ねた。それゆえ夫子は再三、己れを修めることを説き、それ以外に君子たるべき法のないことをいわれたのである。堯舜もなお己れを修めることにおいて病むというのは、己れを修めることが天下の治平に及ぼす大きさを、堯舜を挙げていわれているのである。

【大意】己れを修めることは人を治めることの本である。仁を行うにこの本を身に体して行い、礼を行うにこの本を心に持して行うようであって、はじめて人は己れを修めることができる。敬とは民を治めることの要《かなめ》である。民が安らかであるとは、修己敬人を本とする政治の盛んな効用というべきものである。それらはみな為政者の修己そのものがもたらしたもので、それ以外に出るものではない。これを推していえば、堯舜の治の盛大もまた修己の極功である。舜が「己れを恭しくして正しく南面す〔己れを恭しくして政治に正面された〕」（衛霊公四）というのも、子思が「篤恭にして天下平らかなり」（『中庸』）というのもみなこの義をいうものである。

【論注】古人に敬をいうものは多い。ある人は天道について敬をいい、またある人は祭祀について敬をいう。また年長者を尊ぶ意でいい、政事にあたっての心構えをいう。それらはみな人が敬する所があっていうのである。本章で「己れを修めて以て敬す」といい、「居ること敬にして行うこと簡〔民に臨むものが自分を持するのに慎重で、政治を行う上で簡約〕」（雍也一）というのもみな民の事を敬《つつし》んで行うことをいうのである。世の事・人の事から離れて徒に敬をいうことは古人においてはない。後世儒家のように事から離れて敬をいうことは異常な物言いである。

■第四十六章

原壌夷俟。子曰、幼而不孫弟、長而無述焉、老而不死。是為賊。以杖叩其脛。

原壌《げんじょう》、夷《い》して俟《ま》つ。子の曰わく、幼にして孫弟《そんてい》ならず、長じて述ぶること無く、老いて死せざる。是れを賊とすと。杖を以てその脛《はぎ》を叩《う》つ。

【訳】原壌が立てひざして孔子を待っていた。孔子はいわれた。幼いときから不遜で、長じてからも人の称える善事の一つもなく、生をむさぼり、老いて死ぬこともない。これを賊というのだ。孔子は

杖をもってその脛を叩かれた。

【注解】 原壌は魯の人、孔子の旧知の人。夷は踞、膝を立ててすわること。俟は待つである。孔子の来るのを蹲《うずくま》って待つことをいう。述べるとは称えるの意。賊とは害である。原壌は幼くして孫弟ならず、すなわち上に順うことをせず、長じて述べるべき善行もなく、老いて死することもない。すなわち久しく生を偸《ぬす》むもの、賊であったことをいっている。孔子は原壌の経て来た已往《いおう》を責めて、その将来を警めているのである。

【大意】 風俗を敗り、人倫を害するものは悪の大なるものである。聖人孔子の聖徳をもってしても、なお旧知の人を責めて許すことのない厳しさに、道徳の賊への夫子の怒りを見るべきである。孟子がいっている、「飽くまで食らい、煖かに衣て、なまけ暮らして、教えを受けることもなければ、禽獣に近い」(『孟子』滕文公上)と。これは原壌の徒であろう。

【評釈】 仁斎は旧知原壌への孔子の心底からの怒りをここに読んでいる。孔子が杖でもって脛を叩いたことをも怒りの表現と仁斎は解している。仁斎の本章の理解は基本的に朱子にしたがいながらも、最後にのべる朱子の言葉にはしたがっていない。朱子は蹲踞する原壌をたしなめるようにその脛を杖で軽く叩いたのだとしている。朱子は旧知である原壌への孔子の思いやりのある行為だとしている。徂徠もこれを親しい同郷の人原壌への孔子の戯れとする。「孔子、杖を以てその脛を叩くも、亦戯れを以てこれを行う。苟も親狎《しんこう》するに非ずんば、豈此くの如くならんや。亦以て君子愷悌《がいてい》(和楽)の徳を見るべきのみ」(『論語徴』)。孔子が旧知の原壌の脛を叩く行為に、旧知ゆえの怒りを読むのか、旧知ゆえの許しを読むのか、それは『論語』を読むわれわれ自身の問題である。仁斎に強い思い入れをもって『論語』を読んでいる私は仁斎の理解の方を取る。

■第四十七章

闕党童子将命。或問之曰、益者与。子曰、吾見其居於位也。見其与先生並行也。非求益者也。欲速成者也。

闕党《けつとう》の童子《どうじ》、命を将《おこな》う。或るひとこれを問うて曰わく、益者《えきしゃ》か。子の曰わく、吾れその位に居るを見る。その先生と並び行くを見る。益を求むる者に非ず。速やかに成らんと欲する者なり。

【訳】闕党の童子が孔子の命（言葉）の取り次ぎをした。ある人が年長者に代わるこの童子の行為を見て、彼は特別に進歩したものなのかと孔子に問うた。孔子はそれに答えてこういわれた。あの童子の行いを見るに年長者と同じ座を占め、年配者と並んで歩こうとしています。あれは学の進歩を求めるもののあり方ではありません。ただ速く年長者並みになろうとしているだけのことです。それゆえあの童子に取り次ぎを行わせながら教えているのです。

【注解】闕党とは郷党の名。童子とはまだ冠を着けない元服前の未成年者をいう。命を将うとは、主人と客人との取り次ぎを行うことをいう。思うにこの童子は入門して間もないもので、夫子の命を待つことなくみずから進んで取り次ぎのことをしていたのであろう。主人の命（言葉）を取り次ぐのは本来年長者の職務である。だが童子が取り次いだので、ある人がこの童子を益者（学に進歩する者）とみなして命を取り次がせているのかと疑ったのである。『礼記』には「童子はまさに隅坐すべし〔童子は部屋の隅に坐しているべきである〕」（檀弓・上）とあり、また「父の歯には随行し、兄の歯には雁行す〔父と同じ年配者と行くには後につきしたがい、兄と同じ年配者と行くには並んでやや下がって行く〕」（王制）とある。孔子はこの童子を観察して、礼にしたがうものでないことを知る。学の進歩を求めるものは、己れを卑くしてみずからを養うものである。だが年長者とともに行くこの童子を見れば、ただ速く年長者のごとく成ろうとしているだけのものだということが知れる。

【大意】この章は前章と同類のものである。さらに「妻《めあわ》すべし」（公治長一）や「子華、斉に使いす」（雍也三）の章の意にも通じるものである。夫子は原壌には厳しさをもって誨え、この童子には寛容に対して、これを育てようとされている。聖人孔子の道は温柔と威厳とが並び行われ、ただ一つの対応にこだわることはされない。この二つの章を前後して置いた編者の微意を察すべきである。

【論注】夫子の童子に対するあり方は寛容に過ぎるというかもしれない。だが聖人孔子による人の教えは、人の長所能力を開き導き、助け育てることにあって、伸びやかな成長を束縛するものではない。これを樹木の生育に譬えれば、木を植え、幹を屈め、枝をくねくねと曲げたりすることは、観賞するものを悦ばすことができても、その木の材質を達成させるものではない。生い茂る山の樹木の間に育つものは、人力を借りることなく、棟や梁をなすような材に自ずから成長する。孟子の「時雨のこれを化するが如し〔季節にかなった雨が生長させる〕」（『孟子』尽心上）とはこれをいうのである。夫子は童子の良き材質の生長育成を望まれても、強いてそれを成すことを欲せられない。万物を生長成育する天地の功と同じくする聖人による化育の教えを目して、寛容に過ぎるなどというべきではない。

【評釈】　仁斎はこの章をめぐる評釈に力を入れている。仁斎は本章を孔子学園における年少者育成の場面として考えている。仁斎のその考えは朱子の理解から来ている。「孔子言う、吾れこの童子を見るに、この礼に循わず。能く益を求むるに非ず、但速やかに成らんと欲するのみ。故にこれをして使令の役に給し、長少の序を観、揖遜《ゆうそん》の容を習わしむ。蓋し抑えてこれを教うる所以、寵してこれを異にするに非ざるなり」（『論語集注』）。おそらく仁斎もこれにしたがって本章に孔子による年少者育成の場面を読み取っているのだろう。そこから【論注】に見るような人の生得の材質の内発的な成長を促すような孔子の教育論が説かれることになる。仁斎の解釈にいつも厳しい徂徠が仁斎のこの【論注】の言葉を称えていっている。「味わい有るかな、そのこれを言うこと。豈ただ闕党童子のみならんや。孔門の教えは皆人をしてこれを自得せしめて、強いてこれを聒《かまびす》しくせず。ゆえにその童子におけるや、またこれを習い性とならしむ。これ孔子の教えなり」（『論語徴』）。だがこの章によって孔子の学園における教育＝学習論（孔子の教育とは各自における学習を助ける教えである）を展開することを普通はしない。現代の『論語』解釈者の訳を見れば、そのほとんどは背伸びする若年者における心理の暴露を孔子の言葉に読むこととしかしていない。

孔子はいった。いや、あれは、おとなとおんなじ場所に坐っている。子供らしく隅っこに控えてはいない。先生すなわち年長者とあるくときにも、あとに立たずに、肩を並べて歩いている。向上を欲する者ではない。子供のくせにおとなの真似をしたがり、速成を欲するとっちゃん小僧だよ。（吉川論語）

この現代の解釈からすると仁斎の本章をめぐる解釈と評釈こそむしろ過剰な教育＝学習論だということになるだろう。だがなぜなのか。なぜ仁斎は本章をめぐって過剰ともいえる孔子の教育＝学習論を展開し、徂徠もまたなぜそれに賛同の言葉を記したのか。それはなぜ近世古学派の彼らには各自がもつ素材の育成論（教育論）と自発的な自己素材の養成論（学習論）とがあるのかという問いでもある。この問いに答えるには、彼ら古学派儒家の前面に近世の正統的道学を主張する山崎闇斎学派朱子学のあることを考えねばならない。闇斎学とは近世国家の体制的道学である。そのとき闇斎学は武士に対する画一的で規制的な心身の教育体系となる。さきに仁斎が「徒に敬をいうもの」とし、いまここで自ずからの成長を「束縛するもの」と非難しているのは闇斎学派朱子学の規制的教育体系である。仁斎ら近世古学派の儒者は各自の素材の自発的養成、人びとの多様な素材の開発的育成をいう教育＝学習論の展開者になるのである。

衛霊公《えいれいこう》第十五

■第一章

衛霊公問陳於孔子。孔子対曰、俎豆之事、則嘗聞之矣。軍旅之事、未之学也。明日遂行。

――衛の霊公、陳《じん》を孔子に問う。孔子対えて曰《のたま》わく、俎豆《そとう》の事は、則ち嘗てこれを聞く。軍旅の事は、未だこれを学びず。明日《めいじつ》遂に行《さ》る。

【訳】　衛の霊公が孔子に軍隊の使い方を尋ねた。孔子は、礼式での供え方は先人に学びましたが、軍隊の用い方はまだ学んでおりませんと答えて、翌日、衛の国を立ち去られた。

【注解】　陳とは軍隊の指揮配列の法をいう。俎豆は祭式に用いる器。夫子は軍事軍隊の法を知らないのではない、ただそれは霊公に訓《おし》えいうべき要件でないので、まだ学んでいないと答えられたのである。

在陳絶糧。従者病莫能興。子路慍見曰、君子亦有窮乎。子曰、君子固窮。小人窮斯濫矣。

――陳に在って糧を絶つ。従者は病みて能く興《た》つこと莫《な》し。子路慍《いか》り見《まみ》えて曰《い》わく、君子も亦窮すること有るか。子の曰《のたま》わく、君子固《まこと》に窮す。小人窮すれば斯《ここ》に濫《らん》す。

【訳】陳の国で食糧に窮した。従者らは病み、起ちあがることができないほどであった。子路はこの事態に腹をたてて、孔子の面前に出ていった。君子を称される人もまた食事に窮することがあるのですか。孔子はいわれた。君子もまた実際に窮することはある。だが小人が窮すれば放溢《ほういつ》に流れるようなことはない。

【注解】孔子が衛を去って陳に行かれた際、食糧に窮し、従者は困窮から病み、起つことができないほどであった。濫とは放溢すること。この章の意は、この世の富貴は天の決するものであって、君子もまた実際に困窮する。だが小人が困窮して放溢に流れるようなことは君子においてはないといわれているのである。

【大意】ある人が質問していった。春秋戦国の時にあっては軍事軍隊の事は先にすべき要事であって、礼式の事は緊急の事ではないのではないかと。だがこの質問者は分かっていないのだ。国が国としてありうるのは、天の与える人間的秩序を維持するかどうかにあることを。為政者が礼譲をもって治めるならば、孝順和睦の風は世を満たし。君民上下は相互に親しく、力を合わせて心も一つにし、君を尊び、上を親しく見るだろう。その時、その国の強さをだれが禦ぐ必要があるだろうか。だが人間の道は沈み、国法の本が崩れ、人心もまた国から離れてしまった時、だれが共に起って国を守ろうとするだろうか。軍事軍隊に精《くわ》しくとも役に立ちはしない。それゆえ「天下威《おど》すに兵事をもってせず」（『孟子』公孫丑下）といわれるのである。それは道徳による治道、すなわち王道の易々として成ることをいうのである。衛の霊公は大聖孔子を助言者に得ながら、惜しいかな問うところを失してしまった。

■第二章

子曰、賜也、女以予為多学而識之者与。対曰、然。非与。曰、非也。予一以貫之。

子の曰わく、賜や、女《なんじ》予れを以て多く学びてこれを識るす者とするか。対えて曰わく、然り。非か。曰わく、非なり。予れ一以てこれを貫く。

【訳】孔子が子貢にいわれた。賜よ、お前は私を多く学んで、これを知識としてもつものとしているのか。子貢は答えて、そうです、それは間違っていますかといった。孔子はいわれた。間違いだ。私は一をもってそれを貫くものだ。

【注解】子貢は多くを識ることに務めて、要点を知ることをしなかった。それゆえ夫子は問うて、学ぶ上での大事を明らかにされたのである。子貢は夫子の言葉によってほぼその間違いを悟った。「一以てこれを貫く」の語は第四篇（里仁十五）に見えている。

【大意】孔子の学が広大を極めること、あたかも大なる天地が万物を包含して、余すところがないようである。どうしてこれを多くを学んで知識としてもつものといえようか。思うに一を学ぶことと多くを学ぶこととは相反するものである。一に集中するときは成功し、二三に分岐するときは失敗する。それゆえ学問をするものは傍径を往かず、多岐を求めず、一つまた一つと進み、最後の一の地に至るならば、五常百行、礼楽文章のすべてがそこに集まり合して、他に求める必要のない地に立ちうるだろう。これを一をもって貫くというのである。多くを学んで、知識としてもっというものとの違いは天と地との隔たりほど大きい。

■第三章

子曰、由、知徳者鮮矣。

子の曰わく、由、徳を知る者、鮮《すく》なし。

【訳】孔子はいわれた。由よ、徳を知るものはまことに少ない。

【注解】これもまた夫子が子路の名を呼ばれて、徳を知ることの難しさをいわれ、学者がみずから徳行に勉めねばならぬことを説かれたものである。

【大意】夫子はかつて「徳を好むこと色を好むが如くならざる」（子罕十七）ことを歎かれた。およそ人はその美質であることを知れば必ずそれを好む。それゆえ人の具える徳の善美たることを知れば、口が良質の肉を味わい好むように、だれが好まないでいられようか。徳を好まないのは、徳の善美たることを知らないからである。

【論注】古人は徳行（道徳的実践）をもって学問としていた。徳行を別にして学問というものがあるわけではなかった。それゆえ学問がその人に成就するということは、道徳の実践者がここに自立することであった。だからこの人を家国天下のどこに置いても困ることはなかったのである。後世になると徳行は徳行、学問は学問として区別され、徳行がすなわち学問であることを知らない。それゆえ身を修めることに志すならば、先人に学ぶことなく、ただひたすら一身の力で徳の把捉に勉めることになる。他方、世を経《おさ》めることに向かうものは徳から離れて、ただ法制をもって世を維持しようとすることになる。少し知識あるものは、ただ模倣仮借に務めて、徳においていよいよ荒《すさ》むばかりである。

【評釈】「徳を知る者、鮮なし」の夫子の一言によってこれだけの【論注】を付すのは仁斎の『論語古義』だけであろう。『論語古義』あるいは仁斎の『論語』理解の特色はこのような【論注】にあるともいえる。

■第四章

子曰、無為而治者、其舜也与。夫何為哉。恭己正南面而已矣。

子の曰わく、すること無くして治まる者は、それ舜なるか。夫《そ》れ何をかするや。己れを恭しくして正しく南面するのみ。

【訳】孔子はこういわれた。為《な》すことなくして治まるとされるのは、舜の治である。舜はただ己れを恭しくして政治に正面されただけである。

【注解】「すること無くして治まる」とは作為するところなくして自ずからに治平をもたらすことをいう。「己れを恭しくして南面する」とは人君のとる正しい形象である。

【大意】 これは舜の徳だけが諸聖人に度越することを賛えていう夫子の言葉である。堯舜の代をもっとも盛んな聖代とする。だが堯は天を大なりとし、ただ天に則《のっと》って行ったのである。あらためて賛えることを待たない。舜はよく使節を迎え、諸国を巡狩し、山を祭り、川を浚って多くの事績を残した。だがみずからの治政の足跡をそこに刻むことはなかった。それはあたかも「これを立つれば斯《ここ》に立ち、これを道《みちび》けば斯に行い、これを綏《やす》んずれば斯に来たり、これを動かせば斯に和《やわら》ぐ〔これを立てれば民の暮らしはそこに立ち、導けば民は喜んでそれに従い、安んずれば民はここに来たり服し、励ませば民はそろってその意を迎える〕」（子張二十四）というようであった。夫子がただ舜のみ、「すること無くして治まる」とされる所以である。

■第五章

子張問行。子曰、言忠信、行篤敬、雖蛮貊之邦行矣。言不忠信、行不篤敬、雖州里行乎哉。立則見其参於前也。在輿則見其倚於衡也。夫然後行。子張書諸紳。

子張、行わんことを問う。子の曰わく、言、忠信、行い篤敬《とくけい》ならば、蛮貊《ばんばく》の邦と雖ども行われん。言、忠信ならず、行い篤敬ならずんば、州里と雖ども行われんや。立つときは則ちその前に参《み》つなるを見る。輿《よ》に在るときは則ちその衡《こう》に倚《よ》るを見る。夫れ然る後に行われん。子張、これを紳《しん》に書《し》るす。

【訳】 子張がどのようにしたら事は行われるのかと問うた。孔子がいわれた。言葉が忠信《まごころ》からのものであり、行いが篤敬《ねんごろ》のものであれば、どのような野蛮辺境の邦にあっても行われるだろう。もし言葉が忠信からのものでなく、行いが篤い配慮に基づくものでなければ、自分の郷里であっても事は行われない。立てばその眼前に忠信篤敬を見て、常に自分とともにあることを知り、輿《くるま》に乗ればそれらが軛《くびき》に寄りかかっているのを見出す。そうであってはじめて事は行われるといえるのだ。子張は忠信篤敬を大帯の前垂れに書き記した。

【注解】［前段］子張は事を行うに当たって、しばしば阻《さまた》げられあるいは滞って自分の意の如くにならない。それゆえどのように行ったらよいのかを夫子に問うたのである。篤は心の厚いこと。蛮とは南蛮であり、貊は北狄である。礼義無き辺境の国をいう。二千五百戸をもって州とする。州里とは自分の郷里をいう。［後段］忠信篤敬をもって間断なく行うべきことをいう。朱氏（朱熹）は「参は「往きて参《みつ》なること毋かれ（並ぶ二人に向かって立ってはいけない）」（『礼記』曲礼上）のように読むべきで、我とともに三つであることをいう」といっている。衡は軛《くびき》である。後段でいわれていることは、その言行の一つ一つにおいて忠信篤敬を忘れることなく、どこにいてもそれを眼前に見るごとく、離れようとしても離れえないようであってはじめて蛮貊の異域にあっても事は必ず行われるというのである。

【大意】学問における大事は専念することと習熟することとにある。専念することなくして結実はなく、習熟することなくして効験はない。およそ道に志すものにして、だれが忠信篤敬の善美なることを知らないものがあろうか。にもかかわらず忠信篤敬のよき結実を行いの上に見ることがないとすれば、それは道を学ぶものがこれに専念せず、熟達しないゆえである。志を忠信に専一にし、篤敬の行いに熟し、忠信篤敬と常に参《み》つとなり、軛《くびき》にそれが常に倚るを見て、はじめて行われることと沛然として止めえないことを知るだろう。子張のいかに行われるかの問いは、いかに達せられるかの問いのごとくである。みな学問の難事である。それゆえ夫子の答えも丁寧に反復して、言葉を尽くして厭うことがない。夫子のこの姿勢を熟察し、身に体せねばならない。

【論注】 忠信とは道の学問の本であり、篤敬は学問の地である。それは学問の始めをなし終わりをなすものであり、学の全体はこれに尽くされる。ところが後世の儒者は忠信篤敬をもって日用常行のただの務めとし、高遠な道を極める論ではないとして、別に高尚な宗旨を立てたりする。彼らは知らないのだ。道とは空理ではなく実理であり、学とは空なる務めではなく実なる務めであることを。はたして忠信篤敬を外にして別に高遠なる道理などがあろうか、あるはずはない。夫子の道を教える言葉は身に近くして実である。それゆえこれを用いて尽きることはない。道を知らないものの言は身に遠くして虚である。それゆえ日用に益なきものである。忠信篤敬を離れて道を説くものは、道を知るものではない。ただ忠信を固い信条とするものはしばしば真面目に過ぎ、篤敬を信条とするものはひたすら愨ろであることにとらわれる。これは道を学ぶ者の配慮を要する側面である。

【評釈】 本章の【論注】は「忠信篤敬」をめぐって仁斎の過剰ともいえる言葉を列ねている。しかしこれは日常卑近の道の教えをもって『論語』を宇宙第一の至上の書とする仁斎の『論語』評価からくることである。この章をめぐる仁斎の【論注】は『論語古義』の重要な特色を示すものである。

■第六章

子曰、直哉史魚。邦有道如矢、邦無道如矢。君子哉蘧伯玉。邦有道則仕、邦無道則可巻而懐之。

子の曰わく、直なるかな史魚《しぎょ》。邦《くに》道有るときは矢の如く、邦道無きときも矢の如し。君子なるかな蘧伯玉《きょはくぎょく》。邦道有るときは則ち仕え、邦道無きときは則ち巻《おさ》めてこれを懐《つつ》むべし。

【訳】　孔子がいわれた。真っ直ぐだね史魚は。国に道あるときには矢のように伸びて働き、国に道なきときにも矢のように伸び、屈むことをしない。まことに君子だね蘧伯玉は。国に道あるときには伸び伸びと仕え、国に道なきときには、みずからの力を収めて隠《かく》している。

【注解】　史は官名、魚は衛の大夫で名は鰌《しゅう》。矢の如しとは直であることをいう。伯玉の出処進退のあり方は聖人の道に合している。それゆえ君子と称えていう。巻は収める。懐はふところに蔵すること。

【大意】　この章の二子は何れも衛の賢臣であるが、その行うところは同じでないことをいう。史魚の人柄は真っ直ぐによく伸びて、屈むことはできない。自分を成就させることを知って、人を成就させることを知らない。したがってこれをただ直をもって称するのである。伯玉は時に随って屈伸し、その能力を巻いて収めるか、あるいは展《ひら》いて伸べるか時宜にしたがってした。それは已れを成就させるとともに、人をも成就させるものである。それゆえこれを君子というのである。

【評釈】　ここには日本の封建的治世に培われた緊密な君臣関係における出処進退とは異なるものがあ

る。ここでは国に道あるときには世に出て仕え、もてる能力を発揮し、国に道なきときにはその能力も懐に収めて世に出ないのが君子のあり方だとされているのである。仁斎はこれを時宜にしたがいうる君子的人間における柔軟性の問題としている。だがここにはそうした柔軟性の問題をこえた政治権力的世界と自立性をもった論説家知識人との関係の問題があると私は考える。孔子たちは政治的権力世界に、それと等価な思想世界を対置することで自立性をもっているのである。その等価な思想世界とは古代聖王の統治を理想とした理念的思想世界である。それは漢唐以降の皇帝的国家に従属した儒家的教説世界ではない。それはなお政治世界への革新力をもった自立的な思想的言説世界であった。

■第七章

子曰、可与言而不与之言、失人。不可与言而与之言、失言。知者不失人、亦不失言。

子の曰わく、与《とも》に言うべくしてこれと言わざれば、人を失う。与に言うべからずしてこれと言えば、言を失う。知者は人を失わず、亦言を失わず。

【訳】 孔子がこういわれた。ともに語るべき人と語ることをしなければ、人を失ってしまう。ともに語るべきでない人と語るならば、言葉を損なってしまう。知者は人を失うこともなければ、言葉を損なうこともない。

【大意】 人を失うならば、ともに道を行い善を広める友を失う。言葉を損なうならば、道を語る言葉を汚すことになる。

【評釈】　仁斎はこの章をめぐってこれ以上語ることをしていない。第五章の「忠信篤敬」をめぐる過剰ともいえる仁斎の論説に比して、この章における仁斎の言葉の少なさはむしろ異様に思われる。だが徂徠の『論語徴』を見ても、朱子の『集注』を見ても、本章をめぐる論説の言葉の少なさは仁斎と同様である。本章の孔子の言葉は近世の儒家たちよりも現代のわれわれに刺激的であるようだ。少なくともわれわれにはこの孔子の言葉が意味をもつような言論的交友世界が幾重にも重なって存在する。春秋戦国時代の孔子の言説を読む意味はいっそうわれわれに存在する。

■第八章

子曰、志士仁人、無求生以害仁、有殺身以成仁。

子の曰わく、志士《しし》仁人《じんじん》は、生を求めて以て仁を害すること無く、身を殺して以て仁を成すこと有り。

【訳】　孔子がいわれた。志士仁人とは、己れの生きる道を求めて、他者を損ない、仁を害することなく、わが身を犠牲にしても仁を成そうとするものである。

【注解】　志士とは志ある士をいう。生を求めるとは生きる路を求めることをいう。

【大意】　志士とはその志において不義を為さずとするものである。仁人は他者に及びうる徳を有するものである。その行い方はちがっても、仁を成すことにおいては一つである。生きることにおいても仁をもってし、死することにおいても仁をもってする。君子たるもの、仁を離れてどこにおいてかその名を成そうか。志士がみずからに期するところ、仁人がみずから立とうとするところ、まことに大なるものではないか。

■第九章

子貢問為仁。子曰、工欲善其事、必先利其器。居是邦也、事其大夫之賢者、友其士之仁者。

子貢、仁を為《たす》けんことを問う。子の曰わく、工《こう》その事を善くせんと欲すれば、必ず先ずその器を利《するど》くす。是の邦に居るや、その大夫の賢者に事え、その士の仁者を友とせよ。

【訳】 子貢が仁の助けになるものは何かを問うた。孔子はいわれた。工人はその仕事を善く仕上げるためには道具を鋭利にしなければならない。人に賢師良友がなければ、その徳を成すことはできない。師の薫陶、友とする磨き合いは仁の徳を成す上での大きな助けである。

【注解】 為は助けること。「衛の君を為く」（述而十四）の為の意。大夫は為政に与かるゆえに、その才能をもっていい、士はまだ為政に与らざるゆえ、その徳性をもっていっている。

【大意】 工人はその道具を鋭利にしなければ、その仕事を善く仕上げることはできない。人に賢師良友がなければ、その徳を成すことはできない。師の薫陶、友とする磨き合いの益はまことに大である。「魯に君子者無くんば、斯れ焉んぞ斯れを取らん（魯に君子者がいなければ、どこに君子の見本をとったらよいのか）」（公冶長二）といわれる通りである。曾子もまた「友を以て仁を輔《たす》く」（顔淵二十五）

といっている。これらはみな賢友をもって仁の助けとすべきことをいっている。

■第十章

顔淵問為邦。子曰、行夏之時。乗殷之輅。服周之冕、楽則韶舞。放鄭声、遠佞人。鄭声淫。佞人殆。

――顔淵、邦を為《な》さんことを問う。子の曰わく、夏《か》の時を行え。殷の輅《ろ》に乗れ。周の冕《べん》を服し、楽は則ち韶舞《しょうぶ》せよ。鄭声《ていせい》を放ち、佞人《ねいじん》を遠ざけよ。鄭声は淫なり。佞人は殆《あやう》し。

【訳】顔淵が国家を為すことを問うた。孔子はこういわれた。時を知るには天地自然に適った夏の暦法を用いよ。乗るには質素堅牢な殷の車を用いよ。冠《かぶ》るには文飾を具えた周の冕を用い、そして善美を尽くした舜の韶舞を楽の法とすることだ。鄭声を放逐し、佞人を遠ざけよ。淫らな鄭声は人の志を蕩《うご》かし、佞人の口達者は人の国を危うくする。

【注解】邦を為すとは国を創為する意。国の紀綱法度を創造することをいう。顔淵の問いは、「冢《ちょう》宰《さい》、邦治を掌り、以て王を佐く。邦国を均しくす」（周礼）といわれる国家創建についての問いであり、国の治を問うこととは異なる。［夏の時］時とは春夏秋冬をいう。周は北斗の柄が日没時に子を指す月を歳首とした。殷は丑を指す月を歳首とし、夏は寅を指す月を歳首とした。春は物の蠢めき、自ずからに発生する時である。夏の時は天の時と合し、その歳首は自然の始まり（春）に合し、それゆえそれを正しいとしたのである。［殷の輅］殷の輅（大車）は木製で、倹素で堅固にできていて、同類の車から自ずから区別される。倹素な実質を尊んだのである。［周の冕］冕は礼式に着用する冠。

周の冕は華やかな飾りをもっている。思うに冠は小さいものではあるが、衣装など多くの物の上に加えるものである。その文飾を尚んだのである。「楽は則ち韶舞」韶は舜の楽である。「美を尽くせり、また善を尽くせり」（八佾二十五）と称える韶をここで取り上げる。上文ではすでに三代の礼から取捨して夫子は顔淵に手本としての法《のり》を与えられた。ここでは特に舜の楽を挙げて法とすべきことを教えられた。顔子は王を補佐して治世に当たる才幹の持ち主である。それゆえ夫子は天下を治めるための法を挙げて問いに答えられたのである。「鄭声を放ち、佞人を遠ざく」鄭声は鄭の国の音楽で淫らな音楽とされている。佞人は弁給（口達者）の人。淫らな音楽は人の志を蕩かし失わせる。口達者な佞人は人の国を危うくする。それゆえ鄭声と佞人を放逐し、遠ざけるのである。

【大意】 天下を治めることは仁を本としている。だが夫子はいま虞・夏・殷・周四代の礼楽をもって顔子の問いに答えているのはなぜなのか。思うにそれは国家を為すことを問うという顔子の問いの性格に因るのであろう。夫子はそれゆえ四代の法制を取捨して答えられたのである。それがこの章における夫子の答えが他と異なる理由である。国の法制は時代とともに弊害の面をもつことになる。法制とは違い、道にはこの時代的弊害というものはない。先王の制度は時勢に因り、民心に順って立てられたものとはいえ、久しい時代の経過とともに弊害の面をもたざるをえない。夫子はそれゆえ四代の制についてその一事を挙げて、その梗概《こうがい》を示されたのである。夏の時暦を取るとは、天地に適った法の正しさを取るということであり、殷の輅《くるま》に乗るとは、その質実なることを貴ぶことであり、周の冕を冠るとは、美《よ》き文を具えることであり、楽は則ち韶舞とは善美の極みを尚ぶことをいうのである。さらに鄭声を放逐し、佞人を遠ざけることをいうのは、国を危うくし、治を害する本を絶つべきことをいうのである。万世不易の常道というべく、文と質とを兼ね備え、手本と戒めとをともに含みもち、天下を治める道を尽くすものである。

【評釈】「顔淵問為邦」というこの章における顔淵の問いの性格が、国の統治、治世を問うものとは異なることを仁斎は正しく察した。顔淵の問いへの孔子の答え方を見れば、仁斎の理解の正しさをわれわれは知るのである。孔子は国家の創建・設営にあたって為政者のもつべき理念・理想をもって答えている。われわれは顔淵に与えたその答えに孔子自身の古えに託した国家理想を見ることができる。「夏の時」「殷の輅」「周の冕」そして「楽は則ち韶舞」の四つの法《のり》の提示に、「文質彬彬《ひんぴん》」（雍也十六）たる君子的国家の理想を私は読む。

■第十一章

子曰、人無遠慮、必有近憂。

一 子の曰わく、人、遠き慮《おもんぱか》り無ければ、必ず近き憂い有り。

【訳】孔子がこういわれた。人が遠い慮りを欠くならば、必ず間近に憂いごとに出会うことになる。

【大意】慮りを久遠の外にまで及ぼすことがなければ、必ず至近の地に憂いごとが生じる。それは家においても、国においても、天下においても変わることはない。この言葉は耳に近しい。だがこれに従うときは、必ず吉をもって報われ、これに従わないときには、必ず凶に出会わざるをえない。神明もまたこの結末をどうすることもできないし、卜筮もこれを動かすことはできない。人は謹んでこの言葉を受用せねばならない。〇宋の李《り》文靖《ぶんせい》公（李侗《りとう》）が邸を建てた。だが執務所の前庭はやっと馬を旋《めぐ》らすことのできる程度のものであった。ある人がこれでは狭すぎるといった。公は笑ってそれに答えて、宰相の執務所としてはたしかに狭い。だが祭祀官の執務所とするならば十分に広いといった。これもまた遠い慮りの一例である。

■第十二章

子曰、已矣乎。吾未見好徳如好色者也。

――子の曰わく、已《や》まんや。吾れ未だ徳を好むこと、色を好む如くなる者を見ず。

【訳】　孔子はいわれた。もうなす術《すべ》はないな。徳を、あの色を好むように熱く好む人をもうこの世に見ることはなくなった。

【注解】　この章は重出である。意義については前篇（子罕十七）を見られたい。

【評釈】　「吾未見好徳如好色者也」は子罕篇第十七章にある。ここではそれに「已矣乎」という孔子の強い慨嘆の詞が加えられている。多くの解釈者はこれを「已んぬるかな」と訓んでいる。この訓みは「もうおしまいだなあ」という金谷訳に見るように、孔子の絶望の意をいっそう強くする。亀井南溟は衛の霊公のために本章の孔子の語は発せられたと解している。渋沢は「定めて然らん」とその理解に同意している（渋沢論語）。

■第十三章

子曰、臧文仲其竊位者与。知柳下恵之賢、而不与立也。

一子の曰わく、臧文仲《ぞうぶんちゅう》はそれ位を竊《ぬす》む者か。柳下恵《りゅうかけい》の賢を知って、与《とも》に立たず。

【訳】孔子がいわれた。臧文仲はその地位を盗むものというべきだ。柳下恵の賢才を知りながら、これを推挙してともに朝廷に並び立って仕えようとはしなかったからである。

【注解】柳下恵は魯の大夫の展獲《てんかく》。字は禽。柳下の地を食邑（所領地）としていた。与に立つとは、それと一緒に朝廷に並び立って仕えることをいう。

【大意】賢才の士を推挙することは政治的位置を占めるものの任務である。もしその賢才を知ることもなく、推挙することをもしなければ、その職にあるものと称することはできない。ましてやその賢才を知りながら、これを推挙することをしないならば、それは自分の持ち物ではないものをひそかに自分の物として盗窃するごときことである。それゆえこれを位を竊むものというのである。その罪の大なることをいう。位にあるものの鑑戒とすべきことである。

■第十四章

子曰、躬自厚、而薄責於人、則遠怨矣。

一子の曰わく、躬自《み》ら厚うして、薄く人を責むるときは、則ち怨みに遠ざかる。

【訳】孔子がいわれた、己れ自身を厚く省みて、身を正し、人を責めることに薄いものは、人の怨みを買うことはない。

【大意】　自分自身を常に省みて厚く身を正して、人を責めることに薄いものは、まさしく仁者としてよく心を用いるものというべく、どこにあっても人の怨みを買うことはない。小人はこれの反対である。思うに怨みに遠ざかるとは、徳の符《しるし》というべく、多くの怨みとは、敵を作ったことの結果である。君子の謹むべきことである。〇宋の呂祖謙ははなはだ心狭く性急な人であった。かつて『論語』を読み、この章にいたって大いに感じ、悟るところがあった。それ以降、心寛く、穏やかに人と接するようになったという。『論語』を正しく読むものというべきだろう。

■第十五章

子曰、不曰如之何、如之何者、吾末如之何也已矣。

子の曰わく、これを如何《いかん》、これを如何と曰わざる者は、吾れこれを如何ともすること末《な》きのみ。

【訳】　孔子はいわれた。これはどうすべきか、どう考えるべきかとみずから疑い、熟慮することのないものを、私はどうすることもできない。

【注解】　朱氏（朱熹）はいう。「これを如何、これを如何とは、熟慮して、慎重に事に当たろうとすることである。この熟慮なく妄りに事を行ったりするものを、聖人といえども如何ともすることなし、といわれているのである」。

【大意】その事を慮《はか》るに深く審らかにし、その心を操《まも》るに危《おそ》れ慎む（『孟子』尽心上）。これを欠くならば、その行いは妄というべく、またその人を不智というべきである。

■第十六章

子曰、群居終日、言不及義、好行小慧、難矣哉。

一子の曰わく、群居して日を終え、言義に及ばず、好んで小慧《しょうけい》を行う、難いかな。

【訳】孔子はいわれた。仲間内で群がり集まってその日を終え、およそ道理に触れた話はせず、猿知恵ばかりを働かせている。難しいことだ、彼らが道を知り、徳に入ることは。

【注解】小慧とは私智、小ざかしい知恵。難いかなとは、徳に入りがたいことを歎きいう言葉。

【大意】これは燕朋《えんぽう》（狎れ狎れしい友達、仲間）の害をいうものである。群がり集まっては一日を過ごすときは、空しく時を過ごして、業を習い、務めることはない。義に及ぶ話をしないとは、出任せの、根のない話をすること。小慧を行うとは、いたずら心が日々に大きくなり、放辟《ほうえき》邪行はとどまることがない。衆悪はここに根ざして生じる。厳しく戒めざるをえない。

■第十七章

子曰、君子義以為質、礼以行之、孫以出之、信以成之。君子哉。

一子の曰わく、君子は義以て質と為し、礼以てこれを行い、孫以てこれを出《いだ》し、信以てこれを成す。君子なるかな。

【訳】 孔子がこういわれた。君子というものは事をなすのに義を根幹とし、礼をもってほどよく整え、謙虚にこれを言葉にし、終始誠実に事を成し遂げていく。まことの君子とはそういうものだ。

【大意】 義とは事を正しくさばく本である。それゆえ君子は義を己れの実質とし、根幹とするのである。だが義を根幹とするものには剛毅の気多く、寛裕温柔の心が少ない。それゆえ君子は事を行うに世の礼をもってほどよく整えてし、謙虚な心をもって言葉にし、終始誠実をもって事を成し遂げていく。かくてまことの君子たりうるのだ。

【論注】 聖人孔子の学門にあっては仁義を並び称しながら仁を大とする。だがここでは義を君子の実質とするのはなぜなのか。思うに義は聖人孔子の教えにおいて大きな働きをもつものである。万事が人の行事として、禽獣とは異なるゆえんをなす道理をもつのはこの義によるからである。それゆえ時と場面によって義は仁より重しとされるのである。勇を尚ぶ子路に向かって夫子は「義以て上《とうと》ぶことをす」（陽貨二十二）といわれ、また君子が天下のことに対して「義これ与《とも》に比《した》がう（その時と処の義に従うだけである）」（里仁十）といわれたのである。仏老の徒が聖人孔子の道と相違するゆえんはこの義がもつ重い意味を知らないことにある。

■第十八章

子曰、君子病無能焉。不病人之不己知也。

一子の曰わく、君子は能くすること無きを病《うれ》う。人の己れを知らざるを病えず。

【訳】孔子はいわれた。君子は己れの不十分さを憂うべきであり、人に知られないことを憂うべきではない。

【大意】これは孔門の家法というべき言葉である。学者はこれを旨とすべきである。

■第十九章

子曰、君子疾没世而名不称焉。

一子の曰わく、君子は世を没《おえ》るまでにして、名称せられざるを疾《や》む。

【訳】孔子はいわれた。君子は世を終えるにいたるまでに、その名の称せられないことを憂いとする。

【大意】人は時を逃すことなく学びと行いに務めるべきことをいわれている。張氏（張栻《ちょうしょく》）はいっている、「人にその実があって、その名があるのである。名とはその実に名づけられるものである。その身を終えるにいたるまでに、名づけられるべき実をもたないことを君子は憂いとする。名の無いことを憂いとするのではない。その実無きことを憂いとするのである」。

■第二十章

子曰、君子求諸己。小人求諸人。

一子の曰わく、君子はこれを己れに求む。小人はこれを人に求む。

【訳】 孔子はいわれた。君子はそのことの原因を己れに求めて、人を責めることをしない。小人はその原因を人に求めて、己れを責めることはしない。

【大意】 これもまた孔門の家法である。『中庸』には「射は君子に似たることあり。これを正鵠《せいこく》に失すれば、これを其の身に反求す（弓射の道は君子の道に似ている。的を射外せば、その失敗の因を射手自身に求めて反省する）」とある。また孟子は、「人を愛して、人に親しまれないならば、己れの仁の足らざるかを反省せよ。人を治めて、治まらないならば、己れの智の不足を省みよ。人に礼を以てしながら、答えられないならば、己れの敬意の足らざることを省みよ」（『孟子』離婁上）といっている。古えの君子における身の修め方とはこのようであった。その徳は日々に進み、邦に、家に、人に対する怨みをいうことはなかったのである。〇楊氏（楊時）はいっている。「君子とは人が己れを知らないことを憂えないものであるが、しかしながらまた君子は世を終えるまでに、その名が人に称せられないことを憂いとするものである。だがその名が称せられない原因を、君子は人に求めずに、己れに反求する。かくてこの三つの文章（第十八・十九・二十章）は重複することなく相互に補い合い、意義を完成させている。記録者の意図するところであろう」。

■第二十一章

子曰、君子矜而不争。群而不党。

一 子の曰わく、君子は矜《きょう》にして争わず。群して党せず。

【訳】　孔子はいわれた。君子は矜《おごそ》かにみずからを持して争うことをしない。多くの人と親しく与《とも》にしていても、党派を作ることはしない。

【注解】　荘重にみずからを持することを矜という。穏和な親しみをもって衆とともにいるを群という。

【大意】　君子はただ道徳をもってみずからを保とうとするものである。人とは異なるとしてみずからを高くするものではない。だから矜かにみずからを持しても人と争うことはない。君子は他者と自分とを同じ人として視る。だが徒《いたずら》に同調して衆俗にしたがうことはない。それゆえ人びとと親しくしても党《くみ》することはしない。小人は自分のことだけを知って人を知らない。それゆえ争いにならざるをえない。また小人は権勢と利益のみを知る。それゆえ党《くみ》せざるをえない。

■第二十二章

子曰、君子不以言挙人、不以人廃言。

一　子の曰わく、君子は言を以て人を挙げず、人を以て言を廃《す》てず。

【訳】　孔子はいわれた。君子はその言葉だけを聞いて、その人を挙げ用いることはしない。またその人がいったからといって、その言葉を聞き捨ててしまうことはしない。

【大意】　言葉だけを聞いて挙げ用いるならば、恐らく小人を用いることになる。その人をもってその言葉を聞き捨ててしまったら、善い言葉をも聞き漏らすことになる。言葉だけによって人を挙げたりしないのは智の力である。その人によってその言を聞き捨てたりしないのは仁の力による。

■第二十三章

子貢問曰、有一言而可以終身行之者乎。子曰、其恕乎。己所不欲、勿施於人。

子貢問うて曰わく、一言にして以て身を終うるまでこれを行うべき者有りや。子の曰わく、それ恕《じょ》か。己れが欲せざる所は、人に施《ほどこ》すこと勿かれ。

【訳】子貢が、一言でもって人が終身行うべきものがありますかと問うた。孔子は答えて、それは恕だ、自分の欲しないことを、人に仕向けたりしないことだといわれた。

【注解】夫子はまず子貢の問いにそれは恕だと答えられ、その上で恕とはどのように行うことかを、その要点を示されたのである。

【大意】人は他人の悪をたやすく見出すが、他人のもつ心配事を察するのは難しい。人は自分には寛大でありながら、他人にはきわめて刻薄である。これは人が共通にもつ病弊である。それゆえ恕、すなわち深い思い入れをもって人に対するならば、深く人を咎めることをせず、その過ちを宥《ゆる》し、また困難から人を救うだろう、恕のもたらすものは言葉でいいつくせないほど深く大きい。それゆえ終身行うべきものは恕といわれるのである。子貢はかつて夫子より「一以て貫く」ことの大事を教えられた（衛霊公二）。だがそれが具体的にどのようにあるかを知ることはなかった。それゆえここで問うたのである。「一言にして身を終えるまで行うべきものはありますか」と。夫子は「それは恕だ」と答えられた。曾子が門人に答えて、「夫子の道は、忠恕のみ」（里仁十五）といったことと同じ一つのことである。

■第二十四章

子曰、吾之於人也、誰毀誰誉。如有所誉者、其有所試矣。斯民也、三代之所以直道而行也。

子の曰わく、吾れの人に於けるや、誰れをか毀《そし》り、誰れをか誉めん。如《も》し誉むる所の者有らば、それ試むる所有らん。斯《こ》の民や、三代の道を直《なお》くして行う所以なり。

【訳】 孔子がいわれた。私は愛憎の心で人を誉めたり、誹《そし》ったりはしない。誉めるには実際にその理由を見てそうするのである。この民は、三代の聖王による真っ直ぐな道の行われたときの民と同じ民である。私はこの民とともにいて、これを憎み、変えようと思ったりはしない。

【注解】〔前段〕言うところは、人に対して愛憎の心をもって誉めたり毀ったりすることはない。人を誉めるときは、その人を用いてみて、誉める理由があってそうするのである。口先だけで誉めたりすることはしないということである。〔後段〕斯の民とは今の此の民をいう。言うところは、三代の盛時には真っ直ぐな道が天下に行われて、人を誉め毀ることも避けたり、憚ったりすることもなく真っ直ぐになされた。この直道の行われた盛代の民こそ今の民である。自分が当世の民を軽々しく断ち隔てることをしないのはそれゆえだといわれているのである。

【大意】 本章は古今を通じて人は甚だしく相違するものでないことをいうものである。思うに、道に古今の別はない。人もまた古今の別はない。今のこの民もまた三代の盛時に直道の行われたその民と異なるものではない。その心性もまた異なるものではない。だが道に古今の別はないことを知らないものは、当世の人民の不善を見て、一世の人をことごとく変じて三代の民にするような天下の変革をいったりするが、そのような道理はありはしない。堯舜は天下を導くに仁をもってした。民はこれに従った。桀紂は天下を帥《ひき》いるに暴をもってした。民はこれに従った。湯武はその民を変えることをせずして、天下は自ずから治まった。どうして民を憎む理由があろうか。それゆえ夫子は、「天下道有り。丘与《とも》に易《か》えず〔天下に道がある以上、私はこの道とともに変えることはない〕」〈微子六〉といわれたのである。

【評釈】 人に対す美刺褒貶をめぐっていう前段と三代と変わることのない今の民をいう後段とをつなげて一つの意味を読み出すことは難しい。無理に筋を通そうとするとこじつけ的な解釈を生み出すことになる。だが金谷治は後段を、「今の人民も〔あの理想的な夏・殷・周〕三代の盛時にまっ直ぐな道に従って行なっていた人々と同じだ。〔軽々しく毀誉をはさむことはできない。〕」〈金谷論語〉と訳して、この章の筋の通った理解を成立させている。この金谷の理解は本章の主題を後段の民をめぐる毀誉にあるとすることからなるものである。仁斎もまた本章の主題は後段にあるとしている。世の悪、不善の責めを民の不善に帰そうとする論はいつの時代にも生じるものであるだろう。孔子は三代の民と今の民とは同じ、変わらざる民であることをいって、世の不善を民に帰する論を否定したのである。仁斎は本章をそのように読んだ上に、古今を通じて変わらない「人の道」とその道とともにいて変わらない「人＝民」という仁斎道徳哲学の基底をなす理解を【大意】でのべている。

■第二十五章

子曰、吾猶及史之闕文也、有馬者借人乗之。今亡矣夫。

――子の曰わく、吾れ猶《なお》史の文を闕《か》き、馬有る者は人に借してこれを乗らしむるに及ぶ。今は亡《な》いかな。

【訳】　孔子がいわれた。かつて史官は疑わしいことは記録せずに欠文にしていた。また馬の所有者は自分が乗らないときには人に借した。私はそれを見て知っている。だが今はもうそれはない。

【大意】　楊氏（楊時）はいっている。「史官が疑いあることについては欠文にし、馬を持つものは人に借すといった二事を、かつて自分はなお見ることはできたが今はないと、孔子は時とともに人の軽薄になることを歎いているのである」。陳氏（陳櫟）はいう。「疑わしいことは疑わしいとして後に伝え、物は人と共に使うことは古えに近い人の心であった。これは小事とはいえ、これが失われたことによって人心もまた古えを失ったことを知るのである」。

■第二十六章

子曰、巧言乱徳。小不忍則乱大謀。

――子の曰わく、巧言は徳を乱《みだ》る。小忍びざるときは則ち大謀を乱る。

【訳】　孔子はこういわれた。言葉巧みに道理を借りていうものは、道も徳も乱し損なうものである。

小事に耐えることができずに慌てさわぐものは、大事を乱して成すことのできないものである。

【大意】　その言葉に巧みなものは必ず名分道理に依りかかり、仁義に仮託してものをいう。それゆえその言葉は正しさを装いながら、その実は道にまったく反し、徳をはなはだしく乱すものである。大なる人とはその器量の大なる人であり、よく小事に耐え、乱されることはない。それゆえ大事を成し遂げうるのである。もし小事に耐ええなければ、軽々しく動き、にわかに起ちあがったりして必ず大事をし損じることになる。それゆえ君子は真正を尊んで、偽巧を悪み、事の成就を尊《とうと》んで、事の失敗を悪《にく》む。ただ道理のあるところに従うだけである。

■第二十七章

子曰、衆悪之必察焉。衆好之必察焉。

一子の曰わく、衆これを悪《にく》むとも必ず察せよ。衆これを好《よ》みすとも必ず察せよ。

【訳】　孔子がいわれた。たとえ衆人が嫌い、悪《あ》しとしようとも、その悪の実を必ず見るようにしなさい。たとえ衆人が好み、善しとしようとも、その善の実を必ず見るようにしなさい。

【大意】　世の衆（多数者）の好悪は世の公（一般性）をなすとはいえ、そこには付和雷同による好悪があらざるをえない。衆人は何が是であり、何が悪であるか、是非の実を知ることはない。善を目しながら、これを悪といい、悪事に接しながら、これを善事としてしまったりする。すぐれた行為者を衆人は嫌い、みせかけの行為者を世俗は悦ぶ。それゆえ聖人孔子は衆人の好悪に随わずに、その好悪の実を察せよといわれたのである。

■第二十八章

子曰、人能弘道。非道弘人。

子の曰わく、人、能く道を弘む。道、人を弘むるに非ず。

【訳】孔子はいわれた。人が道を弘め、大にするのである。道が人を弘め、大にするのではない。人はみずから学び、みずからを大にすることで道を弘めるのである。

【注解】弘むとは大にすることである。

【大意】これは道が成ると成らないとの責任は人にあることをいうものである。道は大であるとはいえ、道それ自体は為すことをしない。人は小とはいえみずからを為すことができる。学に勤め、道徳を修めれば、それぞれの材にしたがって聖となり、賢となり、その文章と徳業とをもって天下を覆うほどの力をもつことができる。思うに堯・舜という聖王があって、はじめて唐・虞という盛大な時代もあったのであり、湯・武という英君があって、はじめて殷・周の治世もあったのである。上は孔・孟から下は数多の賢者にいたるまで、それぞれの文章と徳業の大きさにしたがって道を弘めてきたのである。人が道を弘めるのであって、道が弘めるのではない。孔子門において学問が重視されるゆえんである。

■第二十九章

子曰、過而不改、是謂過矣。

一 子の曰わく、過って改めざる、是れを過ちと謂う。

【訳】 孔子がいわれた。過ちながら改めることをしないこと、これをこそ過ちというのだ。

【大意】 人はその一心をもって堯舜の道に入ることができるし、その一心をもって堯舜の道に入ることはできない。その心のいかんは、ただ過ちを改めることをするか、しないかにある。人に過ちがないことはありえない。その過ちを改めうることをもって人の大事とする。それゆえ聖人孔子は過ちのないことを貴ばず、よく改めることを貴ぶのである。

【評釈】 仁斎の「人はその一心をもって堯舜の道に入ることができるし、その一心をもって堯舜の道に入ることはできない。その心のいかんは、ただ過ちを改めることをするか、しないかにある」という言葉は、本章の孔子の言葉に対する過大な物言いのように見える。だが過ちを改めうる反省的存在として、人ははじめて人たりうるのだという孔子の言葉は、仁斎の過剰ともいえる言葉をもっていうに足るものであるだろう。むしろ私たちは仁斎によるこの孔子の言葉の発見の意義をあの過剰な表現に読み取らねばならない。

■第三十章

子曰、吾嘗終日不食、終夜不寝、以思。無益。不如学也。

一子の曰わく、吾れ嘗て終日食せず、終夜寝《い》ねず、以て思う。益無し。学ぶには如《し》かず。

【訳】孔子がいわれた。私はかつて終日食事もせず、終夜寝もやらずに思い考えた。だがそれは益のないことであった。先人に学ぶこと、学問に及ぶものはない。

【大意】本章は学問の益を人に語られたものである。思い考えて会得することは、学んで会得することの速やかで容易であることに及ばない。物を計り、その位置・形をとらえるには成法〈基準〉によってする。それによって計るならば、その物の長短高低は一気にとらえられる。ではわれわれにとって何が成法であるのか。それは聖賢であり、聖賢の事跡である。もし聖賢・先人という基準に照らし合わせることをせずに、ただ自分の思惟に依ろうとするならば、たとえどれほど力を尽くしても得ることはない。夫子はそれゆえ「知を好めども学を好まざるは、その蔽や蕩《とう》〈知を好んで学ぶことを好まなければ、その弊害としてとりとめがなくなる〉」（陽貨七）といわれたのである。

【評釈】本章は人間における先人に学ぶという学習・学問の重要性を青年孔子における体験という原初性をもって述べたものである。『論語』という書がもつ人間にとっての原典性を伝えるような章である。

■第三十一章

子曰、君子謀道不謀食。耕也餒在其中矣。学也禄在其中矣。君子憂道不憂貧。

一子の曰わく、君子は道を謀《はか》って食を謀らず。耕すときは、餒《う》えその中に在り。学ぶときは、禄その中に在り。君子は道を憂えて貧しきを憂えず。

【訳】孔子がいわれた。君子は道のためにに思いをいたし、心を砕く。食のために心を砕くことはしない。農耕に従うものにも、飢饉は免れがたくある。だが学に従事するものに、食は求めることなく与えられる。君子は道のために憂えても、食のために憂えることをしない。

【大意】道のために心を砕き、食のために心を砕いたりしないのは君子であるものの務めである。道を憂えて、食を憂えないのが君子のもつべき本心である。だが君子といえども食するすべがなければ生きてはいけない。君子も貧すれば立ちゆかない。にもかかわらず君子は食に心を砕き、貧しきを憂えないというのはなぜなのか。それは「徳孤ならず、必ず鄰《した》しみ有り〔徳を成すならば、決して孤立することはない、必ず同じ志をもつ仲間がいる〕」（里仁二十五）といわれる通り、徳あるものを飢えに置くことは決してないからである。

【評釈】現代にあっては「先ず以て衣食住の安定を得ざれば、道に志さんと欲するも、得べからず」という渋沢栄一が本章について論評するところを引いておこう。「されば何の学問を修むるも、まず以て食禄を得る途を講ぜざるべからず。小人が耕耘に従事して食を穫んと欲するのと、何の異なる所もあらず。かつそれ文化大いに開けて人の知識平均せる以上は、道を以て独り上流君子の占有に委《まか》すべからず。道は天下の大道なり。貴族も、平民も、官吏公吏も、軍人学者も、農工商人も、均しく践むべき道なり。その共同物なり。各人みな道を謀らざるべからざると同時に、各人みな食を謀らざるべからず。ただ重きを道に置くを君子となし、重きを衣食住に置くを小人となすべきのみ」（渋沢論語)。堂々たる論評である。このように読むことは、孔子が本章でいう趣旨に違うものではない。

■第三十二章

子曰、知及之、仁不能守之、雖得之、必失之。知及之、仁能守之、不荘以涖之、則民不敬。知及之、仁能守之、荘以涖之、動之不以礼、未善也。

子の曰わく、知これに及べども、仁これを守ること能わざれば、これを得ると雖ども、必ずこれを失う。知これに及び、仁能くこれを守れども、荘以てこれに涖《のぞ》まざるときは、則ち民敬せず。知これに及び、仁能くこれを守り、荘以てこれに涖めども、これを動かすに礼を以てせざれば、未だ善ならず。

【訳】孔子がいわれた。君主の位にいるものが君主であることの難しさを知りながら、仁の徳をもってその位を維持することをしなければ、一時その位置を得ても、結局はそれを失うことになる。君主であることの難しさを知り、仁徳をもってその位に居ることを務めても、みずから重さを備えて民に臨むことをしなければ、民は上を敬うことはしない。君主であることの難しさを知り、仁徳をもってその位の維持に務め、みずから重さを備えて民に臨んでも、礼をもって民に対することをしなければ、民をその心の持ちようから動かすことに不十分である。

【注解】［第一段］この段の意は、君主であることの難しさを知っていても、道徳をもって君主の位置を維持することをしなければ、結局はその位置を失うことになることをいうものである。［第二段〕荘とは荘厳、荘重で厳粛であること。涖は臨むである。包氏〔包咸〕は「民に荘重厳粛をもって臨むことをしなければ、民は敬をもって上に従うことはない」といっている。〔第三段〕これを動かすとは、民を動かすことである。

【大意】本章は君主の道が成るか、成らないかは、もっぱらその責めは上にあることをいうものである。「一言にして邦を興すことを幾せざらん〔一言でもって国を興起させることを期待しうるような言葉はある〕」〔子路十五〕とは、ここで「知これに及ぶ」といわれていることである。「聖人の大宝を位と曰う。何を以てかこれを守る。曰く仁」〔『易経』繋辞下〕とは、ここで「仁これを守る」といわれていることである。「知これに及び」「仁これを守る」の二つは君主の道を成すことの条件である。だが君主がみずから度量を備えることなくして、その位を維持することはない。民は侮り、制令も行われない。それゆえ荘重にして民に臨むことをなければ、民は敬うことをしない。礼は上下を分かち、それぞれの節度を定めたものである。上が礼をもってして、民ははじめて上に対するその心の持ちようが定まるのである。それゆえ「民を動かすに礼をもってしなければ、十分とはいえない」といわれているのである。思うに君の道を成すのに、知・仁・荘・礼の一つをも廃することはできない。だがその本をなすのは知と仁とである。

■第三十三章

子曰、君子不可小知、而可大受也。小人不可大受、而可小知也。

子の曰わく、君子は小知《しょう》るべからずして、大《だい》に受くべし。小人は大に受くべからずして、小知るべし。

【訳】孔子がいわれた。君子は小事においてはその真価を知りえないが、大事を受容し、それを成し遂げうるものである。小人は大事を受けることはできず、ただ小事においてのみその才を知りうるものである。

【注解】朱氏（朱熹）はいっている。「知るとは、われが君子か、小人かを知ることをいうのであり、受くるというのは彼すなわち君子あるいは小人が受けることとである」。

【大意】本章は君子のなし得ることは小人と同じではないことをいうものである。君子の値打ちは小事においては必ずしも見ることはできないが、大事に彼を用いれば、余裕綽々として事を成し遂げる。小人はたとえ小事においてはわずかに取るべき才を見せても、その偏浅狭小の小人の材をもってしては大事を務めることはとてもできない。

■第三十四章

子曰、民之於仁也、甚於水火。水火吾見蹈而死者矣。未見蹈仁而死者也。

子の曰わく、民の仁に於けるや、水火より甚だし。水火は吾れ蹈《ふ》んで死する者を見る。未だ仁を蹈んで死する者を見ず。

【訳】孔子はこういわれた。民にとっての仁とは、水火よりもはるかに大事である。だが身を挺して水火に踏み込むものを見ることはあっても、身を挺して仁に踏み込んで行うものを見ることはない。

【注解】 蹈むは践む、足でふみ行くこと。水火を蹈んで死するとは、水火の地に赴いて死ぬことをいう。『孔子家語』には「忠信は以て水火を蹈むべし」とあり、また魯仲連が「吾れは東海に蹈み入りて死ぬ気でいる」（『戦国策』趙三）といっているのがそれである。また仁を蹈んで死するとは、「死を守って道を善くする〔死を賭して道を行う〕」（泰伯十四）ことをいう。比干《ひかん》や程嬰《ていえい》、杵臼《しょきゅう》という人たちがこれに当たる。水火の難は人の恐れるところである。にもかかわらずあえて人は水火に踏み込んで生を失うことをする。仁を行うことは人を人たらしめる道である。人はこの仁の道をしばらくも離れることはできない。ところが人はこれを畏れ遠ざけて近づこうとしない。人が水火を恐れるよりはるかに甚だしいことを夫子は訝《いぶか》り、歎いておられるのである。

【大意】 ここで聖人孔子は、人が難事に身を挺して踏み込みながら、仁を行うことに畏れ憚って踏み込もうとしないことを歎いていわれているのである。思うに一旦感激し、身を殺して事に当たることは易く、深く事態を知り、従容として身を殺して仁を成すことは心の中心から至誠惻怛《そくだつ》の念を発するものにしてはじめてありうることである。それゆえ夫子は、「いまだ仁を行うことに死を賭して踏み込むものを見ない」といわれているのである。

■第三十五章

子曰、当仁不譲於師。

一子の曰わく、仁に当たっては師に譲らず。

【訳】孔子はいわれた。仁道の行いを最優先事とし、師にその位置を譲ることはしない。

【大意】仁とは人の力《つと》め行うべき最大、最優先のものであることをいわれているのである。師とは道の先導者であり、事ごとに随い譲るべき存在である。だが仁については師に譲らずとするのは、思うに仁とは人道の根本であり、師とはその教え、指示を与える存在であるからである。それゆえ人道の根本を尽くそうとするものこそ、よく師の教え、指示にしたがうものということができる。仁を本とし、師に譲らずとするものこそ、むしろ深く譲り、随うものである。

【評釈】「仁徳〔を行なう〕に当たっては、先生にも遠慮はいらない」（金谷論語）、「ほかの事柄では先生に対して譲歩しても、仁に関しては、先生にさえも譲歩しない」（吉川論語）といった現代語訳を見ることで、仁斎の先導者としての師という存在の意味をも配慮した丁寧な理解を知ることができる。

■第三十六章

子曰、君子貞而不諒。

一子の曰わく、君子は貞にして諒《りょう》ならず。

【訳】孔子がいわれた。君子とはその根底に恒《つね》に正しさをもっている。だがそれは世の人が頑なに守る小さな信義といったものではない。

【注解】孔氏（孔安国）は、「貞とは正しいであり、諒とは信《まこと》であること」だという。

【大意】馮氏《ふう》（馮椅《ふうい》）はいっている。「万変を歴《へ》ても、なおその正しさを失わないものを貞という。諒とは、固守して変ずることを知らないものをいう。それゆえ「貞とは事の幹なり」（『易経』乾の文言）というのである。それは決して「世の男女が小さな信義（諒）立てをする」（憲問十八）ことと同じではない」。

■第三十七章

子曰、事君敬其事而後其食。

子の曰わく、君に事《つか》うるには、その事を敬してその食を後《のち》にす。

【訳】孔子がいわれた。君に事えるにあたっては、その事を敬《うやうや》しく務め、禄のことは後回しにする。

【注解】朱氏（朱熹）はいう。「後にすとは獲ることを後回しにすること。食とは俸禄である」。

【大意】張氏（張栻《ちょうしょく》）は、「君に事えるには、その事に敬をもって務めることを主とすべきのみ。官に尊卑があり、位に軽重があっても、その事に敬の心をもってすることにおいては一つである」といっている。また劉氏（劉摯《りゅうし》）はいっている。「君子と小人との分かちは、義と利とにある。小人の才が用いるに不足するというのではない。ただ小人の心の向かうところが義にはないことによるのである。彼の心は常にその事の先、すなわち報賞にある。報賞があって、その後に事に務める心があるある」。

■第三十八章

子曰、有教無類。

一 子の曰わく、教え有り類無し。

【訳】 孔子がこういわれた。人の違いは教えによって学ぶかどうかにあるのであって、どの族類に生まれたかにあるのではない。

【注解】 類とは世類の美悪、すなわち世々継がれる族類の善し悪しをいう。『春秋左氏伝』で「世々その美徳を保ち」「世々その悪を改めず」（文公十八年）といわれるような世々の族類をいう。その生まれが属している族類である。

【大意】 本章は、天下で貴ぶべきものはただ教えであって、その生まれの族のいかんは問うべきことではないことをいうものである。教えとその教化がもたらす大きな結果を考えれば、生まれがもつ族類の善し悪しなどいうべきことではない。思うに人の生まれもった心性はもともと善であり、たとえ悪しき族に生まれたとしても、学問によって生まれもった心性を育てていけば、必ず善き人々の仲間に入ることができるのである。孔子が万世の人々のために学問の道を開かれたゆえんはまさしくそこにある。偉大なことではないか。

【評釈】 「教え有り類無し」とは『論語』における最も重要な言葉の一つというべきものだが、これほど近代的概念によってその理解を災いされている章はない。現代のほとんどの解釈者がこの「教え」を「教育」と解してしまう過ちである。現代の代表的な解釈を引いてみよう。

あるのは教育であって、人間の種類というものはない。つまり人間はすべて平等であり、平等に文化への可能性をもっている。だれでも教育を受ければ偉くなれる。（吉川論語）

教育〔による違い〕はあるが、〔生まれつきの〕類別はない。〔だれでも教育によって立派になる。〕（金谷論語）

人間の差異は教育の差であり、人種の差でない。（宮崎論語）

現代の解釈者たちは「教え」を「教育」と解して、疑うことがない。だがこれらの解釈者たちが使っている「教育」とは近代の国民教育・学校教育などという「教育」概念とともに成立した語であって、『論語』でいう「教え」に当たる語ではない。たしかに『孟子』には「英才を教え育てる」意味で「教育」の語は見える。だが「だれでも教育を受ければ偉くなれる」といった「教育」という語や概念が漢語世界に流通していたわけではない。ヘボンの『和英語林集成』を見れば、"Education" の訳語として「教授」「教訓」「躾け」「教育」があげられている。私が見るのは明治十九年（一八八六）の第三版（慶応三年〈一八六七〉初版、明治五年〈一八七二〉増補再版）であるから、恐らく「教育」という訳語はこの第三版で収録されたものと考えられる。私は「教育」という語は、国民はすべて教育を受ける権利をもつといった近代の「教育」概念とともに成立したものだと考えている。だが近代の制度としての教育は、普遍的教育理念をもちながら、むしろ社会的差別を構造的に作り出しているのではないか。そう考えると、宮崎の訳「人間の差異は教育の差であり、人種の差でない」は、もしそれを「人間における差異は教育が生み出す差異であり、人種が生み出すものではない」と解すれば、現代の制度的教育を批判したものになる。だが宮崎に現代教育への批判的視点があるわけではない。彼はただ

「人間の差異は教育を受ける・受けないの差異に由来するので、人種に由来するものではない」と、あくまで近代「教育」概念に立っていっているのであろう。

「学校教育」に代表的に実現されている「教育」とは基本的には上からの集団的な訓育（しつけ）であり、そのような集団的な訓育の最も相応しい場は軍隊であった。たしかに集団的な訓育という意味での「教育」の発生源は東でも西でも軍隊である。中国古代においてもそうである。こう考えてくると『論語』でいう「教え」を「教育」の語をもって解釈してしまうことがとんでもない間違いだということが理解されよう。仁斎による『論語』の古義学的理解があらためて読まれねばならない理由は、まさしくここにある。仁斎古義学は後世の朱子性理学的解釈を正すだけではない、近代概念による誤読をも正すのである。

■第三十九章

子曰、道不同不相為謀。

子の曰わく、道同じからざれば相為《あいため》に謀《はか》らず。

【訳】孔子はいわれた。人それぞれに専らにする学術技芸の道がある。みだりに人の道のために謀ったりしてはならない。

【注解】ここで道というのはそれぞれの学術技芸の道をいう。

【大意】人それぞれに学術技芸の道がある。自分の専らにする道でないのに、人のために相談し、考えたりするならば、それは人の仕事を犯すことになり、事は必ず失敗に終わる。それゆえ孔子は他者の専らとする事への介入を戒められたのである。

■第四十章

子曰、辞達而已矣。

― 子の曰わく、辞は達するのみ。

【訳】 孔子はこういわれた。言辞《ことば》は何よりその意が人に達することにある。

【大意】 言辞《ことば》はその意味が明瞭で、条理が尽くされていることを本とする。それが達するということである。もし言詞の間に技巧をもっぱら加えたりするならば、意味も条理もそのために病み衰え失われる。それはもはや言辞ではない。言辞を用いる意味はない。〇陳氏（陳櫟）はいう。「達の一字は、言辞を言辞たらしめる命法《きまり》である。それゆえ蘇東坡は人と文を論じる際、常に夫子のこの言葉を用いることを主としたのである」。

■第四十一章

師冕見。及階。子曰、階也。及席。子曰、席也。皆坐。子告之曰、某在斯、某在斯。師冕出。子張問曰、与師言之道与。子曰、然。固相師之道也。

― 師冕《しべんまみ》見ゆ。階に及ぶ。子の曰わく、階なり。席に及ぶ。子の曰わく、席なり。皆坐す。

子これに告げて曰わく、某《ぼう》は斯《ここ》に在り、某は斯に在り。師冕出ず。子張問うて曰わく、師とこれを言う道かと。子の曰わく、然り。固《まこと》に師を相《たす》くるの道なり。

【訳】楽師冕とお会いになった。師が階段に来ると、孔子は、階段ですといわれた。席にまで来ると、ここが席ですといわれた。皆が着席すると、孔子は、だれそれはここに、だれそれはあそこにいますと告げられた。師冕が退出した後、子張が孔子に問うた。師と話されるときにはそのようにするのですか。孔子はいわれた。そうだ、まことにそれが楽師を介助する作法だ。

【注解】師とは楽師をいう。瞽者《こしゃ》である。名は冕。「某は斯に在り」とは、次々に席に坐する人の名を告げているのである。子張の問いについて、朱氏（朱熹）はこういっている。「聖門に学ぶ者が、聖人孔子の一言一動に心を留めて省察せずにはおれないのは、この子張の如くである」と。私はこう考える。学ぶ者の言動とは、このようでなければならない。そうでなければ学ぶ者ではない。最後の相とは、助け導くことである。およそ瞽者についてはみな、助け導かねばならない。

【大意】聖人の心とはすなわち天地の心である。至誠にして偽妄《ぎもう》なく、いつでも仁であらざることはない。前にも夫子の瞽者に対しての礼を記している（子罕九）が、みな夫子の至誠惻怛の心に出るものであって、強いて行うものではない。思うに瞽者とはもっとも欺きやすい存在である。その瞽者に誠をもって対するときは、どこにおいても誠であらざるをえない。ああ聖人の大なる心は、今もなお眼前に見るがごとくではないか。

季氏《きし》第十六

■第一章

季氏将伐顓臾。冉有季路見於孔子曰、季氏将有事於顓臾。孔子曰、求、無乃爾是過与。夫顓臾、昔者先王以為東蒙主。且在邦域之中矣。是社稷之臣也。何以伐為。

季氏将《まさ》に顓臾《せんゆ》を伐たんとす。冉有《ぜんゆう》・季路、孔子に見《まみ》えて曰《い》わく、季氏将に顓臾《せんゆ》に事有らんとす。孔子の曰《のたま》わく、求、乃ち爾《なんじ》是れ過つこと無からんや。夫れ顓臾は昔者《むかし》、先王以て東蒙《とうもう》の主とす。且つ邦域《ほういき》の中に在り。是れ社稷《しゃしょく》の臣なり。何ぞ伐つことを以てせん。

【訳】季氏が顓臾を伐とうとしていた。季氏に仕える冉有と季路は孔子に会い、季氏は今にも顓臾に戦いを起こそうとしていると告げた。孔子は冉有に向かって、求よ、お前は間違いを犯しているのではないか。顓臾とはかつて先王が東蒙山の祭りの主たらしめ、そこを治めさせた、魯の邦域内の小国である。顓臾は魯と休戚《きゅうせき》を共にする社稷の臣というべきである。どうしてこの顓臾を伐とうとしたりするのか。

【注解】顓臾は伏羲《ふっき》の後裔であり、風姓の国である。もともと魯に付属する国であった。魯を専断する季氏は顓臾を伐って、その地を取ろうとした。冉有と季路はその当時季氏の臣として仕えていた。季氏の動きに不安を感じた二人は孔子に会ってこれを報じたのである。ことに冉求（冉有）は季氏に仕えて収税にかかわり、重い用事を務めていた。それゆえ夫子は冉有一人に向かってもっぱら責められたのである。東蒙は山の名である。かつて先王は顓臾をこの東蒙山の祭りの主たらしめ、その山麓を封地とした。したがって顓臾は魯の域内における付属国である。顓臾はそれゆえ魯にとっての社稷の臣というべき国である。なぜこの魯の重臣というべき国を伐とうとしたりするのかと夫子は冉有を責めておられるのである。

冉有曰、夫子欲之。吾二臣者皆不欲也。孔子曰、求、周任有言。曰、陳力就列。不能者止。危而不持、顚而不扶、則将焉用彼相矣。且爾言過矣。虎兕出於柙、亀玉毀於櫝中、是誰之過与。

冉有の曰わく、夫子これを欲す。吾れ二臣の者は皆欲せず。孔子の曰わく、求、周任《しゅうにん》言えること有り。曰わく、力を陳《の》べて列に就く。能わざる者は止むと。危くして持《たも》たず、顚《くつが》えって扶《たす》けざるときは、則ち将《は》た焉《いずく》んぞ彼の相《しょう》を用いん。且つ爾が言過《あやま》てり。虎《こ》兕《じ》、柙《おり》より出で、亀玉《きぎょく》、櫝《ひつ》の中に毀《こぼ》つれば、是れ誰れの過ちぞ。

【訳】冉有は、顓臾の討伐はわれらの主人が欲していることです。われわれ家臣は二人ともそれを欲しているわけではありません、といった。孔子はいわれた。求よ、古えの良吏周任がいっていたではないか。力を出し尽くしてその職にあり、力を尽くしえないときには退くだけだと。その足どりが危ういのに支えようともせず、転んでも助け起こそうともしないのであれば、介助者など用いる必要があろうか。求よ、お前は間違っている。虎や野牛を檻に入れながら取り逃がし、亀甲や珠玉を櫝《ひつ》に収めながら毀《こわ》したならば、いったいその過失はだれの責任だとお前はするのか。

【注解】ここで冉求のいう「夫子」とは二子が仕える季孫を指している。周任とは古えの良吏である。力を陳べるとは力を広く及ぼすこと。列とは官位である。相とは瞽者の介助者（「師を相《たす》くるの道」衛霊公四十一）。二子が顓臾を伐つことを欲しないのであれば、主人を諫むべきであり、諫めても聴き入れないのであれば、その主人の下を去るべきである。兕は野牛である。柙は檻である。櫝は匱である。言う意《こころ》は、檻に入れながら取り逃がし、櫝《ひつ》の中に収めながら毀すならば、その保護に当たるものの過失は謝罪してもおさまらない。二子もまたその過失の責任を免れないといわれているのである。

冉有曰、今夫顓臾固而近於費。今不取、後世必為子孫憂。孔子曰、求、君子疾夫舎曰欲之、而必為之辞。丘也聞、有国有家者、不患寡而患不均、不患貧而患不安。蓋均無貧、和無寡、安無傾。夫如是。故遠人不服、則脩文徳以来之。既来之、則安之。

冉有の曰わく、今、夫《か》の顓臾は固《こ》にして費《ひ》に近し。今取らずんば、後世必ず子孫の憂いを為さん。孔子の曰わく、求、君子は夫のこれを欲すと曰うを舎《お》きて、必ずこれが辞をするを疾《にく》む。丘や聞く、国を有ち家を有《たも》つ者は、寡きを患《うれ》えずして均しからざるを患え、貧しきを患えずして安からざるを患うと。蓋し均しければ貧しきこと無く、和《むつま》じければ寡きこと無く、安ければ傾くこと無し。夫れ是《か》くの如し。故に遠人服せざるときは、則ち文徳を脩めて以てこれを来《きた》す。既にこれを来すときは、則ちこれを安んず。

【訳】 冉有はこういった。顓臾の城郭は堅固で、しかも季氏の領邑費に近接しています。いま顓臾を伐《う》っておかなければ、きっと後世の子孫たちの患いとなるでしょう。孔子はいわれた。君子というものは内の貪欲を隠し置いて、言葉で偽りいうことを悪むものだ。私はこういう言葉を聞き知っている。よく国を保ち、家を保つものは、民の少なさを患えず、民の暮らしの均しくないことを患えると。また財の乏しきを患えず、民心の安らかでないことを患えると。思うに民均しければ、貧しきを患えることなく、民睦まじければ、その少なきことなく、民安らかなれば、国の傾くことはない。そのようにして遠い地のまだ服さない人も、文による治をもって慕い来るようにし、来たればその地と民とを安堵さすべきである。

【注解】 固とは城郭の堅固であることをいう。費は季氏の領有する郡邑の名。冉有は季路とともに顓臾を伐つことを欲していないといっていた。ところがいま顓臾を伐つべきことをいったりしている。冉有は事柄に義理を見ること精《くわ》しくなく、それゆえ疑信相半ばして、撞着を犯してしまった。孔子はこの冉有に向かって、君子は正直であることを好むものであり、貪欲であることを隠し置き、善事であるかのように偽りいうことを悪むといわれたのである。「寡きを患えずして均しからざるを患え、貧しきを患えずして安からざるを患う」の二句は本章の下文によって、「貧しきを患えずして均しからざるを患え、寡きを患えずして和《むつま》じからざるを患え、傾くを患えずして安からざるを患う」と為すべきであろう。貧とは財の乏しいことをいい、均とは各々その分に応じて得ることのあるをいう。寡とは民の少ないことをいう。和とは上下和睦することをいい、安とは堅固で危うさのないことをいう。季氏が患いとするのは、ただ財の乏しさと民の少なさと国の傾くことである。季氏は分かろうとしないのだ。すなわち民がそれぞれ分に応じて均しく得るところあれば、財の乏しさを患えることなく、上下和睦するときは、民の少なさを患えることなく、人心堅固で安定していれば、国の傾くことを患えることはないことを。ところがいまこの時、遠方の人は服そうとせず、内部は離反し、崩壊の危険にあるというのに、顓臾を伐つような暇が一体どこにあるというのか。あまりにも考えが足らない。文徳とは礼楽や法制度による文治のはたらきをいう。国内が礼楽・法制度をもってよく治まってはじめて遠方の地の人々も慕い来て、その治に服するのである。もし服することがないときは、まず文治をもってよく内を整えるべきであって、直ちに外に兵事を構えてはならない。遠方の人が来たり、服するならば、土地・人民を貪ることなく安堵さすべきである。

今由与求也、相夫子、遠人不服、而不能来也。邦分崩離析、而不能守也。而謀動干戈於邦内。吾恐季孫之憂、不在顓臾、而在蕭牆之内也。

今、由と求とは、夫子を相《たす》くるに、遠人服せざれども、而も来すこと能わず、邦分崩《くにぶんぽう》離析《りせき》すれども、而も守ること能わず。而して干戈《かんか》を邦内に動かさんことを謀る。吾れ恐るるは季孫の憂い、顓臾に在らずして、蕭牆《しょうしょう》の内に在らんことを。

【訳】　今、由（季路）と求（冉有）とは季孫を補佐しながら、かの遠方の服することをしない顓臾の人々を来らすこともできず、内に分裂と離反がつのっても防ぎ守ることもできないでいる。それでいて邦内の顓臾に向かって軍を起こそうとしている。私が危ぶみ恐れているのは、季氏の最も患うべきことは顓臾ではなくして、むしろその屏の中の自分の足下にあることを知らないことだ。

【注解】　遠人とは顓臾をいっている。分崩離析とは国勢が分裂し民心が乖離することをいう。干戈の干は楯《たて》、戈は戟《ほこ》である。蕭牆とは屏。言う意は、内に均しからず、睦じからず、安からずというのは、まさに内の変事の生起を告げるものだということである。

【大意】　人はみな目前の小さな利益に目を奪われて、それがやがて大きな害を来すことになることを知らない。これは天下の人々の通弊である。後世の武を講ずるものは目前の利害から国家が武によって利を受ける道をとることをきっというだろう。彼らは知ることはないのだ。もし国の内部が均しくなく、安からず、和することがなければ、刃を血塗ることなく変事はわが身の腋の下から生じ、救いようのない事態になることを。〇洪氏（洪興祖）はいう。「冉有・季路の二子は季氏に仕え、季氏が為そうとすることのあらましを夫子に伝えていたのであろう。夫子の言によって止めえたことは少なくなかったであろう。顓臾討伐の事実を経伝類に見ることはないのは、夫子の言をもって中止されたゆえであろうか」。

■第二章

孔子曰、天下有道、則礼楽征伐、自天子出。天下無道、則礼楽征伐、自諸侯出。自諸侯出、蓋十世希不失矣。自大夫出、五世希不失矣。陪臣執国命、三世希不失矣。天下有道、則政不在大夫。天下有道、則庶人不議。

孔子の曰わく、天下道有るときは、則ち礼楽征伐、天子自《よ》り出ず。天下道無きときは、則ち礼楽征伐、諸侯自り出ず。諸侯自り出ずれば、蓋し十世にして失わざるは希《まれ》なり。大夫自り出ずれば、五世にして失わざるは希なり。陪臣《ばいしん》国命を執れば、三世にして失わざるは希なり。天下道有るときは、則ち政は大夫に在らず。天下道有るときは、則ち庶人議せず。

【訳】孔子はこういわれた。天下に道あるときは、礼楽法度による内の治も、征戦討伐による外の治も天子によってなされる。天下に道なきときは、礼楽征伐は諸侯によってなされていく。だが諸侯による制覇も十世の後まで失墜しないのは希である。さらに大夫が国政を専らにすれば、五世で失墜しないものはない。その上陪臣が国の権柄を執れば、ほとんど三世で失墜する。天下に道有るときは、政治の権柄が大夫の手にあることは決してない。天下に道有るときは、庶人が天下の事を議することはない。

【注解】 斉の桓公、晋の文公はいずれも諸侯の盟主となったが、斉は悼公《とうこう》にいたり、晋は恵公にいたり、すなわち十世を経て国勢は微弱となった。いずれも政治は大夫の手にあった。陪臣とは大夫の家臣である。五世・三世とは、国の保ちうるのがこの程度に過ぎないことをいう。君が権柄を失うことがなければ、大夫が国政を勝手にすることはない。政治が人心に正しく応《こた》えるものであれば、下が政治の是非をひそかに議することなどはない。

【大意】 この章には夫子が『春秋』を書かれるにいたった理由、事情が記されている。礼楽をもって内を治め、征伐をもって外を治める天下の大業が諸侯の手でなされるのは最初の変事である。さらに大夫の手でなされるのは更なる変事である。それがさらに陪臣の手に移るにいたれば、変事の極みというべきである。諸侯はこれをもって天下を制しうるとし、大夫はこれをもって国政を専断しうるとし、陪臣はこれをもって永久に国の命運を掌中にしうるとしたであろう。だが彼らは知らないのだ。上が慈恵をもって下に対するならば、下は敬をもって上に奉じて、上下の秩序はなり、国は安らかであることを。もしこの道理に逆らうことといよいよ甚だしければ、その失墜はいよいよ速やかであろう。『春秋』は乱臣賊子の強欲を抑止し、古えの治世の盛りに挽《ひきもど》すことを願って作られたゆえ、その事跡をもって後世に道理を示されようとしたその慮りは深く切なるものである。人君より庶人にいたるまでこれを鑑としなければならない。

【論注】 ある人が問うた。古えより諸子は書を著し、言を立てて天下を治める道を論じてきた。これは庶人の身をもって天下の治道を議するものである。これはみな非とすべきことではないのかと。私は答えていった。たしかにそれは非とすべきことである。たとえ有徳の君子といえども、その位に居なければ礼楽法度を制作することはしない。天下の事をどうして庶人において議することなどできようか。だが天下に道有るときは、道を学ぶことは上においてなされている。天下に道無きときは、道の学びは下に在る。学ぶことが上になされれば、庶人はあえて治の是非を議することはない。それはみずから抑えて議することをしないのではない。その必要がないからである。もし学ぶことが上になく下にあるならば、その時は庶人において天下の事を議することがあっても、それを僭越とはしない。それはむしろ天下に道の絶えることを恐れてである。それゆえ孔子は、「我を知るものは、それただ春秋か。我を罪するものは、それただ春秋か〔私の真意を知るとすれば、この『春秋』によってであり、私の罪をいうとすれば、この『春秋』によってであろう〕」（『孟子』滕文公下）といわれたのである。やむをえずして孔子に『春秋』があるのである。

【評釈】　仁斎が【論注】で引く孟子の言葉、「我を知るものは、それただ春秋か。我を罪するものは、それただ春秋か」とは、仁斎自身のものでもあるだろう。仁斎は『孟子』からこれを引きながら、「我を知るものは、それただ論語古義か。我を罪するものは、それただ論語古義か」といっているように思われる。孔子はその位に在らずして、どうして天下に道の有る無しをいいうるのか、あるいは乱世の因を求めて孔子はどうしてそれを責めうるのか。仁斎は、「天下道有るときは、則ち学上に在り。天下道無きときは、則ち学下に在り」というのである。私はこれを、「天下に道有るときは、道を学ぶことは上においてなされている。天下に道無きときは、道の学びは下に在る」と訳した。上において失われた道の学びが下において失われずに持続されている。それこそ孔子に『春秋』があり、『論語』に為政の本来を問い返す多くの論のあるゆえんだろう。そして近世日本における道の学びが京都の庶人に担われてあることの自負が、この『論語』の文章をめぐるこの仁斎の【論注】をも成立させているのである。「天下道無きときは、則ち学下に在り」といった言葉を仁斎以外のだれがいったただろうか。

■第三章

孔子曰、禄之去公室五世矣。政逮於大夫四世矣。故夫三桓之子孫微矣。

孔子の曰わく、禄の公室を去ること五世。政の大夫に逮《およ》ぶこと四世なり。故に夫の三桓の子孫微《び》なり。

【訳】 孔子はいわれた。爵禄与奪の権柄が公室より失われてからすでに五代を経た。政治の実権が大夫の手に移ってからすでに四代を経た。かの政治の専断者三桓の子孫たちがいま衰微するのは当然ではないか。

【注解】 魯の文公がなくなって後、公子遂が子悪（文公の長子）を殺し、宣公を立ててより、君主は政治の権柄を失う。それより成公・襄公・昭公・定公とおよそ五代を経過する。逮は及ぶである。季武子がはじめて政治を専らにして以来、悼子・平子・桓子のおよそ四代を経過する。孔氏（孔安国）はいう。「三桓とは仲孫・叔孫・季孫の三卿をいう。三卿はみな桓公より出るゆえ三桓という。仲孫氏はその氏名を改め孟氏を称した。哀公の世にいたってみな衰えた」。

【大意】 この章は前章とともに門人が記録して、夫子の『春秋』を著される所以を示そうとしたものである。言う意は、その所有に非ずして所有するものは、必ずそれを失う。大なるべからずして大なるものは、必ず衰微する。それは必然の理だということである。

■第四章

孔子曰、益者三友、損者三友。友直、友諒、友多聞、益矣。友便辟、友善柔、友便佞、損矣。

孔子の曰わく、益者《えきしゃ》三友、損者《そんしゃ》三友。直を友とし、諒を友とし、多聞を友とするは、益なり。便辟《べんぺき》を友とし、善柔《ぜんじゅう》を友とし、便佞《べんねい》を友とするは、損なり。

【訳】孔子がいわれた。自分のためになる三種の友人がいる。また自分を駄目にする三種の友人がいる。真っ直ぐにものいう人を友とし、常に実をもってする人を友とし、多く聞き知る人を友とすることは自分の益になることだ。耳に痛いことを避けてものいう人を友とし、顔色を良くして対する人を友とし、気に入ることだけをいう人を友とすることは自分を損なうことである。

【注解】直は真っ直ぐな物言い、隠すことの無いこと。諒とは堅くとって曲がったりしないこと。多聞とは古えを博く知り、今に通じること。言う意は、真っ直ぐな人を友とするときは、隠すことなく過ちを聞くことができる。諒なるものを友とするときは、己れもまた堅く守ることができる。多聞の人を友とするときは、まだ聞くをえなかったことを聞くことができる。馬氏（馬融）はいう。「便辟とは人の嫌うことを避けて、人に取り入ろうとすることであり、善柔とは面柔、顔色をやさしくすることである」。鄭氏（鄭玄）はいう。「便とは弁であり、便佞とは人に取り入るような口のききかたをすることである」。言う意は、便辟の人を友とするならば、言葉たくみに許る心が生じ、善柔を友とするならば、人の直言を聞こうとしなくなり、便佞を友とするならば、是非善悪はかき乱されてしまうということである。

【大意】人の朋友との関わり合いがもつ意味は非常に大きい。益はここから生じ、損はここに発する。益友は人の常情として避けたがる。だがこれを友とすれば益を生む。損友は人の常情として悦んで受け入れる。だがこれを友とすれば損となる。人は朋友関係に深く慎むべきである。

■第五章

孔子曰、益者三楽、損者三楽。楽節礼楽、楽道人之善、楽多賢友、益矣。楽驕楽、楽佚遊、楽宴楽、損矣。

孔子の曰わく、益者三楽、損者三楽。礼楽を節することを楽しみ、人の善を道《い》うことを楽しみ、賢友多からんことを楽しむは、益なり。驕楽《きょうらく》を楽しみ、佚遊《いつゆう》を楽しみ、宴《えん》楽《らく》を楽しむは、損なり。

【訳】孔子はこういわれた。人を益する三つの楽しみがあり、人を損ずる三つの楽しみがある。礼楽によってわが身を正すことを楽しみ、人の善事を見ては、それを称えいうことを楽しみ、多くの賢友をもつことを楽しむことは、わが身を益することである。恣な楽しみと、気ままな遊びと、宴《うたげ》の楽しみとは、わが身を損ずることである。

【注解】 邢氏（邢昺）は、「人心の楽しみ好むことと、人心を益することと損ずることとにそれぞれ三種あることをいうものである」という。何氏（何晏）は、「礼楽を節することを楽しむとは、人の動作するところすべてみな正しく礼に合することをいう。礼楽というものは、しばらくも身をそれから離すことのできないものである」という。驕楽とはほしいままに楽しむこと。宴楽とは寄り合い、酒盛りして楽しむこと。

【大意】 人として好楽なしであることはできない。ただし良き楽しみは日々に益あり、良からざる楽しみは日々に身を損じる。それゆえ礼楽をもって身を節することを楽しむときは、規矩に由り従って徳に進むことを得る。人の善を見出し、称えることを楽しみにするならば、独善の心を除き、人と共に徳を大事にする心が篤くなる。多くの賢友との交わりを楽しむときは、みずからをこれで十分とせずに、徳の成就のための多くの助けを周囲に見出すことができる。それゆえこれらを日々に益ある楽しみというのである。驕楽（恣な楽しみ）を楽しむときは、だれにも恐れ憚ることなく、日々に傲り昂ぶることになる。佚遊（気ままな遊び）を楽しむときは、心を引き締め励むことなく、志を荒廃させることになる。宴楽（酒盛りの楽しみ）を楽しむときは、贅沢な物に心が奪われ、物に溺れて志は失われる。それゆえこれらを日々に身を損じる楽しみというのである。人はその心の好楽する所についてよく慎み、気ままにしてはならない。『大学』で、「（心）好楽する所あるときは、その正しきを得ず」というのは間違いである。

■第六章

孔子曰、侍於君子有三愆。言未及之而言、謂之躁。言及之而不言、謂之隠。未見顔色而言、謂之瞽。

孔子の曰わく、君子に侍《はべ》るに三つの愆《あやま》ち有り。言未だこれに及ばずして言う、これを躁《そう》と謂う。言これに及んで言わざる、これを隠《いん》と謂う。未だ顔色を見ずして言う、これを瞽《こ》と謂う。

【訳】孔子がいわれた。君子の側近く仕えるものの犯す三つの過ちがある。まだ言うに及ばない中に口出しをするのを躁《さわ》がしい人の過ちという。十分言葉にすべきであるのに言おうとしないのを隠したがる人の過ちという。相手の顔色の変化も見ずに言い続けるのを見る目のない人の過ちという。

【注解】愆は過ちである。躁とは騒がしいこと。隠はありのままの事実を匿すこと。相手の顔色の変化を見ずに語るのは見る目の無い人が語ると同様である。

【大意】本章は、地位年齢の下のものが上のもの（尊長者）の側近くに仕える際の節度ある言語についてのべられたものである。人には必ず礼がある。この礼を得てもの言い、行うものを君子といい、その言行に礼を失するものを野人という。尊長者へのもの言いにおいて人はことに慎重であるべきである。

■第七章

孔子曰、君子有三戒。少之時、血気未定。戒之在色。及其壮也、血気方剛。戒之在闘。及其老也、血気既衰。戒之在得。

孔子の曰わく、君子に三つの戒《かい》有り。少《わか》きの時は、血気未だ定まらず。これを戒むること色に在り。その壮なるに及びてや、血気方《まさ》に剛《つよ》し。これを戒むること闘うに在り。その老たるに及びてや、血気既に衰う。これを戒むること得るに在り。

【訳】孔子はいわれた。君子には三つの戒めがある。青少年時には血気しきりに動いて定まらない。その時代の戒めは色に動くことにある。壮年時には血気盛んで最も強い。その時代の戒めは闘争にしきりに向かうことにある。老年時には血気はすでに衰えている。その時代の戒めは血気に代わる欲気が強く、物を貪り得ようとするところにある。

【注解】得るとは貪り得ることをいう。

【大意】この三つの戒めは道を学ぶものの終身守るべき大きな戒めである。人生の血気とは少壮老の時にしたがって変化する。その変化にしたがって警戒せねばならない。「血気は身に在り、これを戒しむるは心に在り」とは、人は決して血気任せにしてはならないことをいうのである。

■第八章

孔子曰、君子有三畏。畏天命。畏大人。畏聖人之言。小人不知天命而不畏也。狎大人、侮聖人之言。

孔子の曰わく、君子に三つの畏《おそ》れ有り。天命を畏る。大人《たいじん》を畏る。聖人の言を畏る。

一　小人は天命を知らずして畏れず。大人に狎《な》れ、聖人の言を侮《あなど》る。

【訳】　孔子はこういわれた。君子とは三つのものに畏れの心をもち、身を慎むものである。天命に畏れ、大人《たいじん》に畏れ、聖人の言に畏れる。だが小人は天命の何かを知らない。それゆえそれを畏れない。また大人に狎れ近づき、その重さを知らない。また法典の聖人の言辞を軽く見て厳粛に戴《いただ》くことをしない。

【注解】　畏は怖れること。天命とは天が人に吉凶禍福を命として賦与することをいう。大人とは徳高く人望盛んで一時代の師表たりうる人物をいう。聖言とは法典の載せる古聖賢の訓《おし》えの辞のすべてをいう。侮るとは玩《もてあそ》ぶこと。小人は無知にして暴慢、それゆえこれら三者を畏れ慎むべきことを知らない。

【大意】　天には必然の理があり、人には自取の道がある。天は善を作《な》すものに百の祥《さいわ》いを降し、不善を作すものに百の殃《わざわ》いを降す。これが天命である。大人とはその位が重く、その徳も高く、人の崇敬する人物をいう。聖人の言とは人が神明を欺きえないように、厳粛に畏敬の心をもって戴くべき訓えである。君子はこれらを重く見て畏れ、その身を慎む。小人はこれらを軽く見て侮り、その身を滅ぼす。思うに人は天命とは何かを知って後、はじめて天命を畏れるのであり、天命の畏るべきことを知って後、よくその身を保つことができるのである。それゆえ「命を知らざれば、以て君子たること無し」（堯曰四）といわれるのである。ただ私智を絶ち、私見を退け、一味忠信、至正至直の君子にして、はじめて天命を知るのである。みずからを聡明とし、学を自任したりするものの及ぶところではない。命を知るとは、徳に進み、道の学びを努めたその極功というべき賜物である。それゆえ君子三畏の初めに「天命を畏る」べきことがいわれているのである。

【評釈】 君子は「天命を畏れる」といい、また君子とは「命を知る」ものだという孔子の言葉は、『論語』が私たちに伝えるもっとも大事な思想的メッセージである。孔子が究極的な超越者「天」をもっていることを私たちは『論語』のいくつもの場面で見てきた。孔子はもっとも大事な弟子顔回の死に直面して、「噫《ああ》、天予《わ》れを喪《ほろ》ぼせり」（先進八）といい、またある時には「罪を天に獲《う》るときは、禱《いの》る所無し」（八佾十三）ともいった。これらの言葉は孔子が「天」という超越者をもつ思想家であることを教えている。孔子は人がこの超越的な「天」をもつことの厳粛さの自覚を「天命を畏る」といったのである。では「天命」とは何か。朱子はこの「命」を「天の命令」と解した。「命令」とは朱子において、天の人に道徳的本性を賦与することの必然性が意味された。天の発する命令のごとく人には仁義礼智が必ず与えられるということである。仁斎において「天命」とは天が絶対的な道徳命法を人に与えることである。彼は「天命」が問われる際に必ず「天に必然の理あり、人に自取の道あり」という言葉をもって答えている。天には必然の道理がある。仁斎はこの道理を「善を作《な》せば、（天は）これに百祥を降し、不善を作せば、これに百殃を降す」ことの必然性をもっていう。たしかにこれは『易経』「文言」の「積善の家には必ず余慶あり。積不善の家には必ず余殃あり」の言い換えにすぎない。だがこの『易経』の言葉は、「天」という超越者をもつ孔子思想の古義学的解読を通じて「天の必然の理」すなわち天の絶対的な道徳命法として読み直されるのである。「善を作せば、（天は）これに百祥を降し、不善を作せば、これに百殃を降す」ことの必然性とは、地上の実践者に天より与えられる絶対的命法である。この天の命法は地上の行為者にその道徳的実践を天命に適う行為として必然化する理念としての意味をもつものである。それを仁斎は「天に必然の理あり、人に自取の道あり」というのである。これは「人事を尽くして、天命を待つ」という人生態度をいうことでもある。「天命を知る」とは私たち地上的存在の存立する意味をその存立の根源的な賦与者である「天」と向き合うことにおいて知ることである。この「天」に向き合うことでなされる自覚を君子たるべき最重要な要件として説いたのが孔子である。「天命を知る」という根底的な自覚をどのようにもつかは『論語』を読むものそれぞれが答えていかなければならない大事な課題である。

■第九章

孔子曰、生而知之者、上也。学而知之者、次也。困而学之、又其次也。困而不学、民斯為下矣。

孔子の曰わく、生まれながらにしてこれを知る者は、上なり。学んでこれを知る者は、次なり。困《くる》しんでこれを学ぶは、またその次なり。困しんで学びざるは、民斯れを下とす。

【訳】孔子がこういわれた。生まれながらにして道を知るものは、最上の人である。学んで知るものは、それに次ぐ人である。事に行き詰まり苦しみ思い悩んで学を求めるものは、さらにそれに次ぐ人である。事に行き詰まり苦しみながらも学ぶことをしないものは、最も下の人である。

【注解】困しむとは、「心に困しみて慮《おもんぱか》りに衡《よこたわ》る〔心に苦しんで思案に余る〕」（『孟子』告子下）の困しみであり、事に行き詰まって、心に苦しみ悩むことをいう。

【大意】　これは夫子が学問の功を称え、いっそう勉めさせるためにいわれたものである。学び求める道とはただ一つである。その道を学ぶことなく、生まれながらに知るものとは、学を待つまでもなく知る人であり、最上の人というべきである。学んで道を知るものは、その学の達成の段階では、最上者と同じ域に達している。それゆえこれに次ぐものとする。事に行き詰まり、心に苦しみ悩んでやっと学に進むものはまことに下位のものというべきである。だが奮励努力するときは、前に進み、上位のものと同じ域に達することもできる。それゆえこれをその次のものとするのである。だが事に行き詰まり、心に悩みながらも学ぶことをしないものは、義理の心、すなわち事の正しさを判断する心のないものであり、まことに最下位の人とせざるをえない。「羞悪の心なきは、人に非ざるなり〔悪をはじにくむ心のないものは、人間ではない〕」（『孟子』公孫丑上）という通りである。

【評釈】　本文は「困しんで学びざるは、民斯れを下とす」とある。仁斎は「苦しんでも学ぼうとしないもの」を「民」とし、それを最下位の人と解することをしていない。彼はどのような事態に直面しても学ぼうとしないものを人であって人でないものとし、最下位の人としているのである。「民」を直ちに「学ぶことのない人民」とすることを仁斎は決してしない。これは「民の学ばざるは、その常なり」とする徂徠の人民観に決定的に対立する。徂徠は「下」とは「下愚を謂うなり。民の下たるゆえんを言うなり」（『論語徴』）としている。金谷治は、「ゆきづまっても学ぼうとしないのは、人民でも最も下等だ」と訳しながら、注で「徂徠の説によると、「そういうのが一般人民で最も下等だ。」」とされると記している（金谷論語）。

■第十章

孔子曰、君子有九思。視思明、聴思聡、色思温、貌思恭、言思忠。事思敬、疑思問、忿思難、見得思義。

孔子の曰わく、君子に九つの思い有り。視るに明を思い、聴くに聡《そう》を思い、色に温を思い、貌《かたち》に恭を思い、言《ことば》に忠を思う。事に敬を思い、疑わしきに問わんことを思い、忿《いか》りに難を思い、得るを見ては義を思う。

【訳】孔子がこういわれた。君子であるものには九つの思慮がある。物を見るに陰り無く明らかに見ることを思い、物を聞くに聞き落とすことなくはっきりと知ることを思い、その顔色を穏やかにして人に接することを思い、その身を恭しくして人に対することを思い、心を尽くして人に語りえたかを思うことである。さらに事に臨んで慎んで勤めることを思い、疑いをもったら、それを残さず問うことを思い、怒りを覚えたら、怒りの結果の難儀を思って心を鎮め、報酬を得る際には、その正と不正とを思うことである。

【注解】明とはものを見て蔽われるところなく明らかであること。聡とは聞き落とすことなくはっきりと知ること。温とは温然として円《まろ》やかで玉のようであること。恭とは驕慢怠惰の風を身体に作らないこと。忠とはその言葉を十分に言い尽くしたものであること。以上の五つはその身体五官にかかわる思慮である。敬とは事を承り怠ることなく勤めること。敬《うやうや》しく事を勤めれば仕損じることはない。問うことを考えれば、問わずに疑いを蓄えることはない。それから生じる難儀を思えば怒りを思いとどめることができる。得るに当たって義理を思えば、無造作に得ることはしない。この四つは事に当たって思うべきことをいわれたものである。

【大意】 君子はこの九つの思慮以外にさらに思うべきことはないことを明らかにされている。人は思慮すれば得、思慮せざれば失う。君子が君子でありうるゆえんは、よく思慮することにある。君子にして身を滅ぼし、家を失うものはすべて、思慮することを知らないということにある。九思とは、九つのよく思慮するあり方を示したものである。

【論注】 医薬の処方に主と副の別があり、一種類か数種類か、緩やかな効き目か、急な効き目かの違いがある。医師は衆薬を配合して疾病を癒やし、人を救うのである。それゆえ単方、すなわち単一の薬だけを処方することは、急な病態への対処としてはありえても、それを一般の処方とすることはできない。聖人が教えを設ける場合もその通りである。あるいは仁をもって心を存し、あるいは礼をもって心を存することを教えるように、多くの教えを兼ね合わせた功として、徳ははじめてその人に成就するのである。だが先行する儒家のいう「主敬（敬を主とする）」の説のごときは、いわば医薬における単方である。「敬を思う」とは「九思」の一つであるにすぎないのに、「九思はみな敬を主とすべし」（胡雲峰）といったりするのはどうしたことだろうか。

■第十一章

孔子曰、見善如不及、見不善如探湯。吾見其人矣。吾聞其語矣。隠居以求其志、行義以達其道。吾聞其語矣。未見其人也。

孔子の曰わく、善を見て及ばざるが如くし、不善を見て湯を探るが如くす。吾れその人を見る。吾れその語を聞く。隠居して以てその志を求め、義を行いて以てその道を達す。吾れその語を聞く。未だその人を見ず。

【訳】　孔子がこういわれた。人の善行を見ては、それに及ばない自分を恥じ、人の不善を見ては、熱湯に手を差し入れるのを控えるように身を慎むものを、私は今の世に目にすることはできるし、古くその人を語る言葉も聞いている。だが世を離れ隠居してなお志を失わず、時至り、良き君主の臣として政治の上に道を実現していったような人物を、古えの話として聞くことはあっても、まだ見たことはない。

【注解】　心底から善を好み悪を憎むものが世にたしかに存在することを夫子はまずいわれている。その語に聞くとは、古くからいわれていることを聞くという意。隠居して志を求めるものとは、「有莘《ゆうしん》の野にあって耕し、堯舜の道を楽しむ」（『孟子』万章上）伊尹の如きものをいう。義とは湯王と伊尹との君臣の義をいう。義を行いて道を達するとは、伊尹が翻然として隠居の志をひるがえして湯王の招きに応じ、堯舜の道を行ったことをいう。孔子門の顔淵・曾参・閔子騫・冉有などは、まさしく夫子のいう「その人」に当たる。だが夫子が「未だその人を見ず」といわれているのは、自己門内の人材に言及することをせず、広く世間を見渡して人材の有無をいわれているのである。

【大意】　誠心に発して、善を善とし悪を悪として行うものは上の人というべきであるのに、どうして隠居して志を求め、義を行って道を達するものに及ばないといわれるのだろうか。そもそも聖人の学は経世すなわち世を安らかにし、民を救うことを本としている。独りその身を善くすることを至極とするものではない。それゆえ夫子は、「吾れ斯の人の徒と与《とも》にするに非ずして誰れと与にかせん〔この人間という仲間とともにいずして、いったい誰れとともにいようとするのか〕」(微子六)といわれたのである。思うに誠心に発して善を善とし、悪を悪とすることは行いの至極とされても、それはなお隠居して志を求め、義を行って道を達するものに及ばないとされるのは、後者がただ己れ独りにおける達成だけではなく、他の人びとの達成をも導くことにおいてである。あえてこの二者における優劣がいわれるのはこのところにある。この孔子の教えを人に説きながら、なおみずから潔《いさぎよ》くすることをもって高尚とするものは、事の軽重を知らないものというべきだろう。

【論注】　旧注(朱子『論語集注』)に、「善を見て及ばざるが如くし、不善を見ては湯を探るが如くする〔善を見たらそれを追い求め、不善を見たら熱湯を探るように注意する〕」ことは、顔回・曾参・閔子騫・冉有の徒の能くするところである。隠居してその志を求め、義を行ってその道を達するものとは、ただ伊尹・太公望のみがこれに当たるというべきである。ただ顔子はこれに近い」といわれているが、これは間違いである。孟子ははっきりといっている。「禹と稷《しょく》(周の始祖)と顔回とは道を同じくしている」といい、また「この三人は互いの立場を置き換えれば、同じことをしただろう」(『孟子』離婁下)といっている。旧注が「顔子はこれに近い」としているのは、伊尹・太公望を上にして、顔子を下にする言い方である。聖人孔子は「堯舜にはるかに賢る」(『孟子』公孫丑上)存在であり、顔子とはその孔子に亜《つ》ぐ存在であるからには、その徳業がどうして伊尹・太公望に恥じるものがあろうか。伊尹・太公望という類いの人物は善き主君を得て道を行い、天下に功業を及ぼすことができ、それをもって賢聖たりえたのである。だが孔子門の弟子たちは不幸にして時に恵まれず、天下に事を成す機会も与えられなかった。それゆえ人はみな伊尹・太公望の賢聖が称えられることに疑いをもたずに、顔子・曾子を疑うのは、これを下位に置こうとすることではないのか。曾西は父の曾参とともに子路に畏敬の念をもち、管仲を畏敬することはなかった（『孟子』公孫丑上）。ところが先代の儒家たちが管仲の果たした事業をもって、子路を管仲に及ばずとするのは伊尹・太公望を上位に置くことと同じ類いである。

■第十二章

斉景公有馬千駟。死之日、民無徳而称焉。伯夷叔斉餓于首陽之下。民到于今称之。其斯之謂与。

斉の景公、馬千駟《せんし》有り。死するの日、民《たみ》徳として称すること無し。伯夷・叔斉首陽《しゅよう》の下に餓ゆ。民今に到るまでこれを称す。それ斯れの謂いか。

【訳】斉の景公は馬車千台をもった大国の君主であったが、その死にあって民は公の徳を称えることはなかった。伯夷・叔斉は首陽山の下で餓えて死んだが、今に至るまで人は二人を称え続けている。（「誠に富を以てせず。亦祇《まさ》に異なるを以てす（誠に富の多きをもって称えることはしない。ただその人と異なる徳の高さをもって称えるのだ）」とは）このことをいうのであろう。

【注解】程子と胡氏（胡寅）は第十二篇（顔淵）第十章の「誠に富を以てせず。亦祇に異なるを以てす」は最後の句「それ斯れの謂いか」の上にあるべきもので錯簡だとした。この句の意味するところは、人はその富をもって称えるのではなく、人と異なる卓越する徳をもって称えるのだということである。朱氏（朱熹）は、「この章の冒頭に「孔子曰」の字があるべきはずであるのに欠いている。『論語』後篇の十篇には多くの闕文や誤記がある」といっている。

【大意】　本章がいうことは、万乗の君といえども、かつて徳なきときは匹夫にも及ばないとされてきたということである。斉の景公は千乗の大国の君であった。しかしながらその死とともに滅び尽き、草木とともに朽ちてしまった。伯夷・叔斉は首陽山の下で餓え死にしたその人であった。だがその名は万世を通じて日月とその光を同じくしている。その栄光と恥辱、隆盛と衰亡とを同日に語ることはできない。人君の尊きをもって、なお匹夫に劣るとされるとは、哀れむべきことではないか。

【評釈】　大意でいう仁斎の言葉は本邦では希にしか見ることのできないものである。仁斎の道徳的普遍主義というべき思想の強さを教えてくれる。

■第十三章

陳亢問於伯魚曰、子亦有異聞乎。対曰、未也。嘗独立。鯉趨而過庭。曰、学詩乎。対曰、未也。不学詩、無以言。鯉退而学詩。他日又独立。鯉趨而過庭。曰、学礼乎。対曰、未也。不学礼、無以立。鯉退而学礼。聞斯二者。陳亢退而喜曰、問一得三。聞詩、聞礼、又聞君子之遠其子也。

一　陳亢《ちんこう》、伯魚《はくぎょ》に問うて曰わく、子も亦異聞《いぶん》有りや。対えて曰わく、未だし。嘗て独り立つ。鯉趨《りはし》りて庭を過ぐ。曰わく、詩を学びたりや。対えて曰わく、未だし。詩を学ばざれば、以て言うこと無しと。鯉退きて詩を学ぶ。他日また独り立つ。鯉趨りて庭を過ぐ。曰わく、礼を学びたりや。対えて曰わく、未だし。礼を学ばざれば、以て立つこと無しと。鯉退きて礼を学ぶ。斯の二つの者を聞く。陳亢、退きて喜んで曰わく、一を問うて三を得たり。詩を聞き、礼を聞き、また君子のその子を遠ざくるを聞く。

【訳】陳亢が孔子の子の伯魚に、あなたは夫子の口からわれわれのまだ耳にしたことのないようなことを聞かれたことはないかとたずねた。伯魚はそのようなことを聞いたことはないと答えていった。ただ父が庭に一人立っておられたとき、走りすぎた私に声をかけ、もう詩を学んだかといわれました。まだですと答えると父は、詩を学ばなければ、その時々に人にいうべき言葉をもつことはできないといわれました。私はその言葉を聞いて引き退がり、詩を学びました。また別の日にやはり父が庭に一人立っておられたとき、走りすぎた私に声をかけ、もう礼を学んだかと尋ねられました。まだですと答えると父は、礼を学ばなければ、世の人びとの中に立つことはできないといわれました。私はその言葉を聞いて退出し、礼を学びました。私が父から聞いたのはこの二つのことです。陳亢は伯魚のもとから戻って喜んでいった。一つを尋ねて、三つを聞くことができた。詩の大事を聞き、礼の大事を聞き、そして君子とは子を狎《な》れ近づけないものだということを聞いた。

【注解】陳亢（陳子禽）は伯魚（孔子の子）が平日夫子の膝下にあって人の聞くことのできない夫子の言葉を聞いているかを尋ねたのである。詩が教えをなすのは、天道・人事が遍くそこに備わり、善悪・得失の迹がそこに明らかだからである。それゆえこれを学べば人に告げうる言葉を成すことができる。礼とは人の世の堤防であり、万事の儀則である。それゆえ礼を学べば世に立つことができる。伯魚は詩と礼との二者を聞いたのであって、特別な何かを聞いたわけではないことを明らかにしたのである。遠ざけるとは狎狎《なれなれ》しく近づけないことをいう。父子の間では善行を責め求めることはできない。それゆえ古くは互いの子を換えて教えたのである。これを遠ざけるという。

【大意】孔子門において詩と礼による教えに優先するものはない。そこにあるのはみな平易な言葉であり、平易な行いである。それらを謹んで口にし、謹んで身に行うことである。甚だしく人に異なることを説くものは孔子門にはいない。思うに人情は詩によって知られ、仁道は礼によって成る。詩も礼もみな万世を通じて変わることなく行われる道をいうものである。それゆえ聖人孔子の道とは万世通行の道に外ならず、詩と礼とは万世通行の法典である。人に遠いことをもって教えとするものは聖人孔子の道ではない。

■第十四章

邦君之妻、君称之曰夫人。夫人自称曰小童。邦人称之曰君夫人。称諸異邦、曰寡小君。異邦人称之、亦曰君夫人。

邦君《ほうくん》の妻、君これを称して夫人と曰う。夫人自《みずか》ら称して小童《しょうどう》と曰う。邦人これを称して君夫人《くんぷじん》と曰う。これを異邦に称して、寡小君《かしょうくん》と曰う。異邦の人これを称して、亦君一夫人と曰う。

【訳】一国の君主の妻を、君主はこれを夫人と呼び、夫人自身はみずからを小童という。その国の人は君夫人と称し、異邦に対しては寡小君という。異邦の人はこれを同邦の人と同様に君夫人という。

【注解】寡は寡徳をいう。謙遜の辞。孔氏（孔安国）は「小君とは君夫人をいう」といっている。

【大意】孔氏（孔安国）はいっている。「この時代、正妻と妾《しょう》とのあり方が正しくなく、その呼び方もはっきりしなかった。それゆえ孔子はその礼を正そうとしたのである」と。○呉氏（呉棫《ごよく》）はいう、「論語中にこの類いの章がある意味は明らかではない。古くからいわれていたものであるのか、夫子がかつていわれたものであるのか、考証することはできない」。

陽貨《ようか》第十七

■第一章

陽貨欲見孔子。孔子不見。帰孔子豚。孔子時其亡也、而往拝之。遇諸塗。謂孔子曰、来、予与爾言。曰、懐其宝而迷其邦、可謂仁乎。曰、不可。好従事而亟失時、可謂知乎。曰、不可。日月逝矣。歳不我与。孔子曰、諾。吾将仕矣。

陽貨孔子を見んと欲す。孔子見《まみ》えず。孔子に豚を帰《おく》る。孔子その亡《な》きを時として、往きてこれを拝す。これに塗《みち》に遇《あ》う。孔子に謂《い》いて曰わく、来たれ、予れ爾《なんじ》と言わん。曰わく、その宝を懐《いだ》きてその邦を迷わす。仁と謂うべしや。曰《のたま》わく、不可なり。好んで事に従いて亟《しばしば》時を失う。知と謂うべしや。曰わく、不可なり。日月逝く。歳《とし》我と与《とも》ならず。孔子の曰《のたま》わく、諾。吾れ将に仕えんとす。

【訳】陽貨が孔子に会おうとした。孔子は会おうとしなかった。陽貨はそこで孔子に豚を贈った。孔子はその謝礼のためにその不在を見計らって陽貨を訪ねた。ところが孔子はその路上で陽貨と出会ってしまった。陽貨は孔子にいった。同道されたい。私はあなたに言いたいことがある。教えという大事な宝を懐中にしながら、邦の人びとを迷路に立たせたままにすることは仁といえるのか。孔子は、それは仁とはいえないと答えた。陽貨はさらに、政事に当たることを好みながら、その機会をしばしば逸しているのは知といえるのか。孔子は、それもいえないと答えた。陽貨は、日月は休むことなく往き、歳月はためらう自分を待つことはしないといった。孔子は答えていわれた。わかりました。仕えることにしましょう。

【注解】陽貨は季氏の家臣で、名は虎である。陽貨はその主の季桓子を囚《とら》え、国政を専らにしていた。孔子は魯の人びとから尊敬されていた。そこで陽貨は孔子を招き寄せ、孔子に面会することで自身に重きを加えようとした。だが孔子は陽貨の招きに応えなかった。陽貨は一計を案じ、孔子に豚を贈った。士が大夫からの贈り物をみずから受け取ることをしなかった場合、大夫の門に出向いて謝礼をいうのが礼であった。そこで陽貨は孔子の留守をうかがって豚を贈り、孔子を謝礼に来るようにしたのである。孔子は陽貨に会いたくはなかった。それゆえ陽貨の留守を見計らって行ったのである。塗とは道である。宝を懐いて邦を迷わすとは、人を導く徳をみずから有しながら、国の迷い乱れを救うことをしないことをいう。徳が天下の人びとに及ぶことを仁という。亟はしばしばである。時を失うとは、政事を行う機会を取り逃がすことをいう。朱氏（朱熹）は「将に仕えんとすとは、仕える積もりはありながら、必ず仕えるというのではない言い方である」といっている。

【大意】この章は「仲尼は已甚《はなは》だしきことを為さざる〔孔子は極端なことはなされない〕」（『孟子』離婁下）ことを記し、学者に時機に応じた権道のあることを示したものである。道とは天下に通用するものであり、高尚で行い難いものはすべて道ではない。およそ志を高くもつものはしばしば事に当たって急迫し、意気盛んなものは必ず事に当たって激したりする。ただ聖人孔子の道は広く、その徳は高く、天下にあって可・不可が問われることなく、自ずから時にしたがって道はあり、道がないところはない。

【論注】朱子は『論語集注』で、「孔子が陽貨に会おうとしなかったのは義に適ったことである。謝礼に往くことは礼に適ったことである。陽貨の不在を見計らって往くことは相応の謝礼を考えてである。路上で陽貨に出会い、避けることをしなかったのはその関係を絶つほどまでに厳しくしなかったからである。陽貨の問いに応じたのは、その道理に対し素直であったからである。あえて孔子が抗弁しなかったのは、謙譲をもって対したので、屈服したのではない」といっている。これはもっともらしい言葉である。その通りこれはもっともらしく、真実から遠い。聖人孔子の徳の偉大さを、その一言一言について論じ、その一句一句について議したりすることは、一微少の明によって天を観ようとしたり、一握りの土によって大地を推し量ったりすることと同じである。いよいよ細を穿ち、いよいよ枝葉に入って、いよいよ真実から遠くなる。

■第二章

子曰、性相近也。習相遠也。子曰唯上知与下愚不移。

子の曰《のたま》わく、性相近し。習い相遠し。子の曰わく唯上知《じょうち》と下愚《かぐ》とは移らず。

【訳】孔子がこういわれた。人びとのもって生まれた性質はお互いに近いものだ。やがて習い親しむものによって相互の隔たりが生まれてくる。ただ生まれつき卓越する知をもつ聖人と学習する意志のまったくない下愚とは性質を移すことはない。

【注解】ある人は、下の「子曰」は誤って入った衍文であるという。いまそれに従う。

【大意】これは聖人孔子の教えは、その責めを人の先天的な性のいかんに求めずして、その後天的な習いのいかんに求めるものであることを明らかにするものである。人の性質・気質はその生まれはじめにおいて相互に遠く隔たるものではない。ただ善に習い親しむときは善に、悪に習い親しめば悪になる。ここではじめて相互に隔たり、違いが生まれるのである。学習者はこの習うところに注意深くならなければならない。教えがあり、それを習い学ぶときは、人はみな善に化し、善に入ることができる。ただ上知（生まれながらに知る人）と下愚（善に移る意志、学習の意志のまったくない人）とは移らない。

【論注】孔子は「性相近し」といい、孟子はもっぱら「性善」をいう。そのいう言葉は異なっている。これをどう考えるべきなのか。孟子は孔子を学ぶものである。どうしてその言葉の意味することにおいて異なることがあろうか。孟子がいう性善とは、孔子がいう性相近しということとの主旨を明らかにしたものである。たしかに堯舜の聖王より路上の一般人に至るまで、その間の距たりは幾千万里の遠さがある。それをなお近しというのは、人の生質（生まれもった性質）には剛柔昏明の違いはあっても、生まれもった四端の心に至っては、人であるかぎり違うということはない。これを水に譬えれば、水に甘苦清濁の違いがあっても、下方に流れるということにおいては同一である。それゆえそれをもって夫子は「性相近し」とし、孟子はもっぱら「性は善なり」としたのである。それゆえ孟子は「人の性の善なるは、なお水の下《ひく》きに就くがごとし」(『孟子』告子上)といい、また「(性は善をなし、不善をなすといぅが)その情のごときは、もって善をなすべし。これいわゆる〔性〕善なり〔人の性は善をなし、あるいは不善をなすものだといぅが、人の性の実情は善を為そぅとするのであり、その意味で性は善というのである〕」(同前)といっているのである。これらはみな性を生質(生まれつきの性質)としていっているのである。この性を生質ではなく理とするのは間違いである。性を理とし、すべて同一の本性としてしまっては、どうして性相互の近い遠いをいうことができようか。

【評釈】 後世儒学ことに朱子学の哲学的な展開においてもっとも重要な意味をもつのは「性」の概念である。朱子は「性即理」として性を人間の普遍的な本性概念として構成していく。朱子学ではこれを「本然の性」といい、これをそれぞれの人が生まれもったそれぞれの「気質の性」から区別する。だが『論語』には「性」のこのような区別はない。孔子の「性」に言及するものは、「性相近し、習い相遠し」という本章の言葉だけである。孔子はここで学習によって移りゆく人の性質をいっているので、それ以外に人間の本性という意味での「性」をいったりすることは決してない。そこから仁斎は「性」を「生質」すなわち人の生まれもった性質ととらえ、「性」を人の「本性」とすることを後世儒家の思弁的な概念構成として斥ける。とすると『孟子』を『論語』の義疏として重視する仁斎は、孟子の「性善」を「人の本性の善」として理解する後世儒家の立場を斥けて、「性善」の「性」をも「性相近し」の「性」としてとらえねばならないことになる。そこから本章【論注】の議論が生じるのである。

仁斎は孔子の「性相近し」を孟子の「性善」の意で読もうとする。だがその「性善」は人間の本性において善だというのではない。仁斎が人の生まれもった心を孟子の「四端の心（人の生まれもった惻隠・羞悪・辞譲・是非の心）」でいうように、人は対他的な同情心のような共同的な善に向かう心をもって生まれついているのである。これを人が生まれつきもっていることを仁斎は「生質」といい、それを人の「性」とするのである。万人という人の中には、他者に対する同情心などもたないような例外者、習うことで善に化すことを拒否するような例外者がいるかもしれない。孟子はそれを「人に非ず」というのである。そのような千万人に一人というような例外者（下愚）は措いて論じる必要はないのである。善に習えば善に移る、それが人間の性質である。それにしたがって聖人は教えを立て、人を善に導くのである。聖人の教えとは学んで善に移る人びとへの教えであり、あの例外者を問うところではないのである。仁斎はこのように本章を解したのであろう。

だが「下愚」を「民」とする徂徠はこういうのである。「下愚は民を謂うなり。下愚の人は移ること能わざれば、則ち以て民と為して、これを士に升《のぼ》さざるなり。孔子曰く、「民はこれに由らしむべし、これを知らしむべからず」と。学習の移すこと能わざる所なるを以てなり」（『論語徴』）。

吉川幸次郎は「上知と下愚は移らず」によって、「つまり人間の中には、先天的に性質を固定したものとして、絶対の善人と、絶対の悪人が存在するという、決定論的なひびきをもつ」（吉川論語）といっている。これは仁斎とは対極的な読み方である。仁斎は徹底して「性相近し」に重点を置いて読んでいるのである。これは仁斎とは対極的な読み方である。人間の生に共通する性質を見ようとするものは、千万人に一人というような例外者をあえて言挙げする必要はないのである。これは吉川の『論語』読解における思想性の欠如を示す重大な事例である。

■第三章

子之武城、聞弦歌之声。夫子莞爾而笑曰、割鶏焉用牛刀。子游対曰、昔者偃也聞諸夫子。曰、君子学道則愛人、小人学道則易使也。子曰、二三子、偃之言是也。前言戯之耳。

子、武城に之《ゆ》きて、弦歌《げんか》の声を聞く。夫子莞爾《かんじ》として笑いて曰わく、鶏を割《さ》くに焉《いずく》んぞ牛の刀を用いん。子游対えて曰わく、昔者偃《むかしえん》やこれを夫子に聞けり。曰わく、君子道を学ぶときは則ち人を愛し、小人道を学ぶときは則ち使い易し。子の曰わく、二三子、偃の言是《ぜ》なり。前の言はこれに戯《たわむ》るのみ。

【訳】 孔子が武城に行かれたとき、礼楽を習う琴の音と歌声とを聞かれた。夫子は微笑しながら、鶏を割くために牛を割くための大刀を使っているようだといわれた。武城の宰を務める子游はそれを聞いて孔子に答えていった。私はかつて先生からこううかがいました。君子が道を学ぶならば、いっそう民を愛するようになるだろう。小人が道を学ぶならば、いっそう役立つものになるだろうと。孔子は弟子たちにいわれた。子游のいうことは正しい。先刻の言は戯れにいったまでだ。

【注解】 〔第一段〕 当時子游は武城の宰《つかさ》であった。礼楽をもってこの邑を治めようとした。莞爾は微笑する貌。鶏を割くのに牛刀を用いるとは、大国で用うべき礼楽の道を小邑で試みることをいうのである。〔第二段〕 小人も君子と同様に学ばないでいいわけはない。そのことは武城が小邑といえどもまた必ず礼楽をもって教えるべきことを意味している。〔第三段〕 夫子は子游の言葉を褒め、前言が戯れであったことを明かすのである。

【大意】　朱氏（朱熹）はいっている。「政治にその治める国の大小の違いはあるが、礼楽を以て治めるときは、それが実現していく道は同じである。多くの人はその治に礼楽を用いることをなしえずに、ただ子游ひとりこれを行った、それゆえにわかにこれを聞いて夫子は深く喜んだのである」。○君子である者の徳は人を愛することにある。小人であるものの徳は人に用いられ易さにある。君子の道の学びはその仁心を養い育てることにある。小人の道の学びはその暴慢の心を消去し、人の用に立つものになることにある。君子小人がみな学ばねばならないのはこのゆえである。後世にいたって統治者は礼楽を捨て、刑罰をもって己れの任とするようになった。治を欲しても、どうして治を実現することができようか。

【評釈】　簡野道明はこの章の「君子・小人」について、「位を以て之を言う。君子は人を治むる者なり。故に人を愛すという。小人は人に治めらるる者（即ち被治者なり）なり。故に使い易しという」（簡野論語）といっている。『論語』における「君子・小人」は基本的に位をもっていわれる人の差異である。為政者階層をなす士大夫が君子であり、被治者階層の民は小人である。この「位ある君子」を同時に「徳ある君子」たらしめようとしたのが孔子である。為政者である君子は同時に有徳の人格者でなければならないとしたのである。ここから「君子・小人」は徳の有無をもっていわれる人の差異となる。『論語』における多くの「君子・小人」の対比がなされる章は徳の有無をめぐる人の差異をいうものである。ここでは「君子・小人」という位をもっていう人の差異に「学び」という人における普遍的な人間的活動の契機が読み入れられるのである。ここでは「学び」という契機の読み入れが、位をもっていう人の差異を徳をもっていう人の差異への読み換えをもたらしてはいない。だが私たちは仁斎とともに孔子の「君子・小人」の読み換えに注意深くありたい。

■第四章

公山弗擾以費畔。召。子欲往。子路不説曰、末之也已。何必公山氏之之也。子曰、夫召我者而豈徒哉。如有用我者、吾其為東周乎。

公山弗擾《こうざんふつじょう》、費《ひ》を以て畔《そむ》く。召《よ》ぶ。子往《ゆ》かんと欲す。子路説《よろこ》ばずして曰わく、之《ゆ》くこと末《な》くんば已まん。何ぞ必ずしも公山氏にこれ之かんや。子の曰わく、夫れ我を召ぶ者にして豈徒《あにただ》ならんや。如《も》し我を用ゆる者有らば、吾れそれ東周を為さんか。

【訳】 公山弗擾は費邑に拠って季桓子に叛いた。弗擾は孔子を招聘した。孔子はそれに応じて行こうとした。子路はそれに不快感をもちながらいった。行かれてはなりません。なぜことも あろうに謀反人公山氏のもとへなど行かれようとされるのですか。孔子はいわれた。わたしを呼ぼうとするものは、意味なくして呼ぼうとしているのではない。もしわたしを必要とするものがあれば、わたしは求めに応じて、これを東周再興の機会にするだろう。

【注解】 公山弗擾は季氏の宰であり、陽虎とともに季桓子をとらえ、費邑に拠って叛乱をくわだてた。末之は適《ゆ》くことなしの意。言う意《こころ》は、道はすでに失われてしまっている、どうして今さら公山氏の召しに応じて行くことがあろうか、である。東周を為すとは周の王道を東方の地に再興することをいう。

【大意】　蘇氏（蘇軾《そしょく》）はこういっている。「孔子が謀叛の人を助けることをしないのはだれでも知るところである。主に叛いた弗擾がしかし孔子を召んだ意図は悪にないことは確かである。孔子もそこに善心があることを信じて、この召しに応じ、その善心をみずから閉ざすことのないようにされたのである。弗擾に東周の再興などできはしないのは明らかである。だが孔子を用いれば東周再興の道もまたありうるのである。孔子が行こうとされたのもこの道を信じてである」。

【論注】　聖人孔子が仁をもって天下に対するそのあり方は至極というべきものである。善心をもって道に向かうものであれば、たとえそれが謀叛の人といえども、求めに応じて聖人は行くことをされる。ましてや謀叛の人でもなく道に向かう志をもつ人の求めに聖人は応えないはずはない。天下がまだ無道に帰してもいないのに、これを無道として身を引き、みずからこの世界に関与する志を絶ってしまう者は、実に聖人に反する罪人である。

【評釈】　仁斎の厳しい言葉である。この【論注】の言葉は最晩年の稿本にいたるまで変わりはない。仁斎は己れ自身にこのきびしさを持ち続けたのであろう。この世界から身を引くことなく対し続けた仁斎の厳しい自己把持の証としてこの『論語古義』があるといえるだろう。

■第五章

子張問仁於孔子。孔子曰、能行五者於天下為仁矣。請問之。曰、恭寛信敏恵。恭則不侮、寛則得衆、信則人任焉、敏則有功、恵則足以使人。

子張、仁を孔子に問う。孔子の曰わく、能く五つの者を天下に行うを仁とす。請うこれを問う。曰わく、恭・寛・信・敏・恵。恭なるときは則ち侮られず、寛なるときは則ち衆を得、信なるときは則ち人任ず、敏なるときは則ち功有り、恵あるときは則ち以て人を使うに足る。

【訳】 子張が孔子に仁を問うた。孔子はいわれた。五つのことを世にあまねく行うこと、それが仁を行うことだ。子張はさらに詳しい答えを請うた。孔子はいわれた。それは恭と寛と信と敏と恵との五つだ。恭《うやうや》しくあれば人に侮られることはない。寛《ひろ》やかであれば多くの人びとの信望を得る。信《まこと》であれば人びとに信頼される。敏なれば事に成就する。恵みあれば人を使うに足る。

【注解】 天下とは空間的広がりの極をいう称。所としてそれが妥当しない所のないことをいうのである。この五つのものが天下によく行われれば、道徳があまねく行きわたり、すべての人も物もこの世界にそれぞれの居るべき場所と意味とを見出すことになる。人任ずとは人の依頼すること。はじめに五つの綱目を挙げ、それぞれの効用がのべられている。

【大意】 ここでも夫子は仁についての問いに何をどう行うかという修徳の功夫をもって答えられている。よくこの五者を広く天下に行えば、親疎貴賤を問うことなく人びとはみなその徳に服するだろう。「君がこれを用いさえすれば、国は安泰で富み、君は貴ばれ栄えるだろう。国の子弟がこれに従えば、家にあっては孝弟、人には忠信をもって人に交わるようになるだろう」(『孟子』尽心上)。これに過ぎる仁などありはしない。夫子が子張にこのように答えられたことからすれば、子張の徳に進むことの深さを知りうるのではないか。にもかかわらず学者たちが曾子の言（「堂々たるか張や、与に並んで仁を為し難し」子張十五）によって子張を軽くみなすのは、夫子の見方にもとるものである。それはその一を知って、その二を知らないものの狭い見方である。

■**第六章**

仏肸召。子欲往。子路曰、昔者由也聞諸夫子。曰、親於其身為不善者、君子不入也。仏肸以中牟畔。子之往也如之何。子曰、然。有是言也。不曰堅乎、磨而不磷。不曰白乎、涅而不緇。吾豈匏瓜也哉。焉能繫而不食。

仏肸《ひつきつよ》召ぶ。子、往かんと欲す。子路の曰わく、昔者《むかし》由や、これを夫子に聞く。曰わく、親《みず》からその身に於いて不善をする者は、君子は入らずと。仏肸中牟《ちゆうぼう》を以いて《ひき》畔く《そむ》。子の往くことや、これを如何《いかん》。子の曰わく、然り。是の言有り。堅《かた》きを曰わずや、磨《と》げども而も磷《うす》ろがず。白きを曰わずや、涅《くろ》にすれども而も緇《くろ》まず。吾れ豈匏瓜《ほうか》ならんや。焉んぞ能く繫《かか》りて食われざらん。

【訳】仏肸が孔子を招いた。孔子はその招きに応じて行こうされた。それを知って子路は申し上げた。私は昔先生がこういわれるのを聞きました。君子は不善にみずから手を付けるものの仲間には入らないということです。いま仏肸は中牟に拠って叛こうとしています。その仏肸の招きで先生は行こうとされている。それはどういうことでしょうか。孔子は答えていわれた。たしかにお前のいう通りのこ

とを私はいった。だがこうもいうではないか。磨いても磨いても薄くならないものは、本当に堅いのだ。黒土で染めても染めても黒くならないものは、本当に白いのだと。わたしはどうしてあの苦瓜のような役立たずのぶら下がり物であろうか。

【注解】 仏肸は晋の大夫趙氏の所領中牟《ちゅうぼう》の宰であった。朱氏（朱熹）は、「子路は仏肸が孔子の名を汚すことを恐れ、これを問うて孔子が仏肸の求めに応じることを止めようとしたのである。親とは自《みずか》らである。入らずとはその党派に入らないこと」だといっている。磷とは薄いこと。涅《でつ》は水中の黒土で、黒い衣服の染料にした。緇は黒色。夫子はこれらの言葉をもって、人の不善が自分をも不善の色に染めたりすることはないことをいって子路の心配を解こうとされたのである。匏瓜は苦くて食べることができない。『詩経』に「匏に苦き葉あり」（邶風《はいふう》）とある。これをもっていうことの意味は、私は苦瓜のように世に役立たずの無用物ではないということである。おそらくたまたま匏瓜を見てこういわれたのであろう。

【大意】 夫子が昔いわれた言葉とはみずからを守る君子の常法である。すなわちみずからを篤く信じるものは人の不善に与しないというのは、この君子の常法にしたがったものといえるだろう。だがそのかぎりではこの君子道の行いは仁を尽くすものとはいえないのではないか。思うに聖人孔子は天下を自分の身を見るごとくに見るのであり、人の疾病苦痛を災害に遭ったわが身の苦痛のように見るのである。かりに善意があって招くものに向かって、どうしてその招きを拒むことをしたりするだろうか。もしそれを拒むならば、それはみずから善の道を絶つに等しい、それは天下を棄絶することに近い。それを仁道ということはできない。人はこの世界に生まれた以上、この世界の用に立つべきである。この世界に生まれて何らこの世界に資することのないものは、すなわち草木にも劣るものである。ただみずからを守るだけでは、これを聖人の学ということはできない。それゆえ夫子は「吾れ豈匏瓜《ほうか》ならんや」といわれたのである。弗擾・仏肸の二章を記した門人は、招きに応じようとした夫子を記して、結果として行くことをしなかった夫子を記すことをしないのは、天下に仁をもってする夫子の心を広く伝えることにもっぱら意を注ぎ、夫子が行かれなかった結末などを伝える筆のゆとりなどもっていなかったからである。

■第七章

子曰、由也、女聞六言六蔽矣乎。対曰、未也。居、吾語女。好仁不好学、其蔽也愚。好知不好学、其蔽也蕩。好信不好学、其蔽也賊。好直不好学、其蔽也絞。好勇不好学、其蔽也乱。好剛不好学、其蔽也狂。

子の曰わく、由や、女六言《なんじりくげん》の六蔽《りくへい》を聞けりや。対えて曰わく、未《いま》だし。居れ、吾れ女《なんじ》に語らん。仁を好めども学を好まざるは、その蔽や愚なり。知を好めども学を好まざるは、その蔽や蕩《とう》なり。信を好めども学を好まざるは、その蔽や賊なり。直を好めども学を好まざるは、その蔽や絞《こう》なり。勇を好めども学を好まざるは、その蔽や乱なり。剛を好めども学を好まざるは、その蔽や狂なり。

【訳】孔子が子路にこう語られた。由よ、お前は六つの美《よ》い言《ことば》に六つの弊害ありということを聞いているかと問われた。子路はまだ聞いていませんと答えた。孔子は子路を席に着かせてこう語られた。仁を好んで学ぶことを好まなければ、その弊害はお人好しの愚かさだ。知を好んで学ぶことを好まなければ、その弊害は抑止することなく気の向くままに流され、細部にこだわり、深みにはまりこんでしまうことだ。信を好んで学ぶことを好まなければ、その弊害は誤った約束にとらわれて身を損ない、信義をいたずらに重視して大きな失敗を招いたりすることだ。直を好んで学ぶことを好まなければ、その弊害は急迫する心をもって人に対し、事に当たり、人を許すことなく事態を硬直させてしまうことだ。勇を好んで学ぶことを好まなければ、それはただの猛勇として道理に反し、常軌を逸した乱暴になってしまうことだ。剛を好んで学ぶことを好まなければ、その強さがみだりに世の人びとに抵触し、争いをやたらに引き起こす狂者の弊害をもたらすことだ。

【注解】 蔽とは遮り掩《かく》すこと。礼に「君子が話題を改めたら、起って受け答えする」（『礼記』曲礼上）とある。起って受け答えする子路を座に着かせて語られたのである。［第一言］仁者は人を愛する、だが学をもって照らし反省するところがなければ、婦人の仁のごとく優柔不断のものになってしまう。［第二言］蕩とはいたずらに高遠を求めて止まることなくさまようことである。知の人は遠きを求める。だが学をもって講明することがなければ、仏家や道家の教えのようにその知は人倫を離れ、日用に遠ざかってしまう。［第三言］賊とは物を傷害することをいう。信の人は堅く約束を守る。だが学をもって約束の内実を弁えることがなくただひたすらに守るならば、それは道を害し、事を傷なう尾生《びせい》・荀息《じゅんそく》（春秋時代の頑なに信を守った代表例）の信になってしまう。［第四言］直の人は枉がらず、真っ直ぐであろうとする。だが学をもって補正することをしなければ、ただひたすら急迫して、寛容に欠けた、あの父が羊を盗んだ事実を真っ直ぐ告白するような（子路十八）馬鹿正直になってしまう。［第五言］勇者は進むことを好むものである。だが学をもって裁制することがなければ、その行為は道理に逆らい、常軌を逸した乱暴になってしまう。［第六言］剛者は屈しない強者である。だが学をもってその剛強を抑制することをしなければ、みだりに他人に抵触し、争いをやたらに起こすことになる。

【大意】この章は学の効果の甚大なことをいっている。ここでいわれる六者、すなわち仁・知・信・直・勇・剛はいずれも天下の美徳である。だがその人の生まれもった気質の傾きにより、あるいは好尚の偏りによってその徳の発露を人は正しくなしえない。人は学ぶことをもってはじめてこの偏りを正し、その弊害を補い、その徳をこの世に成すことができるのである。学ぶことの功績より大なるものはない。

【論注】学の功績は至大である。学をもって講明するならば、人はその事の法《のり》（手本）とすべきものを見出すことができ、それをもって偏りを正すことができる。いたずらに己れの独智に任じて、奥深い道理を探り、天下の秘義を明らかにしたとしても、それが正しさをもつことはない。それゆえ『易経』にも「君子もって多く前言往行を識《しる》し、もってその徳を蓄《やしな》う〔君子は過去の聖賢の言行を多く知識としてもち、その徳を畜養することにつとめる〕」（大畜の象文）といわれているのである。仏や老子の徒が高遠な道理を極めていないというのではない。ただ世間を離れ、人倫を破って聖人の罪人になるものはみな、「聖を絶ち智を棄て〔聖智のさかしらを棄て〕」（『老子』）て、見聞を無用としてしまうことによるのである。それゆえ孔子の門にあっては学をもって道徳に進む要とするのである。

【評釈】　本章と類似した表現と内容をもった章が泰伯篇にある。「子の曰わく、恭にして礼なきときは、則ち労す。慎んで礼なきときは、則ち葸《し》す。勇にして礼なきときは、則ち乱す。直にして礼なきときは、則ち絞す」（泰伯二）。それぞれの美徳というものは正しい社会的媒介を通じて意味ある善行として実現されるが、そうでなければ人を傷つけてしまうような弊害をもたらすものだということは、孔子門の教えとしていわれていたことなのかもしれない。その教えはここでは子路に対するものとしてまとめられている。剛勇で知られた直情の人子路に対する教えとして、本章は懇切丁寧である。だが本章の教えは子路という受け手をこえて、はるか後世のわれわれにとっても大事な示唆であるような普遍性をもった教えである。孔子はそれぞれの美徳が社会的に道徳的行為として実現するためには「学」を媒介しなければだめだといった。私はその「学」を「学び」あるいは「学ぶこと」と訳した。だが何を学ぶことなのか。仁斎は【論注】で天下の秘奥を極めるような学や智を否定して、「人間知」というべき知識の地平を開いている。「前言往行」という人間の広い経験知の学びに、われわれの行為を社会的に適正ならしめる知識の働きを認めているのである。

■第八章

子曰、小子、何莫学夫詩。詩可以興。可以観。可以群。可以怨。邇之事父、遠之事君。多識於鳥獣草木之名。

一 子の曰わく、小子《しょうし》、何ぞ夫《か》の詩を学ぶこと莫《な》き。詩は以て興るべし。以て観るべし。

以て群《ぐん》すべし。以て怨むべし。これを邇《ちか》くしては父に事うまつり、これを遠くしては君に事うまつる。多く鳥獣草木の名を識る。

【訳】　孔子がいわれた。弟子たちよ、どうして詩を学ぶことをしないのか。詩は人の心を奮い立たせる。詩は人情世態のさまざまを見せてくれる。詩は人びとと和して共にいるようにさせる。詩は人を怨んで、ただ怒りを人にぶつけるようなことをさせない。詩を学ぶことによって近くはよく父母に仕え、遠くはよく君に事えることができ、詩によって人は多くの鳥獣草木の名を知ることができるだろう。詩は人倫に通じ、人の見聞知識を博くするものなのだ。

【注解】　小子は弟子をいう。詩は志意を興起せしめて、人を善に向かわせる。詩は古今の人情風俗と、その由来を観察させ、人が政治にしたがい、教えを立てることを助ける。詩は人が集まって、党派をなすことなく、ともに和する道を教える。詩は人を怨んで、いたずらに怒ることのない、情の厚い心のあり方を導く。詩は人倫の道における得失を備えているゆえ、詩の学びは人倫の行いをいっそう充実させる。さらに詩の学びは博物洽聞の知をもたらし、人の知識を卑陋ならしめず、事を処するに当たって多くの益をもたらすことになる。

【大意】　これは夫子が門人たちに『詩経』を読むことの益を語られたものである。学問とは強いられてするものではない。みずから志を興すことなくして、人は善の道に入ることはない。それゆえ志意を興起せしめることをもって詩の効用の初めとするのである。また人情風俗の由来を知ることなくして、政治を施すことも、教えを立てることもできない。それゆえ詩によって人情のいかんを観ることを詩の第二の効用とする。さらに詩によって人は性情の和を得て、多くの人びとと生を共にし、人を怨んでも怒りにいたることはない。詩によって人は温厚和平の心を得て、よく人倫の道を行う。詩は博く庶物に通ぜしめて学者の見聞を広くする。詩が学者にもたらすこの益は言葉の及びえないほどである。しかしながら夫子がただ子貢（学而十五）と子夏（八佾八）にだけともに詩を語ることを許していることは、詩の意を覚り、詩を語ることの困難をいうことでもある。初学者がにわかに至りうるものではない。学者は詩の学び易さとともに、その理解の至り難さをも知るべきである。

■第九章

子謂伯魚曰、女為周南召南矣乎。人而不為周南召南、其猶正牆面而立也与。

子、伯魚《はくぎょ》に謂いて曰わく、女《なんじ》、周南《しゅうなん》・召南《しょうなん》を為《まな》びたりや。人として周南・召南を為びずんば、それ猶正しく牆《かき》に面して立つがごときか。

【訳】 孔子が伯魚に向かってこういわれた。お前はもう周南・召南の詩を学んだか。周南・召南の詩を学ぶことをしなければ、それはちょうど人が牆に正面して立つようなことだ。その人は牆と自分との狭い空間しか見ないことになるのだ。

【注解】 為すは学ぶと同じ意。周南・召南は『詩経』首篇の名。正しく牆に面して立つとは、牆に正面して立つことで、前後左右を皆目見ることができないことをいう。

【大意】 二南（周南・召南）の詩はみな周の盛時における王化の広く及ぶさまを言葉にしたものである。身を修め、家を斉える道のすべてが言い尽くされている。二南の詩を読んで先王の風化の盛大を知ることなければ、どうして己れの卑陋の気を取り除いて、かの先王の広大な域に至ることができようか。それゆえ夫子は、二南の詩を知らないのは、牆に正面して立つようだといわれたのである。それは目前の小康に安んじて、聖王の大同の世を知らないことをいうのである。

■第十章

子曰、礼云礼云、玉帛云乎哉。楽云楽云、鐘鼓云乎哉。

子の曰わく、礼と云い礼と云う、玉帛《ぎょくはく》を云わんや。楽と云い楽と云う、鐘鼓《しょうこ》を云わんや。

【訳】 孔子はいわれた。礼、礼と人はいうが、玉帛の飾りをもって礼をいうことができるのか。楽、楽と人はいうが、鐘鼓の盛んな具えをもって楽をいうことができるだろうか。

【注解】 玉も帛も礼に使用される物である。鐘も鼓も楽に使用される器具である。礼楽の実をなすものではない。言う意は、人はただその器物だけを見て礼をいい、楽をいったりするが、礼楽が人に力を及ぼす由来、礼楽の徳のあるところを人は知らないといわれているのである。

【大意】 礼は上の政治を安らかにし、民の治をもたらす。楽は風俗を移し、美風良俗に易《か》えていく。玉帛鐘鼓がそれをするということはできない。それゆえ礼儀三百・威儀三千といわれる礼儀の体系も、それを行う人なくしてはただの文字を連ねた体系にすぎない。たとえ礼儀文章に過ちがなく、玉帛鐘鼓が観るに足るものであったとしても、礼楽の実をそこに見ることはできない。

■第十一章

子曰、色厲而内荏、譬諸小人、其猶穿窬之盜也与。

子の曰わく、色厲《はげ》しうして内荏《じん》なる、これを小人に譬うれば、それ猶穿窬《せんゆ》の盗のごときか。

【訳】　孔子がいわれた。容貌を厳かにして、内の柔弱な心を隠すものは、人に知られぬように身を隠して狙う盗人のようなものだ。

【注解】　厲は衿荘《きょうそう》、誇り高く厳かであること。荏とは柔弱であること。小人とは細民。穿は壁に穴を穿つこと、窬は屏を越えること。言う意は、内の柔弱であるものは、外は厳かな矜持をもって人に対する。それは人が内の柔弱を知られることを恐れてである。それはちょうど穿窬の盗人（こそどろ）が人に知られることを恐れるのと同じである。夫子はこのような人物を卑しんだのである。

【大意】　これは位にある者のためにいわれた言葉である。位にある者は、顔色は温良で、心は剛強であることが望ましい。ところが顔色を厳かにして下に対する者が、内に溺れる心をもつとすれば、それは顔を赤らめるような恥ではないか。

■第十二章

子曰、郷原徳之賊也。

一 子の曰わく、郷原《きょうげん》は徳の賊なり。

【訳】 孔子はいわれた。村のいかにも善人らしいものは、むしろ徳の賊である。

【注解】 原は愿で、素直であること。郷原は世間並みの人と違うことなく、汚れた世の中と調子を合わせ、いかにも廉潔の士らしく振る舞うものである。それゆえ世間は愿人（素直で良い人）と称えたりする。だが夫子は徳に似て徳に非ざる振る舞いをもって、郷原を徳を乱すもの、すなわち徳の賊とするのである。

【大意】 陳氏（陳櫟）はいう。「まことに非なるものは人を惑わすことはない。ただ是に似て非なるものは最も人を惑わせ易い。それゆえ夫子はこれを徳の賊とされたのである」。

■第十三章

子曰、道聴而塗説、徳之棄也。

一 子の曰わく、道に聴いて塗《みち》に説くは、徳の棄《す》たれたるなり。

【訳】 孔子はいわれた。路上で聴き、路傍で説かれるようになっては、道徳も廃《すた》れきってしまった。

【注解】 道で聴き道で説くとは、軽々しく聴き、妄りに説くことで得るところのまったくないことをいう。棄とは廃《すた》れる。

【大意】 夫子は後世における道徳の衰退を歎かれているのである。昔は道を篤く貴び、容易く論じたりすることはなかった。必ず身に行い心にも得て、十分に習熟し、解き明かし、自分に余りあって後に人の求めにも応えたのである。それゆえこれを聴くことは益あることであり、これを用いることのできるものであった。ところが後世にいたって道徳は路上で聴き、路傍で説かれるありさまで、もはや実に身に行い、実に心に得るものではなくなった。軽佻浮薄の風は靡然《ひぜん》として当世の俗を成すにいたった。あるいは書を著し、あるいは文を成してほしいままに天下の事を談じ、その巧《こう》麗藻耀《れいそうよう》（麗しく輝くさま）は悦ぶべきかのようである。だがその実は道に聴き途《みち》に説く代物であり、まったく貴ぶに足らない。

■第十四章

子曰、鄙夫可与事君也与哉。其未得之也、患得之。既得之、患失之。苟患失之、無所不至矣。

子の曰わく、鄙夫《ひふ》与《とも》に君に事うるべけんや。その未だこれを得ざるときは、これを得んことを患《うれ》う。既にこれを得ては、これを失わんことを患う。苟くもこれを失わんことを患うれば、至らざる所無し。

【訳】 孔子がいわれた。志のない鄙夫とともに君に事えることはできない。求めるものを手に入れないうちは、周囲を顧みることなくただこれを求める。一旦手にしたものが失われる恐れがあれば、これを失うまいとして何でもしでかすのがそうした志のない鄙夫だ。

【注解】鄙夫とは凡陋卑迂《ぼんろうひう》で義理を見ることのない在位の人をいう。何氏（何晏）は、「これを得んことを患う」とは「これを得ること能わざることを患うる」ことだという。またある人は、「これを得んことを患う」は「これを得ざることを患う」に改めるべきだといっている。

【大意】鄙夫が君に事えて、求めるものを手に入れる間は、なお周囲に顧慮することがある。だがそれを失うことを恐れるようになると、顔を赤らめるような恥多き醜悪なことをもする。それだけではない、己れの利益のためには人の患難、国の傾覆といえども顧みるところではない。それゆえ聖人は深くこれを憎むのである。凡庸な君主はこれを良臣と取り違えて近づけ、これを頼りにしたりする。これが世の禍乱と国の覆滅を招くことになることを知らないのだ。戒めねばならない。○胡氏（胡寅）はこういっている。「許昌《きょしょう》の靳裁之《きんさいし》の言に、「士の品におおよそ三種の質がある。道徳に志す士は功名がその心を患わすことはない。功名を志す士は富貴がその心を患わすことはない。富貴にのみ志す士は何の患いもなく富貴を手に入れるだけである」。孔子のいう鄙夫とは、この富貴にのみ志す士である」。

■第十五章

子曰、古者民有三疾。今也或是之亡也。古之狂也肆。今之狂也蕩。古之矜也廉。今之矜也忿戻。古之愚也直。今之愚也詐而已矣。

一 子の曰わく、古えは民三つの疾《やま》い有り。今や或いは是れこれ亡《な》し。古えの狂や肆《し》なり。

今の狂や蕩《とう》なり。古えの矜《きょう》や廉《れん》なり。今の矜や忿戾《ふんれい》なり。古えの愚や直なり。今の愚や詐《いつわ》るのみ。

【訳】 孔子がこういわれた。古えの民の性情には三つの疾いがあった。だが今はどうやらこの疾いもない。古えの狂者は小さな節義に拘らないものであった。今の狂者は蕩然としてこの世のしきたりをこえていく。古えの矜持者はせいぜい角《かど》をもった口調で厳しく自他を正すものであった。だが今の矜持者は怒りをあらわにして他と争うものになっている。また古えの愚者とは愚直に行って、目的を遂げるものであった。だが今の愚者は私利のままに勝手なことをする詐妄《さぼう》者になった。

【注解】 昔いうところの疾いは、今はすでにない。世俗の風のますます衰えることを夫子は傷んでいるのである。朱氏（朱熹）はいう。「狂とはその志願することの甚だしく高いこと。肆とは小さな節義にこだわらないこと。蕩とは大きなしきりを越えること。矜とは身を守ること太く厳かであること。廉とはとげとげしい角をもつこと。忿戾なるときは争いにいたることをいう。愚とは暗昧ではっきりしないこと。直とは径行し、思いを遂げること。詐とは私意を挟んで、妄りなことをなすこと」。

【大意】 時世の変化は世の道義を憂えるものの常に慨嘆するところである。あるいは肆といい、あるいは廉といい、あるいは直というものは、いずれも気質の強い偏りであって、これを古人は疾いとしたのである。だが蕩と忿戾と詐にいたっては、それはすでに悪というべく、決して疾いというべきものではない。思うに古えの三つの疾いとされるものは、それによって古俗の淳朴を見ることができても、後世の悪俗に習って移り変わった民の性情にもはやこの疾いさえない。風俗がますます薄くなり、古えに復することももはやない。

■第十六章

子曰、巧言令色鮮矣仁。

―子の曰わく、言を巧《よ》くし色を令《よ》くするは鮮《すく》なし仁。

※学而篇第三章と重出。

■第十七章

子曰、悪紫之奪朱也。悪鄭声之乱雅楽也。悪利口之覆邦家者。

―子の曰わく、紫の朱を奪うを悪《にく》む。鄭声《ていせい》の雅楽《ががく》を乱《みだ》るを悪む。利口《りこう》の邦家《ほうか》を覆《くつがえ》す者を悪む。

【訳】孔子はいわれた。紫が朱色の正しさを乱すことを悪む。また淫らな鄭の音楽が雅楽の正しさを乱すことを悪む。そして利口者の口先だけの言葉が邦家を覆すことを悪む。

【注解】朱は正色であり、紫は間色（混じり合った色）である。鄭声は鄭の国の淫らな音楽。雅楽は正しい音楽。利口とは言葉ばかり多く、実の少ない人をいう。この言葉を聴けば、国家を傾けることになる。この三者は正に似て非なるものである。それゆえ聖人孔子はこれを悪まれたのである。

【大意】是非善悪のはっきりしている事柄が人を惑わすことはない。だが是に似て実は非なるものは人心を惑わし、乱し、真なるものを見失わせる。その害は言葉にしえないほどである。このゆえに孔子は郷原を悪まれるのである（陽貨十二）。

■第十八章

子曰、予欲無言。子貢曰、子如不言、則小子何述焉。子曰、天何言哉。四時行焉、百物生焉。天何言哉。

子の曰わく、予《わ》れ言うこと無からんと欲す。子貢の曰わく、子如《も》し言わずんば、則ち小子《しょうし》何をか述べん。子の曰わく、天何をか言うや。四時行われ、百物生《な》る。天何をか言うや。

【訳】孔子はいわれた。わたしはもう言葉でいうことはしないようにしたい。子貢がいった。もし先生がいわれることがなければ、私たちは何を述べ伝えたらよいのですか。孔子はいわれた。天は何もいいはしない。だが四季の循環は滞ることなく行われ、百物はそれぞれに生育するではないか。天は何もいいはしない。

【注解】学者はもっぱら言葉による教え、言葉による学びを貴んで、他者に及ぶ徳の実際を貴ぶことを知らない。夫子はこれを警められたのである。言う意は、天は言うことなくして、四時は自ずから巡り、百物は自ずから生《な》る。道が行われるのもまた言葉を待つことはない。

【大意】これは学者が言葉を求めることなく、実を深く務めるべきことを欲して述べられたものである。その実があればその言葉がなくとも、それは患えるに足らない。言葉がなくとも、それは実行されるからである。もし言葉があって、その実がなければ、天下に類のない華麗を極めた言葉であっても、それは無益である。それゆえ夫子はいわれるのである。「天何をか言うや。四時行われ、百物生る。天何をか言うや」と。○欧陽修はこういっている。「わが身においてそれを学び、修めようとするものは、その結果を得ないことはない。事業にそれを施そうとするものは、その結果を得ることもあり、また得ないこともある。言語にそれを表そうとするものは、それがうまくいくことも、またうまくいかないこともある。事業の上にそれを示すことができれば、言語でそれを表さなくともよい。わが身にそれを体現することができれば、事業にそれを示さなくともよい。顔回は陋巷にあって肱を枕にして饑えて臥し、人びとの集まる中にあっては黙然として日を終え、愚人のごとくであった。だが当時の数多の弟子たちはこの顔回を尊敬し、自分たちの及びえない存在としていた。それより百年千年の後の世にいたっても顔回に及びうるものはいない。顔回をこのように不朽たらしめているものは、事業の上に示しうるものでもなく、言語の上に表しうるものでもない。三代秦漢よりこの方、書を著す者、多くは百余篇の書から少なくは三、四十篇の書にいたるまで、その数は挙げることができない。だがその書のほとんどは散亡磨滅して、今に残るものは百の中の一、二にすぎない。言語の恃むに足らないことは、このようである」(『欧陽文忠公文集』巻四十三)。

【評釈】この章は、聖人孔子の教えをひたすらその言葉にだけ見ようとする子貢に、教えは言葉以外の行いや事業に実現していることを、「天何をか言うや。四時行われ、百物生る」という大きな譬喩をもって諭《さと》したと解するのが普通である。この理解では「天」をめぐるあの言葉は、子貢に対する諭しを根拠づけるような大きな譬喩、あるいは原型的な諭しとされるのである。すなわち天の意《こころ》は四時の運行や万物の生育に実現されている、それゆえ四時の運行や万物の生育という自然の事実に天意のあるところを人は知るのだと解することによって、孔子の子貢への諭しは原型的な諭しとなるのである。こう見てくると「天何をか言うや」を原型的な諭しとするこの理解は、天道（天理）を人道の規範的原型としてもち、体用論的思惟によって構成される朱子学にぴったりのものだということができる。朱子はこの章をこう解している。

四時はめぐり行き、百物は生育する。それは天理の発現であり、天理流行の実に外ならない。それは言葉による教えを待たずして見ることのできることである。聖人の一動一静もまた精妙な道義の発現に非ざるはない。また天というべきのみ。その自ずからの道義の発現は、言葉を待ってあることではない。夫子が子貢に切に覚ることを求めて開示されたのはここにある。だが子貢がついに覚ることのなかったのは惜しむべきことである。（『論語集注』）

これは『論語』の「予れ言うこと無からんと欲す」章の朱子による解釈であるが、しかしこれは朱子哲学のエッセンスの開示にほかならない。『論語』のこの章は朱子哲学に塗り込められている。仁斎は朱子哲学の呪縛からこの章を解き放そうとした。何によってか。それは孔子を人倫的な実への志向者として再確認することによってである。仁を言葉によってではなく、他者に及ぶ愛という実によって教える孔子を再確認することによってである。仁斎による朱子哲学から本章の解放の試みが本章の欧陽修からの長い引用をともなった【大意】の文章をなしている。

■第十九章

孺悲欲見孔子。孔子辞以疾。将命者出戸。取瑟而歌使之聞之。

孺悲《じゅひ》、孔子に見《まみ》えんと欲す。孔子辞するに疾《やまい》を以てす。命を将《おこな》う者戸を出ず。瑟《しっ》を取りて歌いて、これをしてこれを聞かしむ。

【訳】 孺悲が孔子に会うことを願った。孔子は病いを理由にそれを断った。使いのものが戸を出ると、瑟を取って歌い、それを使いのものに聞かせた。

【注解】 孺悲は魯の人。朱氏（朱熹）は、「当時、孺悲は罪をえたのであろう。それゆえ孔子は病いを理由にして面会を断り、病いが口実であることを知らして、その罪を警めようとされたのである」といっている。

【大意】 張氏（張栻）はいっている。「孺悲が会うことを許されなかったのは、彼がおそらく孔子による棄絶の域にいるものであったからである。だが孔子が瑟を取って歌を聴かせたことは、これを戒めて、決して見捨てるものではないことを示されたのである。聖人の仁とは、まことに天地の物を生かす心であることか」。

■第二十章

宰我問、三年之喪、期已久矣。君子三年不為礼、礼必壊。三年不為楽、楽必崩。旧穀既没、新穀既升。鑽燧改火。期可已矣。

宰我《さいが》問う、三年の喪は、期已《すで》に久し。君子三年礼をせざれば、礼必ず壊《やぶ》る。三年楽をせざれば、楽必ず崩る。旧穀既に没《つ》き、新穀既に升《のぼ》る。燧《すい》を鑽《き》り火を改む。期にして已《や》むべし。

【訳】 宰我が孔子に問うた。三年の喪は、一年の周期で十分な長さではないでしょうか。君子が喪に服して三年も礼を修めることがなければ、礼はきっと壊れてしまうでしょう。君子が三年も楽を奏することがなければ、楽はきっと崩れてしまうでしょう。古い穀物が尽き、新しい穀物が実るのも、新しい木を擦り合わせて新しい火に改めるのも一年の周期をもってです。喪は一年の周期でよいのではありませんか。

【注解】 期は一周年をいう。宰我は三年の喪はすべきではない理由をいっている。宰我はまた喪は一期で十分であることをいう。没は尽きること、升は登るである。『周礼』には政令をもって火を掌《つかさど》り、四時にしたがって国の火を改め、季節毎の疾いを救ったとある。だが本文では一年毎の火の改めをいって、四時にしたがった改めをいってはいない。したがって『周礼』によってこの章を解すべきではない。

子曰、食夫稲、衣夫錦、於女安乎。曰、安。女安則為之。夫君子之居喪、食旨不甘、聞楽不楽、居処不安。故不為也。今女安則為之。

子の曰わく、夫《か》の稲を食らい、夫の錦を衣《き》る、女《なんじ》に於いて安きか。曰わく、安し。女安きときは則ちこれをせよ。夫《そ》れ君子の喪に居る、旨きを食すれども甘からず、楽を聞けども楽しまず、居処安からず。故にせず。今、女《なんじ》安きときは則ちこれをせよ。

【訳】孔子はいわれた。それではお前にはあの稲の米を食い、錦の衣を着ることは安らかにできることなのか。宰我は、はい、安らかにできます、と答えた。孔子は、それならお前は勝手にそれをせよ、といわれた。孔子はさらに、君子は親の喪に服しているときには、美味を食しても旨くはない、楽を聞いても楽しむことはない。安らかに食い、安らかに聞くような居処にいないからだ。だから稲の米を食うことも、錦の衣を着ることもしない。お前はそれでも安らかにできるというなら、勝手にそれをせよ、といわれた。

【注解】稲は糯《もちごめ》、最も美味な穀物である。父母の喪には三年斬衰《ざんさい》（喪服）を着、一周忌の小祥の祭りを終えてはじめて菜果を食べる。三年の喪を終えて後、はじめて稲の米を食べ、錦の衣服を着る。朱氏（朱熹）は、「夫子がはじめに「女安きときは則ちこれをせよ」と宰我にいわれたのは、それなら勝手にせよと突き離していわれたのである。だが夫子が再び「女安きときは則ちこれをせよ」といわれたのは、宰我に人の忍びざる心の当然に立ち返ることを求めた戒めの言葉である」といっている。

宰我出。子曰、予之不仁也。子生三年、然後免於父母之懐。夫三年之喪、天下之通喪也。予也有三年之愛於其父母乎。

宰我出《い》づ。子の曰わく、予《よ》の不仁なるや。子生まれて三年、然して後父母の懐《ふところ》を免《まぬか》る。夫《そ》れ三年の喪は、天下の通喪《つうそう》なり。予や三年の愛その父母に有りや。

【訳】 宰我は退出した。孔子はいわれた。予（宰我）の何と不仁であることか。子は生まれて三年、父母の懐に抱かれるものだ。だから三年の服喪というのは、天下のすべての者のする通喪である。予は三年の父母の恩愛をもたなかったというのであろうか。

【注解】 予は宰我の名。懐はふところに抱くこと。通は通達すること、天下のすべての者に及ぶこと。夫子は宰我の過ちを面責することを欲せられず、宰我が君子の喪は三年であるべき理由を人づてに聞き、悔悟して納得することを願われたのである。

【大意】 宰我のこの言は、なお両親健在という慶すべき時期になされたものであろう。思うに幼くして父母を失ったものと、父母がともに健在であるものには喪の心はない。それゆえ宰我は三年服喪の説に疑いをもったのであろう。それゆえ一旦大きな不幸に会えば、人の至情は止めることはできないことを知るのである。孔子はだから「人未だ自ら致《きわ》むる者有らず。必ずや親の喪か（人は自分の心情を出し尽くすということをしない。あるとすれば親の喪に当たってだ）」（子張十六）といわれているのである。ましてや夫子が「今、女安きときは則ちこれをせよ（お前が安らかにすることができるというなら、それをせよ）」といわれるのを見れば、宰我にはこの時なお健在な父母があったのであろう。子の生育は父母の慈愛に由り恃んであることは、天子から庶人にいたるまで同一である。もし「子生まれて三年、然して後父母の懐《ふところ》を免る」という言葉の意味を知るならば、だれが三年の喪に疑いをもつことがあろうか。三年の喪制を聖人が定められたのは、それが親の懐抱の恩にわずかでも報いることであるからで、それをもって報恩の道が尽くされるということではない。夫子のいわれる言葉ははっきりしている。礼の学者たちは聖人が三年の喪を中に適った喪制として定めたことをいうが、それは臆説である。

■第二十一章

子曰、飽食終日、無所用心、難矣哉。不有博奕者乎。為之猶賢乎已。

子の曰わく、飽《あ》くまで食《くら》い終日す、心を用うる所無し。難いかな。博奕《ばくえき》する者だも有らざらんか。これをするは猶已《や》むに賢《まさ》る。

【訳】孔子がいわれた。飽くまでも食らい、頭や心を使うこともせずに終日いるもの、困った人たちだ。博奕の徒でさえ頭を使うではないか。まったく使わないよりは、少しでも使った方がましなくらいだ。

【注解】博奕は囲碁・双六の類。

【大意】心の用いることのない生活の非を強くいわれている。囲碁・双六をよいとするのではない。孟子がいっている。「飽くまでも食らい、煖《あたた》かに衣《き》、逸居《いっきょ》して教え無きときは、則ち禽獣に近し」

（『孟子』滕文公上）と。心を用いることのないものを、孟子は禽獣に比しているのである。

■第二十二章

子路曰、君子尚勇乎。子曰、君子義以為上。君子有勇而無義為乱。小人有勇而無義為盗。

子路の曰わく、君子は勇を尚《とうと》ぶか。子の曰わく、君子は義以て上《とうと》ぶことをす。君子勇有って義無ければ乱を為す。小人勇有って義無ければ盗を為す。

【訳】 子路が位ある君子たるものは勇を第一に尚ぶべきではないかと問うた。孔子はいわれた。君子とは義をこそ上位に置いて尚ぶものをいうのだ。勇あって義のない君子は乱を起こすことになる。勇あって義のない小人は盗を企てることになる。

【注解】 尚とはこれを上にすること。ここで君子・小人は位をもっていう。

【大意】 義は聖人において大きな働きをなす徳である。大きくは死生存亡という局面において、小さくは進退取捨という場面において、態度決定はみな義によってなされるのである。それゆえ義を上《とうと》ぶとき、人の志は確乎として立ち、浩然の気に導かれ、自ずから裕然たる君子をなすことができる。だが義がなくしてただ勇のみがあるときには、上位の君子にあっては乱が引き起こされ、下位の小人にあっては盗がはびこることになる。その害は言葉にしえないほどの甚だしさである。思うに義と勇とは徳の様相は類似していながら、その本質を異にしている。それゆえ夫子は勇を尚ぶ子路の問いに対して、義を上位に置いて尚ぶべきだと答えられたのである。

■第二十三章

子貢曰、君子亦有悪乎。子曰、有悪。悪称人之悪者。悪居下流而訕上者。悪勇而無礼者。悪果敢而窒者。曰、賜也亦有悪乎。悪徼以為知者。悪不孫以為勇者。悪訐以為直者。

子貢の曰わく、君子も亦悪《にく》むこと有りや。子の曰わく、悪むこと有り。人の悪を称する者を悪む。下流に居て上を訕《そし》る者を悪む。勇にして礼無き者を悪む。果敢《かかん》にして窒《ふさ》ぐ者を悪む。曰わく、賜も亦悪むこと有りや。徼《うかご》うて以て知とする者を悪む。不孫にして以て勇とする者を悪む。訐《あば》いて以て直とする者を悪む。

【訳】 子貢が孔子に問うていった。君子もまた人を悪むということをするのでしょうかと。孔子はいわれた。悪むことをする。人の悪を言い立てるものを悪む。下にいて、上位のものの欠点をやたらに誇るものを悪む。ただ勇敢で世のきまりへの配慮なきものを悪む。果敢に行って、良い道筋を塞いでしまうものを悪む。孔子は子貢に、お前もまた悪むことがあるかと問われた。子貢は答えていった。人の知を窺い察して自分の知としてしまうものを悪みます。傲慢な行いをもって己れの勇とするものを悪みます。人の隠すところを暴《あば》いて自分を正直とするものを悪みます。

【注解】 [前段] 楊氏（楊時）はいっている。「人として愛さないことのないのが仁者であるならば、君子には人を悪むことがないのかと、自身にその心がある子貢は疑い、夫子にその是非を問うたのである」。訕は謗ること。窒は塞ぐことである。邢氏（邢昺《けいへい》）は、「果敢に行うことを好んで、人の善道を塞ぐことをいう」としている。人の悪を言い立てるものは刻薄である。下にいて上位のものを謗るのは逆意をもつものである。勇あって礼なきものは乱暴者である。果敢にして人の善道を塞ぐものは道を枉《ま》げるものである。夫子がいずれも悪まれるものである。［後段］夫子は子貢を顧みてその悪むところを問うことによって、君子もまた悪むことをめぐる問題の理解を十全たらしめようとされたのである。徼とはひそかに窺い察することをいう。訐とは人が秘密にしていることを暴くことをいう。

【大意】夫子が悪まれるところは、人の悪を囃《はや》し立てることが不善であることを知らずして囃し立てるような無知の不善である。夫子が悪まれるところは分かりやすいし、それを悪むことに特別に厳しい意図もない。それは平らかである。子貢の悪むのは、知を求めながら人の知見をひそかに窺い識り、直を求めながら人の私を暴くような方法の不善・不義である。子貢の悪むものは分かりにくいし、これを不善として告発する子貢の意には刻薄というべき厳しさがある。これを見れば、夫子の言葉はだれにも明らかな天地のごとくであり、知りやすく従いやすいものであることを人は知るのである。なんと偉大であることよ。

■第二十四章

子曰、唯女子与小人為難養也。近之則不孫。遠之則怨。

子の曰わく、唯女子と小人とは養い難しとす。これを近づくるときは則ち不孫なり。これを遠ざくるときは則ち怨む。

【訳】　孔子はいわれた。女子と小人とは扱いが難しい。近づければ不遜になり、遠ざければ怨まれる。

【大意】　士君子に対しては忠信をもって交わり、礼儀をもって接し、ただ已れを尽くして務めるにあるのみ。ただ女子は陰質からなり、小人は陰類に属する。これらを馴れ近づけず、また遠ざけすぎてもいけない。もしこの扱いに失するならば、家の治まりは損なわれる。戒めねばならない。

【評釈】　本章における「女子・小人」とは中国古代の治者階級に属するものの家における妾を含む男女の使用人を指すとされ、孔子はその使用人たちの養い方（扱い方）について戒めたと普通には解されている。朱子も、「この小人もまた家の僕隷下人《ぼくれいげにん》をいう。君子はその臣妾に荘重さをもってのぞみ、慈愛をもって養えば、家における二者（女子・小人）の患いはない」（『論語集注』）と解し、使用人たちの養い方の家を治める上での大事をいうとしている。だが「女子と小人とは養い難し」という言葉は、家という枠組みをこえて、中国とその文化圏の国々の男系的支配社会が発する女性蔑視の言葉として、支配的男性によって囁き続けられてきたものである。戦後のオモテでは男女同権がいわれる日本社会にあってもなおウラでこの言葉は囁き続けられていた。本章の「女子小人」を「奴婢僕隷」と規定したりしない仁斎もなお「女子は陰質、小人は陰類」とその否定的存在性をいわざるをえないところに、この章がアジアの漢字文化圏世界に持ってきた否定的影響の大きさを思わざるをえない。

■第二十五章

子曰、年四十而見悪焉、其終也已。

一　子の曰わく、年四十にして悪まるるときは、それ終わりなるのみ。

【訳】　孔子がいわれた。年四十になってなお人に悪まれるようでは、その人は終わりだ。

【大意】　朱氏（朱熹）はいう。「四十歳とは徳を己れに成す時である。その時に人に悪まれるというのであれば、もうその人はここに止まるしかない。人は善に進み、過ちを改めるべきその時に力を尽くすことの必要なことを夫子は教えられている」。○孟子は「だれもがこうありたいと思うものが善人である」（『孟子』尽心下）といっている。『詩経』でいう「彼《か》しこにも悪まるることなく、此《ここ》にも射《いと》わるることなき」（周頌・振鷺）人というのは必ずや君子である。人が決してそうなることを欲しないような悪まれる人とは必ずや小人である。人には村人がみな悪んでも、なおその人のためにいうべき余地があるかもしれない。だがどこであろうとも、行った先々で悪まれるようなものには、救うべき善さのかけらもないものと知るべきである。

【評釈】　おそらくこの孔子の言葉は、四十歳という不惑の年令にして、みずから犯した、あるいは犯し続けた過ちから人に悪まれる状況に立ち至った弟子に向かって発せられたものであろう。『論語』に見る孔子の発言はある状況における受け手のあるものであって、状況も受け手も特定されない発言は基本的にはない。だがその状況も受け手も特定しえない形で記録されるとき、その発言は断定的な人生の予言者の発言のような性格をもってくる。本章の「年四十にして悪まるるときは、それ終わりなるのみ」という言葉は、まさしく人生の断定的な予言者のものになってしまっている。この断定的な発言から意味を見出すためには、四十歳という不惑の年令に人生における決定的な意味をとらえるか、朱子のように自己更生の時期を逃すなという教訓を読みとるかのいずれしかない。だが仁斎がこの章にみようとしているのは、孔子に決定的に見放されるような悪まれ者（悪人）とはどういう人間かということである。ある共同体から悪人として排斥されても、孔子ならまだ彼に一分の善さを見つけて救うだろう。孔子が決定的に見放すのは世界のどこに行っても排斥されるような悪人である。四十歳に決定的な意味を見出そうとする解釈よりは、はるかに重大な問題を仁斎の解釈は導き出している。

微子《びし》第十八

■第一章

微子去之。箕子為之奴。比干諫而死。孔子曰、殷有三仁焉。

微子《びし》これを去る。箕子《きし》はこれが奴《ど》と為《な》る。比干《ひかん》は諫めて死す。孔子の曰《のたま》わく、殷に三仁有り。

【訳】 微子は紂の下を去った。箕子はみずから狂を佯《いつわ》って奴となった。比干は紂の無道を諫めて殺された。孔子がいわれた。殷には三人の仁者がいた。

【注解】 微・箕は二国の名。子は爵位。微子は紂の妾腹の兄で微国に封じられた。箕子は紂の父方の兄弟で箕国に封じられた。比干も紂の父方の兄弟である。微子は紂の無道を見て早く殷を去った。箕子は狂を佯《いつわ》って奴隷に身を落とした。比干は紂を諫めて殺された。三子はみな君に実をもって仕え、国を憂え、身を惜しむことをしなかった。それゆえこの三子をみな仁をもっていうのである。

【大意】 仁とは実徳である。至誠にして偽ることなく、至正にして偏ることなく、その為すところはみな慈愛惻怛《そくだつ》の心に発する。三人の仁者はまさに去るべくして去り、まさに奴になるべくして奴になり、まさに死すべくして死んだのである。それらはみな至誠惻怛の心に発するものである。そこには痛哭流涕の思いがある。だが君の下を去ることは君を忘れるに似る。奴と為ることは身を辱しめるに似る。それゆえ夫子は三子の行いをその心に原《たず》ねて「殷に三人の仁者有り」と断乎としていわれたのである。夫子は微子・箕子のためにその心の精誠を明らかにされたのである。それはまさしく孟子が「禹・稷《しょく》・顔回は道を同じくす。地を易《か》うれば、則ち皆然《しか》らん〔堯・舜に仕えた禹や稷と陋巷にあった顔回とは求める道を同じくしている。もし三者がその立場をかえれば、同じことをしたにちがいない〕」（『孟子』離婁下）という意である。仁者たるあり方は、あるいは遠く、あるいは近く、決して一つではなく、一つに拘るべきではないことを知るのである。

■第二章

柳下恵為士師三黜。人曰、子未可以去乎。曰、直道而事人、焉往而不三黜。枉道而事人、何必去父母之邦。

柳下恵《りゅうかけい》、士師《しし》と為りて三たび黜《しりぞ》けらる。人の曰《い》わく、子未だ以て去るべからざるか。曰わく、道を直《なお》うして人に事《つか》えば、焉《いず》くに往くとして三たび黜けられん。道を枉《ま》げて人に事えば、何ぞ必ずしも父母の邦を去らん。

【訳】柳下恵は裁判官となって、三度その職を退けられた。ある人が訊ねた。まだあなたは国を去りえないのですか。柳下恵は答えた。人に事えて真っ直ぐに道を行えば、どこへ行こうときっと三度退けられることになるでしょう。道を枉げてまで人に事えるために、どうして父母の国を離れたりするでしょうか。

【注解】柳下恵は魯の大夫（衛霊公十三）。士師は裁判官。黜は退く。本章は前章を承けて記されたものである。胡氏（胡寅）は「ここに孔子の柳下恵を評する言葉があったはずであるが、失われたのであろう」といっている。

【大意】この章は夫子が柳下恵の仁徳を称えたものである。真っ直ぐに道を行えば去らざるをえない。去ることをしなければ道を枉《ま》げざるをえない。柳下恵は三度官を退けられたが、国を去ることはしなかった。終わりまでその正しさを失わなかった。彼は三度退けられても父母の住まう国への愛着を断ち切ることをしなかった。仁者に非ずしてはできないことである。

■第三章

斉景公待孔子曰、若季氏則吾不能。以季孟之間待之。曰、吾老矣。不能用也。孔子行。

斉の景公、孔子を待《たい》して曰《い》わく、季氏の若きは則ち吾れ能わず。季・孟の間を以てこれを待せん。曰《のたま》わく、吾れ老いたり。用いらること能わずと。孔子行《さ》る。

【訳】斉の景公が孔子を迎えようとしていった。魯の季氏のような高さで孔子を待遇することはできないが、季氏と孟氏の間ぐらいで孔子を迎えたい。孔子はこれを聞いていわれた。わたしはもう老いている。役立つ仕えをすることはできない。孔子は去ってゆかれた。

【注解】 魯の三卿のうちで季氏は上卿で隆盛であった。孟氏は下卿。孔子は、われ年老い、力衰え、季孟のように事《つか》えることはできないといって去られたのである。○私は本章についてこう考える。景公はすでに季・孟の間の待遇で孔子を用いることをいいながら、にわかに「吾れ老いたり、用いること能わず」といったりすることはありえない。それゆえ衛霊公が軍隊のことを問うたことに夫子は答えずに去った例（衛霊公一）にしたがって、「吾れ老いたり」を景公のではなく夫子の言葉とするのである。○旧説は本章の記事を『史記』孔子世家によって魯の昭公二十五年の事としている。この時、孔子は三十五歳である。その名も地位も目立つものではない。この時景公が季孟の待遇で孔子を迎える道理はないことを考えれば、本章の記事は別の時期のことであろう。

【大意】 斉の景公が季孟の間の待遇をもって孔子を迎えようとしたのは、ちょうど斉王が孟子に邸を与えて一万鐘《ばんしょう》の禄をもって弟子の育成にあたることを欲した（『孟子』公孫丑下）のと類似する。季氏・孟氏は魯の権力ある臣である。景公はにわかにこの季孟の待遇をもって孔子を迎えようとした。その待遇の礼はまことに高いとはいえ、孔子を待遇する道ではない。孔子が去ったのはそのゆえである。

■第四章

斉人帰女楽。季桓子受之。三日不朝。孔子行。

一 斉人《せいひと》女楽《じょがく》を帰《おく》る。季桓子《きかんし》これを受く。三日朝《ちょう》せず。孔子行《さ》る。

【訳】 斉の国人が女子の歌舞団を魯に送ってきた。それを受け取った季桓子は三日間朝廷を留守にした。孔子は魯の国を去った。

【注解】 季桓子は魯の大夫、名は斯。『史記』には定公十四年に孔子は魯の司寇（司法長官）になり、宰相の事務をも兼摂したが、斉は魯が強国になることを懼れて女楽（女子歌舞団）を送り、阻害しようとしたとある。

【大意】 本篇の前章で三人の仁者と柳下恵の出処進退について記し、その上で聖人孔子の中庸を得た出処進退を明らかにしようとするのである。聖賢の出処進退はそれぞれに行われて相互に悖《もと》ることはない。だがその進退は中庸の至りとはなしがたい。ただ夫子の進退は中庸の至極というべく、孔子が独り群聖を抜きんでた聖人であるゆえんを教えるものである。

【論注】 『史記』の孔子世家には、「斉の国人が魯の隆盛になることを阻むために女楽を送った。季桓子はこれを受け取り、三日の間、政事を顧みなかった。また郊祭の祭肉を大夫に分けることをしなかった。孔子は魯を去った」とある。いま『孟子』によって見ると、「孔子は魯の司寇になったが、その意見は用いられなかった。祭にあたって祭肉が分配されないことを見て、冠を脱ぐ間もなく急いで魯を去った」（告子下）とある。そこには「斉の国人が女楽を送り、三日の間、政事を顧みなかった」ということは書かれていない。それからすると「斉人が女楽を送る」ことと「祭肉を分けない」こととはもと同一時期のことではなかったのではないか。『史記』がこの二事をともに定公十四年の事として孔子の魯を去るきっかけをなす事件として記しているのは、誤りである。荘周（荘子）の書に孔子は「再び魯より逐われた」（『荘子』外篇山水）とあるのは、孔子が二度魯を去ったことを証明しているのではないか。

【評釈】　魯の国政・国情に対する怒りをともなった大きな不信が孔子にはあったのであろう。それが魯を去らしめる孔子の根本の理由であったはずである。だが孔子は斉人の送る女楽とそれを悦ぶ季桓子という小さな事件をきっかけにして職を下《お》り、魯を去ったのである。小さな事件をきっかけにした大きな進退の決断。主君の微罪を理由にしての主君と国とを去るという大きな行為。このコントラストがこの章を成しているのである。これをどう読むかである。仁斎は中庸の至極というべき孔子の進退のあり方を読むのである。

■第五章

楚狂接輿歌而過孔子。曰、鳳兮鳳兮、何徳之衰。往者不可諫。来者猶可追。已而已而。今之従政者殆而。孔子下、欲与之言。趨而辟之。不得与之言。

　楚の狂接輿《せつよ》、歌いて孔子を過ぐ。曰うに、鳳《ほう》なれや鳳なれや、何ぞ徳の衰えたる。往く者は諫むべからず。来る者は猶追うべし。已《や》みなん已みなん。今の政に従う者は殆《あや》うし。孔子下《お》りて、これと言わんと欲す。趨《はし》ってこれを辟《さ》く。これと言うことを得ず。

【訳】　楚の国の狂者接輿が歌いながら孔子の車前を通り過ぎた。接輿が歌っていった。鳳《おおとり》よ、鳳よ。そなたの徳の何と衰えたことよ。もう往ってしまったものを諫めてもはじまらない。これから来るものは追いかけても止めさせよう。止めたがよい、止めたがよい。今の政事《まつりごと》は危ないことだらけだ。孔子は車を降りて、接輿に物いおうとされた。だが接輿は走り去り、物いうことはできなかった。

【注解】 接輿は楚の人、狂者を佯《いつわ》って隠れ、仕えることをしていない。その時、孔子は楚に行こうとしていた。それゆえ接輿は歌いながら孔子の車の前を通り過ぎたのである。接輿は孔子の聖徳を知るゆえ、孔子を鳳凰になぞらえたのである。だが鳳凰は道の行われている世に出現し、無道の世には隠れている。それゆえ接輿は隠れることをしない孔子を譏って、その徳の衰えをいったのである。接輿が歌でいうところは、すでに行ってしまった過去のことは諫めても仕方がない。これから来ようとすることはそれを追いかけて止めさせることはできる。接輿は孔子に乱を避けて隠れることを勧めているのである。下りるは車より降りること。孔子は接輿のために、現実の事物とのかかわりを絶ち、世を避けて独りわが身の善さを求めることの間違いをいうことを欲せられたのである。

【大意】 輔氏（輔広）はいっている。「接輿のいうところを見ると、孔子を鳳凰になぞらえながらその衰えを疑っている。さらに楚に行こうとする孔子を止め、行くことの危険を慮っている。ねんごろに繰り返しいうその言葉によって、接輿が聖人を尊敬するものであることを知る。だが車前を走り去る接輿の心は、人を避け、世を逃れ、降りかかる禍害から遠ざかってわが身の保全をはかることのみにある。聖人の心との違いは氷炭黒白の違いどころではない」。

■第六章

長沮桀溺耦而耕。孔子過之。使子路問津焉。長沮曰、夫執輿者、為誰。子路曰、為孔丘。曰、是魯孔丘与。曰、是也。曰、是知津矣。

長沮《ちようそ》・桀溺《けつできぐう》耦して耕す。孔子これを過ぐ。子路をして津《しん》を問わしむ。長沮の曰わく、夫《か》の輿《よ》を執《と》る者は、誰れとするか。子路の曰わく、孔丘とす。曰わく、是れ魯の孔丘か。曰わく、是れなり。曰わく、是れならば津を知らん。

【訳】長沮と桀溺の二人が並んで畠を耕していた。孔子はその傍らを通り過ぎながら、子路に渡し場をたずねさせた。長沮が、あの手綱を執って車にいるのはだれなのかと問うた。孔丘です、と子路は答えた。では魯の孔丘かと長沮は聞いた。子路はその通りだと答えた。長沮は、それなら渡し場のあり場所ぐらい知ってるはずだといった。

【注解】長沮と桀溺の二人は隠者である。耦して耕すとは、二人並んで耕すことをいう。その時、孔子は楚より蔡に戻るにあたって津（渡し場）を探していた。輿を執るとは手綱を執って車に乗っていること。もともと子路が御者として手綱を執っていたが、いま津を聞くために車を下り、夫子がそれに代わっているのである。孔子はしばしば諸国をめぐり、当然津の場所を知るはずだというのである。

問於桀溺。桀溺曰、子為誰。曰、為仲由。曰、是魯孔丘之徒与。対曰、然。曰、滔滔者天下皆是也。而誰以易之。且而与其従辟人之士也、豈若従辟世之士哉。耰而不輟。

桀溺《けつでき》に問う。桀溺の曰わく、子は誰れとする。曰わく、仲由とす。曰わく、是れ魯の孔丘の徒か。対えて曰わく、然り。曰わく、滔滔《とうとう》たる者、天下皆是れなり。而も誰れと以《とも》にこれを易《か》えん。且つ而《なんじ》その人を辟《さ》くるの士に従わんよりは、豈世を辟くるの士に従うに若《し》かんや。耰《ゆう》して輟《や》まず。

【訳】子路は桀溺にたずねた。桀溺は、あなたは誰れかと聞いた。子路は、仲由ですと答えた。ではあなたは魯の孔丘の門人か、と桀溺はいった。そうです、という子路の答えを聞いて桀溺はいった。滔滔として流れるものは戻ることはない。天下もまたひたすら乱れていく。あなたはこの流れを誰れとともに変えることができるとするのか。しかも仕える相手をたえず避けるようにして変えるあの御仁にしたがうよりは、むしろこの世を避けて野を耕すわれわれに従った方がましではないか。桀溺はそう答えて、種を植える仕事の手を休めることはなかった。

【注解】朱氏（朱熹）はいう。「滔滔とは水の流れて戻ることのない貌をいう。誰以は誰れと与《とも》にの意。天下はみな乱れている。誰れとともにこれを変えたらよいのか、といっているのである。而は汝である。人を辟ける士とは孔子をいう。世を辟ける士とは桀溺自身をいう。耰とは種を土で覆うこと。桀溺は畠仕事を止めずに、渡し場を教えることをしないのである」。

子路行以告。夫子憮然曰、鳥獣不可与同群。吾非斯人之徒与而誰与。天下有道、丘不与易也。

子路行って以て告《こく》す。夫子憮然《ぶぜん》として曰わく、鳥獣には与《とも》に群を同じうすべからず。吾れ斯の人の徒と与にするに非ずして誰れと与にかせん。天下道有り。丘与に易《か》えず。

【訳】子路は夫子のもとに戻って、長沮・桀溺のいうところを告げた。夫子は憮然としていわれた。

自分は鳥獣と共にいようとするものではない。わたしが常に共にいようとするのはこの人びとである。この人びとと共にいずして、いったい誰れと共にいようとするのか。天下にこの人の道がある。この道を誰れと共に変えようとするのか、変えたりすることは決してない。

【注解】朱氏（朱熹）はいう。「憮然とは悵然《ちょうぜん》、すなわちがっかりするさま。人の意を覚ることのない長沮・桀溺のあり方を残念に思っているのである。言う意は、自分が共にするのはこの人びとであって、鳥獣ではない。人との交際を絶ち、この世を離れ、山野に逃れてただ己が身だけを潔くすることなど、どうしてしようか、することは決してない、ということである」。天下道有りとは、人の道があることをいう。人の道があるとは、天下に自ずから君臣があり、父子があり、夫婦があることをいう。君臣であり、父子であり、夫婦である人をもって、この人のあり方を平らかにしようとするだけである。どうしてこの道を変えることなどあろうかといわれているのである。

【論注】桀溺は天下を変えることを欲している。聖人孔子は天下を変えることを欲せられてはいない。天下を変えることを欲するものは、私の道を天下に強いるものである。天下を変えることを欲しないものは、天下をもって天下を治めようとするものである。思うに天下は人びとをもって天下であり、人びとを去って天下であることはない。それゆえ聖人は天下すなわち人びととともに楽しみ、天下すなわち人びととともに憂える。いまだかつて天下すなわち人びとを避けて、独りわが身を潔《いさぎよ》くするようなことはない。長沮・桀溺の流は天下に通じ、万世に達するようなものではまったくない。あの仏氏が寂滅を説き、老氏が虚無の道をいい、それでもって天下を変えることを思ったが、しかしながら今に至るまで二千有余年、いまだかつて天下の君臣・父子・夫婦の人倫が滅び、太古の無に帰したことはない。ここにおいて知るのである。わが夫子の教えこそ大中至正にして、古今を貫徹して、そこにさらに加えるものなどないことを。だからいわれるのだ、「斯の民や、三代の道を直くして行う所以なり〔この民は、三代の聖王による真っ直ぐな道の行われたときの民と同じ民である〕」（衛霊公二十四）と、また「人を以て人を治む。改めて止む〔身近な人の道でもって人を治めるので、難しいことを強いるのではない。改めればそれですむことである〕」（『中庸』）と。聖人が世の事物を絶ち、世を憤り、世を棄てたりされないのはこのようである。唐の魏徴《ぎちょう》が、「古代の五帝三王は民を変えることなく、その民を良い民に化した」（『資治通鑑』巻一九三）というのは、その意を得たものである。

【評釈】前章といいこの章といい、諸国を巡遊する孔子の周辺に出現する隠者をめぐる挿話からなる章である。創られた挿話かと思わせるほどよくできている。これが実話であれ、創られた挿話であれ、乱れた世に遊説する論説家にとって世を避ける隠者の姿は常にその背後に見出されるものであったのであろう。これらの章は孔子が已れの背後に聞いた隠者の呼びかけを具象化した挿話であるだろう。

■第七章

子路従而後。遇丈人以杖荷蓧。子路問曰、子見夫子乎。丈人曰、四体不勤、五穀不分、孰為夫子。

子路従いて後《おく》れたり。丈人《じょうじん》の杖を以て蓧《あじか》を荷うに遇う。子路問うて曰わく、子、夫子を見るか。丈人の曰わく、四体勤めず、五穀分かたず、孰《た》れをか夫子とする。

【訳】孔子の供をしていた子路が遅れた。杖をつき籠を背負う老人に出会った。子路は師を見なかったかと問うた。老人はいった。手足も働かさず、五穀の区別もつかずに、だれをいったい師としたりしているのか。

【注解】丈人もまた隠者である。蓧は竹器。朱氏（朱熹）はいう。「分は弁別すること。五穀を区別することができないとは、菽麦《しゆくばく》（豆と麦）の区別がつけられない愚かさをいう。農事に従うことをせずして、師に従って遠く旅することを責めているのである」。

植其杖而芸。子路拱而立。止子路宿。殺鶏為黍、而食之、見其二子焉。

その杖を植《た》てて芸《くさぎ》る。子路拱《きよう》して立つ。子路を止めて宿せしむ。鶏を殺し黍《きび》を為《つく》りて、これを食《は》ましめ、その二子を見《まみ》えしむ。

【訳】老人はその杖を立て掛けて草を刈り出した、子路は手を胸に組み、敬意を示して立っていた。老人は子路を引き止め、泊まらせた。鶏を殺し、黍飯を炊いて食べさせ、二人の子供を引き合わせた。

【注解】植は立て掛ける。芸は草を取ること。拱して立つはその隠者であることを知り手を恭しく組んで立つこと。老人もまた子路の常人ではないことを知り懇ろにもてなしたのである。

明日子路行以告。子曰、隠者也。使子路反見之。至則行矣。

明日《めいじつ》、子路行きて以て告《もう》す。子の曰わく、隠者なり。子路をして反《かえ》りてこれを見せしむ。至るときは則ち行《さ》る。

【訳】 翌日、子路は孔子に追いついて申しあげた。孔子は、その人は隠者だといわれ、子路を引き返らせ、その老人に会うようにさせた。だが子路が着いたときには、老人は出かけてしまっていた。
【注解】 孔氏（孔安国）はいう。「子路が引き返してその家に着いたとき、老人は家を出て、不在であったのである」。

子路曰、不仕無義。長幼之節、不可廃也。君臣之義、如之何其廃之。欲潔其身、而乱大倫。君子之仕也、行其義也。道之不行、已知之矣。

子路の曰わく、仕えざれば義無し。長幼の節、廃すべからず。君臣の義、これを如何《いかん》ぞそれこれを廃せん。その身を潔《いさぎよ》くせんと欲して、大倫を乱る。君子の仕うるや、その義を行わんとなり。道の行われざる、已《すで》にこれを知る。

【訳】 子路は夫子の言葉をこう伝えた。世に出て仕えなければ、義は実現しない。長幼の序の廃しえないことはあなたのご子息たちが示す通りだ。それならどうして君臣の義を廃することができるとするのか。世を離れ独りわが身を潔くすることは人の大倫を破ることである。君子がこの世に出て仕えることは、義を実現するためである。道の行われていないことは、わたしもすでに知っている。
【注解】 孔氏（孔安国）はいう。「老人はすでに不在であったゆえ、子路は二人の子にこの言葉を語り、その父が帰ってのちに伝えさせようとしたのである。それゆえこれ以下の言は子路によって伝えられた孔子の意《こころ》である」。隠者とは独りその身を潔くして、父子・君臣という大倫を廃するものである。それゆえ隠者であることの無義を責められたのである。子路はその二人の子を見れば、兄弟の分がそこにはあり、長幼の序の廃しえないことをすでに心得ていることを知る。子路は君臣の義をも同様に廃すべきではないことを明らかにしたのである。倫とは理《みち》（人間における整ったすじ道・道理）である。大倫とは父子には親という道があり、君臣には義という道があり、夫婦には別という道があり、長幼には序という道があり、朋友には信という道があるということである。義を行うとは、人が仕えることを通じてこの義という道を実現することをいうのである。

【大意】黄氏（黄榦）はいう。「接輿の章（微子五）以下の三章を孔子の魯を行《さ》る章（微子四）の後に列ねて、季桓子の政治姿勢に合わずして魯を去りながら夫子が決して平然と世を忘れるものではないことを記して、聖人の出処たるゆえんを明らかにしている」。

【論注】隠者は仕えないことをもって義とする。聖人は仕えることをもって義とする。思うに義とは天下の大路である。この義を捨て置いては一日もその生を行うことはできない。君子が仕えるのはただ禄を求めてすることではない。天下にその道を実現するためである。聖人は仕えを止めるべきであるのに、止めないものであるわけではない。だがもしこの時に止めるならば、それは世に道を行うことを断念することであり、義ではない。それゆえ夫子は道が行われていないことは、すでに知っているといわれたのである。後世儒者のするこの義をめぐる論議は、隠者の見方を出ていないように思われる。

【評釈】本章とその理解には多くの重要な問題が含まれている。仁斎は【論注】で後世儒家の君臣の義をめぐる論に隠者の立場に共通するものを見ている。仁斎はこの章の理解を朱子にしたがってしながら、しかし最後に君臣の義をめぐる朱子の理解に同調しない。朱子は分かりにくい言葉でこういっている。「仕は、君臣の義を行う所以。故に道の行われざるを知ると雖も、廃《す》つべからず。然れどもこれを義と謂うときは、則ち事の可否、身の去就、亦自ずから苟《いやし》くすべからざる者有り。是れを以て身を潔くして以て倫を乱さずと雖も、亦義を忘れて以て禄に徇《したが》うに非ず（仕えるとは、君臣の義を行うゆえんである。それゆえ道が行われていないことを知りながらも、この仕えを廃することはしない。しかし君臣を義というからには、この仕えには事の可否、身の去就など苟《かりそめ》にできないものがある。そこから世を棄て身を潔くして倫を乱すことはないとはいえ、義を忘れて禄に従うことはしないのである）」（『論語集注』）。これを見ると「君臣の義」とは君臣という関係性の倫理だということがわかる。だから朱子にとっては君臣という関係性をもって仕えるとは、「君臣の義」という倫理を行うことである。だが仁斎にとって義とは「天下の大路」である。だから世に出て君臣という関係性をもって人が仕えるとは、この天下にこの義（道）をその関係性を通じて実現していくことである。朱子のいう「仕えるとは、君臣の義を行うゆえんである」と、仁斎のいう「義を行うとは、仕えることを通じてこの義という道理を実現することである」との間には、微妙で弁じがたいが、しかし重要な違いがあるように思われる。

朱子たち位ある君子にとって特定の君臣関係から離れようとも、彼らは「君臣の義」という倫理の担い手としてある。だから朱子は隠者のように世を棄てることなくして、義に合うか、合わないかによって特定の君から去ることはありうるといっているのである。だがこれは十七世紀近世日本の市井の学者である仁斎にとって考えにくいことである。仁斎は世に出ることとは「仕える」という社会的関係性をもつことだとしている。武士なら君臣という関係性の中に身を置くことであり、町人なら主従という関係性の中で仕えることである。仁斎は人が世に出るということは、この関係性の中で仕えることだとしているのである。だから人は仕えることで人の道を行い、社会的道義を実現しているというのである。そこから仁斎には世に出て仕えることをしない隠者との決定的な区別がなされることになる。そして君に仕えることなく、なお義をいう朱子たちの論は、隠者の主張と区別しがたいものとみなされることになるのである。ここに私たちは近世日本でやがて成立する社会倫理への方向を読み取ることができる。

たしかに仁斎はこの章の注解で「倫理」という概念を提示している。彼は「倫は理《みち》なり」として【注解】に見るような論を述べている。この論もまた朱子の『集注』の論を前提にしている。すなわち「倫は序なり。人の大倫、五つ有り。父子親有り、君臣義有り、夫婦別有り、長幼序有り、朋友信有り、是れなり」。朱子の「倫は序《ついで》なり」を仁斎が「倫は理《みち》なり」と読み換え、言い換えることによって、彼が「人の道」という人間《じんかん》の倫理あるいは社会倫理が成立することについては別に私は論じなければならない。なお仁斎の「倫は理なり」とは、日本の儒家テキストにおける「倫理」概念の初出例だとみなされる。

■第八章

逸民、伯夷叔斉、虞仲、夷逸、朱張、柳下恵、少連。

―逸民には、伯夷《はくい》・叔斉《しゅくせい》、虞仲《ぐちゅう》、夷逸《いいつ》、朱張《しゅちょう》、柳下恵《りゅうかけい》、少連《しょうれん》。

【訳】 世を棄てた人には、伯夷と叔斉、虞仲、夷逸、朱張、柳下恵、そして少連がいる。

【注解】 逸は遺《す》てる。逸民は世を避けた無位のものをいう。虞仲と夷逸の名は経伝中に見ない。荀子の書に見える子弓は朱張の字だとある人はいっている。少連は東夷の人だと『礼記』檀弓篇にある。ある人は虞仲を泰伯の弟の仲雍とするが、泰伯の死後仲雍がその位を継いだのであるから、これを逸民ということはできない。それに仲雍は伯夷前の生まれであるから、これを伯夷・叔斉の後に置くことを夫子はされない。虞仲は仲雍とは別人であろう。

子曰、不降其志、不辱其身、伯夷叔斉与。

子の曰わく、その志を降さざる、その身を辱しめざるは、伯夷・叔斉か。

【訳】 孔子がいわれた。その志を低くし、その身を辱しめることをしなかったのは伯夷・叔斉である。

【注解】 陳氏（陳櫟）はいう。「見るべし。君に非ざる君に事えて、その志を降すことをしない。悪人の朝廷に立って、その身を辱しめることをしない」。

謂柳下恵少連、降志辱身矣。言中倫、行中慮。其斯而已矣。

柳下恵・少連を謂う。志を降し、身を辱しむ。言倫《りん》に中《あた》り、行い慮《りょ》に中る。それ斯れのみ。

【訳】　柳下恵・少連について夫子はこういわれた。その志を低くし、身を辱しめて辞することをしなかったが、その言うことは世の倫《みち》に合い、行うことは人の思慮に適っていた。その限りの人たちだ。

【注解】　慮は思慮である。慮に中るとは、人の思慮に適っていること。

謂虞仲夷逸。隠居放言、身中清、廃中権。

━虞仲・夷逸を謂う。隠居して言を放《ほしい》ままにし、身、清《せい》に中り、廃、権に中る。

【訳】　虞仲と夷逸について夫子はこういわれた。隠棲して恣にものをいったが、身の処し方は清潔で、世の捨て方も時期に適っている。

【注解】　朱氏（朱熹）はいう。「隠居して独りわが身を善くすることは、潔白な生き方ではある。言うことだけを言い放って世を棄てることは臨機応変の生き方ではある」。

我則異於是。無可無不可。

━我は則ち是れに異なり。可も無く不可も無し。

【訳】　わたしはこの七子とは異なっている。それらを可とするものでもなく、不可とするものでもない。

【注解】　言う意《こころ》は、この七人の身の処し方（仕え方）には可もあり、不可もある。世を棄て、俗を離れることをしないものは、和光同塵（智恵の輝きを和らげて、俗世の塵に混じること）を免れない。だがこれはみな、行うべきことではない。それゆえ夫子はこの言葉をもって断じられたのである。

【大意】 可もなく不可もなしとは、義がそこに尽くされ、道がそこに全くされたことをいうのである。学がここに至らなければ、可とすれば、不可はなく、不可とすれば、可はないということになるだろう。ただ聖人のみ仕えるか、止めるか、久しく仕えるか、速やかに退くかが、それぞれ義に適ってなされ、可・不可をいうことのない境位にあることができるのである。

【評釈】 本章のことに最後の「我は則ち是れに異なり。可も無く不可も無し」という言葉の理解に当たって、ほとんどの解釈者は朱子が引く孟子の言葉によっている。「孟子曰く、孔子以て仕うべければ則ち仕え、以て止むべければ則ち止む。以て久しくすべければ則ち久し、以て速やかにすべければ則ち速やかにす。所謂可も無く不可も無きなり」(『論語集注』)。ここで朱子が引く孟子の言葉は『孟子』公孫丑篇上にある伯夷・伊尹の出処進退をめぐる問いに孟子が答えたものである。金谷治はこの孟子の言葉を解説して、「伯夷の潔癖さ、伊尹の君を選ばぬゆき方、孔子の時々に応じた適宜のやり方をあげて、孔子こそは自分の学びたいところだ、とその志向を明らかにする」(金谷治『孟子』朝日新聞社)といっている。この孟子によることで多くの解釈者は、孔子のいう「可も無く不可も無し」という言葉に、時機の宜しきに適った自在な態度をとる孔子を読んでいくのである。仁斎もまた「仕えるか、止めるか、久しく仕えるか、速やかに退くかが、それぞれ義に適ってなされる」ところに孔子の聖人の境位を見るのである。だが七人の逸民の事跡を批評しながら孔子が、「我は則ち是れに異なり。可も無く不可も無し」という言葉は、はたして時々に応じた適宜の出処進退のあり方をいうものであろうか。

微子篇の孔子は隠者によって見られ、問われ続けている。なぜあなたは乱れたこの世に在り続けようとするのか。あなたの警世の言説にどれほどの意味があると思っているのか。諸国を巡遊する老いた孔子の耳にこの声はますます頻繁に囁かれ続けたであろう。孔子はこの声に耳を閉ざしたわけではない。彼はこの声を聴いているのである。だからこの声の痕跡はいくつもの章をなして『論語』の特にこの微子篇に収められているのである。同時にこれらの章は、隠者たちの声に抗してこの実世界に居続け、ここで言い続ける孔子の根底的な人生態度の選択をわれわれに教えているのである。「私の人生態度の選択は逸民の先人たちとは違う。先人たちの選択を可とするものではないが、またそれを不可というものでもない。それはもう一つの選択である」と。

■第九章

大師摯、適斉。亜飯干、適楚。三飯繚、適蔡。四飯欠、適秦。鼓方叔、入於河。播鼗武、入於漢。少師陽、撃磬襄、入於海。

大師《だいしし》摯は、斉に適《ゆ》く。亜飯干《あはんかん》は、楚に適く。三飯繚《さんはんりょう》は、蔡《さい》に適く。四飯欠《しはんけつ》は、秦に適く。鼓方叔《こほうしゅく》は、河《か》に入る。播鼗武《はとうぶ》は、漢に入る。少師陽《しょうしよう》・撃磬襄《げきけいじょう》は、海に入る。

【訳】 大師摯は、斉に行《さ》った。亜飯干は、楚に行った。三飯繚は、蔡に行った。四飯欠は、秦に行った。鼓方叔は、河内《かない》に入った。播鼗武は、漢中に入った。少師陽と撃磬襄は、海島に渡った。

【注解】 大師は魯の楽官の長。摯はその名、亜は次。亜飯、三飯、四飯は楽をもって食事をすすめる官。干、繚、欠はみなその名。班固は、「王者は夜明けと昼と夕刻と夜との四度の食事をする。諸侯は三度の食事をし、大夫は二度の食事をする」といっている。思うに魯は三飯であるはずである。鼓は鼓を打つ者で、方叔はその名である。河は河内をいう。播は揺すること。鼗は小鼓で、両側に耳があり、柄をもって揺すると自ずからそれが鼓を打つようになっている楽器である。武はその名。漢は地名、漢中をいう。少師は楽官の補佐。陽・襄は二人の補佐の名。海は海中の島。

【大意】 朱氏（朱熹）は、「本章は前章に付して、賢人の隠遁について記したものである。だがこれを必ずしも夫子の言とすることはできない。次章も同様である」といっている。〇当時世は乱れ道衰えて、賢人はその志を遂げることができず、抱関《ほうかん》（門衛）・撃柝《げきたく》（夜警）に身を窶《やつ》すか、楽人になって逃れるしかなかった。『詩経』の簡兮《かんけい》の詩はまさしくこれを詠《うた》うものである。大師摯以下の楽人が四方に逃れ散っていったのは、この時、魯国もまた仕えることができないほどに乱れたからであって、淫声の楽のみ好まれて正楽が失われたからだけではない。

■第十章

周公謂魯公曰、君子不施其親。不使大臣怨乎不以。故旧無大故則不棄也。無求備於一人。

周公、魯公に謂いて曰わく、君子はその親《しん》を施《す》てず。大臣をして以《もち》いざることを怨みしめず。故旧《こきゅう》、大故《たいこ》無きときは則ち棄てず。一人に備わらんことを求むること無し。

【訳】 周公は魯公伯禽にこう語られたという。君子たるものその身内を蔑《ないがし》ろにしてはならない。任用されなかったことを理由にした怨みを大臣にもたせてはならない。古くからの知り合いを、大きな過失もないのに棄ててはならない。一人のひとにすべてが備わることを期待してはならない。

【注解】魯公は周公旦の子伯禽《はくきん》である。施は陸氏（陸元明）の本では弛にしている。遺棄することである。以は用いる。大臣はその人でなければ止めさせてもよい。だがその位にあるものを用いないことがあってはならない。大故は悪逆をいう。

【大意】この章の四つは、誠実で思いやりをもった君子のなす事である。胡氏（胡寅）はいう。「これは伯禽が封地である魯国に行くに当たって周公が与えた訓戒の辞である。魯の人びとに伝えられ、長く忘れられずに誦し続けられてきたのであろう。あるいは夫子はかつてこれを門弟子と語られたのか」。

【評釈】この章はその四つの訓戒とともにきわめて異質である。周公の名をもっていい伝えられてきた通俗的訓戒が過ってここに入ってしまったようである。

■第十一章

周有八士。伯達伯适、仲突仲忽、叔夜叔夏、季随季騧。

一周に八士有り。伯達《はくたつ》・伯适《はくかつ》、仲突《ちゆうとつ》・仲忽《ちゆうこつ》、叔夜《しゆくや》・叔夏《しゆくか》、季随《きずい》・季騧《きか》。

【訳】周に八人の士がいた。伯達・伯适・仲突・仲忽・叔夜・叔夏・季随・季騧である。

【注解】包氏（包咸）はいう。「周の時代に四度産んで八子を得たといい、その八子がいずれも世に聞こえた士となった。それゆえこれを記したのである」。

【大意】　四度産んで八子を得たというのは甚だ異常なことである。信じることではない。恐らくはただ当時人物の輩出が盛んであったことをいうだけのものであろう。陳氏（陳櫟）はいっている。「本篇は魯の末期、賢人の多くは世を去り、隠れ住んだことを記し、そして終わりに周の盛時には多数の賢人を輩出したことを記している。それは今の衰えを傷み、古えの盛時を思う心からであろうか」。

子張《しちょう》第十九

■第一章

子張曰、士見危致命、見得思義、祭思敬、喪思哀、其可已矣。

子張の曰《い》わく、士は危うきを見て命を致し、得るを見ば義を思い、祭には敬を思い、喪《も》には哀《あい》を思わば、それ可なるのみ。

【訳】　子張がこういった。危機に際しては命《いのち》を顧みず、利得に際してはその義（正しさ）を思い、祭祀に際しては常に敬をもってし、喪には哀しみをもってするならば、士として不足するところはない。

【注解】　朱氏（朱熹）はいう。「命を致すとはその命を委ねること、命を授けるというのと同意である」。

【大意】　危機に際して命を顧みないものならば、かりそめにもその生を偸《ぬす》むようなことはない。利を得るに際して義（正しさ）を思うものは、不義を行うことをしない。喪祭に哀敬をもってするものは、士としてその身を守り、その本を確立しているものである。それゆえ「それ可なるのみ」というのである。だが君として、また宰相として上にあるものはこれに止まるものではない。

【評釈】　孔子は士がいかにして君子でありうるかを問う。だがポスト孔子的な弟子たちの問いは、士はいかにして士でありうるかを問うものになっている。本章最後の「それ可なるのみ（それだけやれば十分だ）」といった言葉は孔子に聞くことのないものである。子張篇第一章のこの言葉は、本篇がポスト孔子的な弟子たちの言説で構成されるものであることを教えている。

■第二章

子張曰、執徳不弘、信道不篤。焉能為有、焉能為亡。

子張の曰わく、徳を執《と》ること弘からず、道を信ずること篤《あつ》からず。焉んぞ能く有りとし、焉んぞ能く亡《な》しとせん。

【訳】　子張はいった。徳を広く及ぼそうともせず、道を篤く信じて行うこともしなければ、その士に道徳が有りともいえないし、それは失われていまは無しともいうことはできない。

【注解】　弘は寛い、広い。篤は厚い。亡は無し。焉んぞ有り、無しとせんとは、存するようでもあり、無いようでもあることをいう。

【大意】　徳があるとはそれを人や物に及ぼすことにある。広く徳を及ぼすことのない士とは狷介の士である。道は篤く信ずべきものとしてある。だが篤く信じることのない士において道は「塗説（路傍で説かれるようなもの）」（陽貨十三）になってしまう。それゆえ人は徳を行い、徳を広く及ぼすべきであり、篤く道を信じて行って君子たるべきである。徳を広くすることもなく、篤く道を信じることもなければ、はじめその人にあるかのごとき道徳も、必ずや失われて終わるだろう。

■第三章

子夏之門人問交於子張。子張曰、子夏云何。対曰、子夏曰、可者与之、其不可者拒之。子張曰、異乎吾所聞。君子尊賢而容衆、嘉善而矜不能。我之大賢与、於人何所不容。我之不賢与、人将拒我。如之何其拒人也。

子夏の門人、交《まじ》わりを子張に問う。子張の曰わく、子夏何と云う。対《こた》えて曰わく、子夏の曰わく、可なる者にはこれに与《くみ》せよ、その不可なる者はこれを拒《ふせ》げ。子張の曰わく、吾が聞く所に異なり。君子は賢を尊んで衆を容《い》れ、善を嘉《よみ》して不能を矜《あわ》れめと。我の大賢ならんか、人に於いて何の容れざる所あらん。我の不賢ならんか、人将に我を拒がんとす。これを如何《いかん》ぞそれ人を拒がん。

【訳】子夏の門人が人との交わりについて子張に問うた。子張は、子夏がどういったのかとたずねた。その門人は、可とされるものと交わり、不可とされるものとの交わりは拒むがよいと子夏は教えたといった。子張はそれに答えていった。私が先生からうかがっていることはそれとは違う。君子というものは賢人を尊ぶとともに普通の人びとをも受け容れ、善人を称えるとともに駄目な人にも同情するものだと教えられた。もし私が大なる賢者であれば、人は私を受け容れないことはない。もし私が不賢者であれば、人はきっと私を拒むであろう。私が人を拒むなどということをどうしてしようか。

【注解】 本章は子夏の一門人が子夏のいうところに疑いをもち、子張にこれを質《ただ》したものであろう。子張は夫子より聞くところの意をもってそれに答えたのである。

【大意】 賢人を尊ぶときは道は立ち、善を好むときには学が進む。普通の人びとを受け容れるならば、人を見捨てるということはない。駄目な人にも同情の心をもてば、人や物を救うことになる。これは孔子聖門の法言である。学者は心を尽くしてこれを受用しなければならない。ある人が問うた。ここでいわれることは、「己れに如《し》かざる者を友とすること無かれ」(学而八)といわれることに反するのではないかと。それに答えて、彼処でいわれているのは、みずから好んで友とする場合で、相手が友となることを自分に求めて、それを必ず拒めということではない。まして賢人を尊ぶならば、自ずから小人から遠ざかるし、善人を好むならば、不善の人と親しみ合うことはない。あえてこれを拒むには及ばない。子夏のいうところは、たしかに交わりを選ぶ道ではあるが、子張のいうところこそ、聖人の意を真実に伝えるものである。だがそれも決して大きな間違いを犯したものとの交際を絶つべきではないというのではないし、無益な友をも遠ざけるべきではないということでもない。読者はその言葉によってその意を汲み損なってはならない。

■第四章

子夏曰、雖小道、必有可観者焉。致遠恐泥。是以君子不為也。

一 子夏の曰わく、小道と雖ども、必ず観るべき者有り。遠きを致さば泥《なず》まんことを恐る。

是れを以て君子はせず。

【訳】　子夏はいった。小道といわれるものにも観るべきものもある。だがこれに従って遠くに行こうとすると、滞って行くことはできない。それゆえ君子はこの類いのものに従うことはしない。

【注解】　小道とは諸子百家などの属をいう。泥は滞り、通じないこと。

【大意】　小道は多く事をなすのに便利で、その効果も速く見やすい。それゆえ世の俗士や凡庸の輩が多く悦んでこれに従ったりする。だがこれに従って遠くまで行こうとすると、滞って行くことはできない。それゆえ君子はこの類いのものに従うことはしない。

■第五章

子夏曰、日知其所亡、月無忘其所能、可謂好学也已矣。

子夏の曰わく、日にその亡《な》き所を知り、月にその能くする所を忘るること無きを、学を好むと謂うべきのみ。

【訳】　子夏はこういった。日々にその不足するところを知って、それを補い、月々にその能くするところを忘れずに、初心を思い起こすならば、学を好むということができる。

【注解】　亡は無いである。自分にまだ有《も》つことのないことをいう。

【大意】　学が已れに進むときは、日々に足らないところを知り、すでに有《も》つものに新たに加えていく。徳が已れに立つときは、月々に自分の能くするところを忘れずに、初心を失わないようにする。

日々に自分の足らないところを知るのは、厭うことなく学ぶものの能くすることである。月々に自分の能くするところを忘れないのは、みずから省みるものの能くすることである。日々に思い、月々省みて、常にそれを胸中にしているならば、その進歩は量り知れない。まさに「天下の能事畢《おわ》る〔天下の能くすることは、そこに尽くされている〕」（『易経』繫辞上）である。

【論注】天下の最も美事とするのは学を好むこと以上のものはない。聡明や才知の弁はこの美事に与らない。人として学ぶことを知らなければ、君であることはできず、臣であることはできず、父であることはできず、子であることはできず、夫婦・兄弟・朋友の間柄に至るまで、みなそれぞれであることができない。それゆえ聖人孔子は学を好むことをもって人を称えられるのである。夫子が顔淵をその穎悟の才をもって称えず、学を好むをもって称えたことを見るべきである。学を好むことは、それに何を加えることもなく天下の美事である。

【評釈】子夏の言葉に比して、これを論説する仁斎の言葉の大きさに驚かされる。学ぶことを好むものとはどういう人かをいう子夏の言葉によって仁斎は、好学が天下の最上の美事だといってしまう。学ぶことの前進を「天下の能事畢る」という『易』の言葉をもって仁斎は称えたりする。この「好学」への仁斎の過剰な言葉に私は仁斎によってなされる穎悟による開明から好学による達成への学問論的・世界観的転換を見る。

■第六章

子夏曰、博学而篤志、切問而近思。仁在其中矣。

一子夏の曰わく、博く学びて篤く志し、切に問うて近く思う。仁その中に在り。

【訳】子夏はこういった。博く学んで、篤く道に志し、事柄を切実に問うて、身近にそれを考えるならば、仁はそのことの中にあるということができる。

【大意】博く学ぶときには、求めることといっそう精密である。篤く道に志すときには、道を信ずることといっそう実である。切実に事柄を問えば、泛然としたままに打ち過ぎる心配はない。事柄を身近に考えれば、遠くに思いを馳せる弊害を免れる。このように学び、問い、思うならば、これを仁というには不足しても、事を切実に身にとって苟《かりそめ》にしないそのことの中に仁はあるというのである。

■第七章

子夏曰、百工居肆以成其事。君子学以致其道。

一子夏の曰わく、百工《ひゃっこう》は肆《し》に居て以てその事を成す。君子は学びて以てその道を致《きわ》む。

【訳】子夏はいった。職人たちはその作業場にいて、その作業で物を仕上げていく。君子はその学に務めて道を極めていくものである。

【注解】肆は官府の作業場をいう。致は極めるである。

【大意】作業場にいて物を仕上げるのは職人の仕事である。学問をして道を極めていくのは君子の事業である。人にはそれぞれに務めるべき事業がある。君子が務めるべき事業は何かを知らないでいてよいわけはない。

■第八章

子夏曰、小人之過也必文。

子夏の曰わく、小人の過ちは必ず文《かざ》る。

【訳】子夏がいった。小人が過ちを犯せば、必ずそれをいい繕う。

【大意】子夏がこれをいうのは、人がみずから省みることを欲してである。君子の心が誠実であるのは、その過ちを恥じるというよりは、改めることができずに再び犯した過ちを深く恥じるところにある。小人の心が偽りであるのは、その過ちを責める人の言葉を避けて、これを粉飾しようとするところにある。過ちをいよいよ飾れば、過ちはいよいよ露呈して、覆い隠すことなどできないことを小人は知らないのである。それゆえ君子は過ちなきをもってその歩みを終える。だが小人は過ちをますます大きくし、救済不能の事態に至っておわることになる。

■第九章

子夏曰、君子有三変。望之儼然。即之也温。聴其言也厲。

子夏の曰わく、君子に三つの変有り。これを望めば儼然たり。これに即《つ》けば温なり。その言を聴けば厲《はげ》し。

【訳】子夏はこういった。君子には三つの変容がある。遠くこれを望めば儼然として在る。近くに接すれば顔色は温和である。その言葉を聴けば、確然として厳しい。

【注解】朱氏（朱熹）はいう。「儼然とは相貌が荘重であること、温とは顔色が穏和であること、厲とは言葉が確然としていることである」。

【大意】これを遠く望んで儼然たりというのは、礼がその心身に在ることをいう。身近に接して温たりというのは、その仁徳が外に著れていることをいう。その言葉が厲しいとは、言葉に義がいい現されていることをいう。君子の徳の盛んで、輝かしいあり方とはこのようであるだろう。謝氏（謝良佐）はいっている。「変化に意を置いていっているのではない。この三つが並び行われて、相反することなく、あたかも良玉が温潤でありながら、なお栗烈《りつれつ》の厳しさをもつようであることをいうのである」。

■第十章

子夏曰、君子信而後労其民。未信則以為厲己也。信而後諫。未信則以為謗己矣。

子夏の曰わく、君子は信ぜられて後その民を労す。未だ信ぜられざるときは則ち以て已れを厲《や》ましむとす。信じられて後に諫《いさ》む。未だ信じられざるときは則ち以て已れを謗《そし》るとす。

【訳】子夏がこういった。君子は民にその誠実を信じられて後に民を使うことができる。そうでなければ民はその使命を自分たちを苦しめ、病ましめるものとするだろう。また君子は君にその誠実が信じられて後に君を諫むべきである。そうでなければ君はその諫言《かんげん》を自分をただ謗るものとするだろう。

【注解】 厲は病むである。

【大意】 民を使うに際し、また君を諫めるに際してその心が信実であれば、諫めは必ず聞き入れられ、使令は必ず従われて、事その志に反するといった心配はない。だが諫言も使令も信実に出るものでなければ、民はこの使令を己れを病ましめ、苦しめるものとし、君はこの諫言をただ己れを謗るものとして、諫めも使令もその目的を達することはない。それゆえ君子は信実であることを大事とする。○子夏のいう言葉が夫子の言にそっくりであるのは驚くほどである。もしこの章の冒頭を「子の曰わく」をもってすれば、だれがこれを区別することができるだろうか。『論語』に載る門人の言葉は夫子の言葉とともにこれを信じ、佩服せねばならない。

■第十一章

子夏曰、大徳不踰閑。小徳出入、可也。

― 子夏の曰わく、大徳は閑《のり》を踰えず。小徳は出入して、可なり。

【訳】 子夏はこういった。大きな道徳の逸脱は許されない。だが小さな身近な道徳の時に応じた逸脱は許される。

【注解】 大徳とは君臣の義や父子の親などをいう。小徳とは約束や実行の類いをいう。閑は闌《らん》（てすり）である。物の出入りを止めるものをいう。

【大意】 人の世界と等しい大きな道徳には踏み越えてはならない閑《しきり》がある。だが身近な約束事などの小道徳はその時々の事情にしたがって閑を越え出ることもありうる。夫子が「言必ず信に、行い必ず果たす〔言えば必ず実行し、行えば必ずし遂げる〕」（子路二十）ものをこちこちの小人として悪まれ、孟子が「大人は、言必ずしも信ならず、行い必ずしも果たさず、唯義の在るところのままにす〔大きな徳の人は言ったことを必ずしも実行するとはかぎらないし、行いかけたことを是が非でもやり遂げるとはかぎらない。ただ義の宜しきに従うだけである〕」（『孟子』離婁下）といっているのはこのことである。

【評釈】 仁斎は本章における子夏の孔子の言を忠実に反復するような言説を、孔子の言とともに尊重し、佩服すべきことをいっていた。だが仁斎は孔子を尊重するあまりに、孔子を反復する、いわば二番煎じの言説がもつ問題を見逃してしまっている。孔子を反復する弟子たちの言説は、孔子シューレを創出する継承者の言説として孔子の教えを定型化し、あるいは制度化していく。孔子の教説の対象である士が、政治的体制内の士となることによって、孔子を反復する弟子たちの教説は士の本分論、士的エートス論という性格をもつようになる。それは曾子の言説に、そして本篇の子貢・子張・子夏の言説に色濃い性格である。さらに弟子たちの師を反復する言説がもつ問題は、それが二番煎じであることにある。本章の【大意】で仁斎が引く夫子の「言必ず信に、行い必ず果たす、硜硜然たる小人なるかな」という言葉は、子路篇にある子貢の「士というべきものとは何か」の問いに答えたものである。この孔子の回答は最善の士、その次の士、そしてあえて子貢がするその次の次の士への問いになされたものである。最善の士とは、「己れを行うに恥あり、四方に使いして君命を辱《はずかし》めざる」ものだと孔子は答える。次の士はの問いに孔子は、「宗族孝を称し、郷党弟を称する〔一族の間でその孝行が称えられ、郷党の間でその悌順が称えられる」ものだと答える。そしてその次の次をあえて問う子貢に孔子は吐き捨てるように、あの「言必ず信に、行い必ず果たす、硜硜然たる小人なるかな」の言葉をいうのである。この夫子の回答は子貢とその問いへの強烈なるイロニーではないか。ひょっとして子貢も、他の門弟子も「言必ず信に、行い必ず果たす」ものをこそあるべき士としていたのではないか。だが子貢たちは孔子の言葉がもつ根底的なイロニーを聞き取ることはない。そこから孔子の反語的なイロニーを聞き取ることのない子貢たちからあの二番煎じの言葉がいわれることになるのである。小徳である約束事は違えることがあってもいいのだとは無意味で無用有害な言葉でもある。

■第十二章

子游曰、子夏之門人小子、当洒掃応対進退則可矣。抑末也。本之則無。如之何。

子游の曰わく、子夏の門人小子、洒掃《さいそう》・応対・進退に当たっては則ち可なり。抑《そもそ》も末なり。本はこれ則ち無し。これを如何《いかん》。

【訳】子游がこういった。子夏の年少の門人たちが掃除や応対などによく務めている。だがそれらはもともと末事だ。道の本来的な務めを門人たちに見ることはないのは、どうしたことだろうか。

【注解】子游は子夏の門人がもっぱら洒掃応対などの末事を務めて、道徳本来の務めをしないのを見て、本の教えを隠すとして、批判の論議をしようとするのである。

子夏聞之曰、噫言游過矣。君子之道、孰先伝焉、孰後倦焉。譬諸草木区以別矣。君子之道焉可誣也。有始有卒者、其惟聖人乎。

子夏これを聞きて曰わく、噫《ああ》、言游《げんゆう》過てり。君子の道、孰《いず》れをか先にし伝え、孰れをか後にし倦《う》まん。これを草木の区《く》にして以て別つに譬《たと》う。君子の道焉んぞ誣《し》うべけんや。始め有り卒《おわ》り有る者は、それ惟《ただ》聖人か。

【訳】子夏は子游の批判を聞いて、言游（子游）は間違っているといった。君子の道を教えるのに、何をまず先に伝え、何を後回しにして怠らしめたりするだろうか。農園の区域ごとに植えられたそれぞれの草木を見るがいい。私はこの年若い門人に最も相応しいものとして洒掃応対の道を教えているので、本を隠して末をまず教えているのではない。君子の道とは彼らを誣うるものではない。始めがあり終わりがあって、道の全きをなしているのはただ聖人においてである。

【注解】朱氏（朱熹）は倦むとは「人を誨《おし》えて倦《う》まず」（述而二）の倦むだという。ここでいうことは、君子の教えには定法はない。ただその材にしたがって教えを施すのである。末端の小事をまず伝え、本の大事を後まわしにして怠らしめたりするのではない。わが年少の門人には洒掃・応対・進退の節度をもってするのが妥当として教えているだけだと子夏はいうのである。本の教えを隠して、末事だけを教えているのではないというのである。草木の譬えで区とは区域をいう。古く農園に区域にしたがって異なる種類の草木を植えた。氾勝之《はんしょうし》の区種法とはこれである。草木の区域の別をいうのは、それが一目瞭然として明らかだということである。『書経』で「貴なること草木の如し」とはこれをいうのである。すなわち君子の道とは昭昭として明白で、これを覆い隠したりすることはできない。どうしてこれを隠して若い門人たちを欺くことなどできようか。最後に「始め有り卒り有り」というのは、始めと終わり、本と末の両端を出し尽くして全きものはただ聖人のことであって、これをもって年少の門人たちを律することはできないというのである。

【大意】聖人の道は草木の農園における区域ごとの別がはっきりしているように人を欺くことはできない。だがその道に何が先で何が後といった区別はつけがたいとはいえ、人には賢否の別があらざるをえない。それゆえこれに教えるのに方があり、これを学びにもたらすには時があるのである。みだりに教えを施してはならない。まことに子夏の教えの施し方はよい。学習者における上達の度合いの浅深にしたがって教え、できないものに強いて教えることをしなかった。それゆえ学習者には支えがあり、無理に凌ぎ上って墜ちたりする失敗はなく、学びに親しんで、倦むことの患いはなく、日に月に向上して、その前進に気づかないようであった。

【論注】朱熹は『集注』で子游が君子の教えに小学（洒掃応対という身近な学び）の順序があることを知らないと謗っている。だが子游も子夏も同じく孔子の門に学びながら、子夏だけが小学の順序を知り、子游はそれを知らないなどということがどうしてあろうか。子夏が「君子の道を隠して、どうして若い門人たちを欺くことなどできようか」といっていることからすれば、子游は子夏が君子の道を教えずに隠していることを謗っているのである。

【評釈】孔子門の弟子たちによってすでに学校が設営されている。その学校はカリキュラムが問われる教育的設営物にすでになっている。すなわち「小学」の位置づけが問われているのである。「小学の叙」の問題をこの章によって読むことに仁斎は反対しているが、宋代儒家たちの「小学の叙」論はこの章の解釈に始まるのである。『集注』が挙げる程子の言をここにも引いておこう。

程子曰わく、君子、人に教うること序有り。先ず伝うるは小さき者、近き者を以てし、而して後に教うるは大いなる者、遠き者を以てす。先ず伝うるに近小を以てして、而して後に教うるに遠大を以てせざるに非ざるなり。

■第十三章

子夏曰、仕而優則学。学而優則仕。

一 子夏の曰わく、仕えて優《ゆう》なるときは則ち学ぶ。学びて優なるときは則ち仕う。

【訳】子夏はこういった。よく仕えて余力があれば、学問をすることだ。よく学んで余力があれば仕えることだ。

【注解】優は饒、余りあることをいう。

【大意】世に出て仕えることと学ぶこととは二つに分かれるものではないことをいう。学ぶとは道を究めることであり、仕えるとはその志を行うことである。それゆえ仕えて、能くその事を為してゆとりあるときは、いまだ学ばずとはいえ、すでに道理を学びえている。また学んでその成果を能く人に及ぼすときは、いまだ仕えずとも、すでに人に仕える道を行うものである。学んで後に仕えるものであっても、その職に適わずに仕えを能くしえないものは、学ばないことと同然であることを知るべきである。夫子はいわれている。「書経にも、「これこそ孝なるかな。兄弟とも良く睦《むつ》み、延《ひ》いては政事にも及ぶ」とある。これもまた政治を行うことである」(為政二十一)と。これがよく学んでゆとりあるときは仕えることである。子夏もまたいっている。「たとえその人がまだ学問をしていないといっても、私はすでに道の学びを得た人というだろう」(学而七)と。これはよく仕えてゆとりあるときは学ぶということである。

【評釈】この子夏の言葉は孔子の「弟子入っては則ち孝し、出でては則ち弟し、謹んで信あり、汎く衆を愛して仁に親《ちか》づき、行って余力有るときは、則ち以《もち》いて文を学ぶ」(学而六)という言葉の反復的再生とみられている。仁斎もまたこの子夏の言葉を孔子の原型的発言に押し戻して、学行一致的君子像をここに見ようとしている。だがこの子夏の言葉は孔子の原型的発言に重ねて学行一致的君子像を読み取るようなものとしてあるのだろうか。この二番煎じの言説が提示するのは、二番煎じの低次の君子像でしかないのではないか。〈学者役人・役人学者〉をいうような子夏の二番煎じの言説は、逆に孔子の日常的力行に務め、余力あれば先人たちの豊かな遺文を学ぶという言葉に、孔子によって創出されようとする新たな君子像を見出すことを可能にする。それは学者役人でも役人学者でもない。この子夏の言葉は、「役人となって余力あれば学問し、学問して余力があれば役人となる」(貝塚論語)といった低俗な訳を生み出すことになる。あるいはこの訳の通りのことをしか子貢の言葉はいってないのか。

■第十四章

子游曰、喪致乎哀而止。

一子游の曰わく、喪は哀を致して止む。

【訳】子游はいった。喪はひたすら哀しみを尽くすことに極まる。

【注解】致すは推して極めること。

【大意】この時代、喪に際して哀しむよりも飾ることを専らにしている風俗を戒めていっているのである。それは「喪はその易《おさ》めんよりや寧ろ戚《いた》めよ〈喪礼は立派に整えられるよりは、むしろ哀しみを現しなさい〉」（八佾四）といわれ、また「喪礼はその哀足らずして礼余《あま》り有るよりは、礼足らずして哀余り有るには若《し》かず」（『礼記』檀弓上）ともいわれる意である。聖門の学が実を尚ぶことこのようである。

■第十五章

子游曰、吾友張也、為難能也。然而未仁。

一子游の曰わく、吾が友、張や、能くし難しとす。然れども未だ仁ならず。

【訳】子游がいった。わが友子張は、人のし難いことを為しおおせる人物である。だが人はその仁を認めることはしない。

【注解】能くし難しとすとは、その及ぶべからざることを賞めているのである。未だ仁ならずとは、人はその仁をいまだ許さないことをいう。

曾子曰、堂堂乎張也、難与並為仁矣。

曾子の曰わく、堂堂たるか張や、与《とも》に並んで仁を為し難し。

【訳】 曾子がこういった。子張は何と堂々としていることか。だが子張と並んで仁を行うことは難しい。

【注解】 堂堂とは容貌の盛んなさまをいう。

【大意】 表立つことをもっぱら務めて、みずからを高く構えるものには、内に誠実はない。それゆえ子張を、他者を輔けてともに仁を行おうとすることのできないものとするのである。子張を堂堂というのは、その傑出する力を惜しんでいうのであって、賛嘆していうのではない。○子張の行動力について、子游は人の為し難きをするものといい、曾子は堂堂と称した。いずれも褒めていう言葉である。だが二子ともに子張と仁を共にすることはできないという。ここから人は知るのである。表立つ制作的行為はどれほど高くともし遂げやすく、道徳の実を備えることは容易にその人を得ないということを。それゆえ経書を極める人には会い易く、道を知る人には会い難い。さらにいえば道を知る人を得るは易く、徳有る人を得るのは難しい。道を知る人とでなければ共に義を守ることはできない。徳有る人とでなければ共に並んで仁を行うことはできない。二子が子張と共にしない理由はここにある。後世の儒家たちが二子の言によってみだりに子張を非議するのは間違いである。

■第十六章

曾子曰、吾聞諸夫子。人未有自致者也。必也親喪乎。

曾子の曰わく、吾れこれを夫子に聞けり。人未だ自《みずか》ら致《きわ》むる者有らず。必ずや親の喪か。

【訳】　曾子がこういった。私は先生がこういわれることを聞いた。人は自分を出し尽くすということをしないものだ。だが親の喪には人はきっと哀しみを出し尽くす。

【注解】　致はその極まりを尽くすことである。至哀の情は人の言葉を待たずに哀しみに尽きる。

【大意】　人とはまことに「至らざる所無き〔何でもしでかす〕」（陽貨十四）ものである。だが親の喪に当たっては、自ずから哀しみを出し尽くすものである。ここに見るべきであろう、人の生まれもった性の善であることを。それを欺くことはできない。人は生まれもったこの性の充実に勉めねばならない。これを忽《ゆるが》せにするならば、人は人であることはできない。曾子が夫子の言を引いていうことには深い戒《いまし》めがある。

■第十七章

曾子曰、吾聞諸夫子。孟荘子之孝也、其他可能也。其不改父之臣与父之政、是難能也。

曾子の曰わく、吾れこれを夫子に聞けり。孟荘子《もうそうし》の孝や、その他は能くすべし。その父の臣と父の政を改めざる、是れ能くし難し。

【訳】 曾子がこういった。私は先生がこういわれるのを聞いた。孟荘子の孝は、その他の孝は人にもできるが、父献子《けんし》の臣とその政事を改めない孝については、とても人の及ぶところではない。

【注解】 孟荘子は魯の大夫。名は速。その父は献子、名は蔑。荘子は父献子にその飲食から供奉にいたるまで心を尽くしてよく仕えた。だが荘子における最も大なる孝は父の道を改めざる孝にある。

【大意】 孟献子は魯の賢大夫であった。才能あるものを用いて、政治を確立し、多くの見るべき結果をもたらした。荘子はこの父の道を遵守して改めなかった。夫子は荘子のその他の孝行にも人のし難いものがあるが、しかしそのし難さにおいてこの父の道を改めざるの孝に及ぶものはない。孝とはよく父の志を継ぎ、父の仕事を述べ、明らかにしていくことである。だが父に善政良法があっても、子がこれを奉じて行うことをせずに、忽ちこれを変更し、自分の好む所にしたがわせてしまうものが何時の世でも多い。いま荘子は父の臣と父の政事とを改めることをしない。それは父の徳を辱めないだけではない、父の偉業を輝かすことでもある。その他の孝行の及ぶところではない。後世の孝子伝の作者たちがよくし難い奇行をもって孝子を称したりするのは末流の作者の仕業である。

■第十八章

孟氏使陽膚為士師。問於曾子。曾子曰、上失其道、民散久矣。如得其情、則哀矜而勿喜。

一 孟氏、陽膚《ようふ》をして士師《しし》たらしむ。曾子に問う。曾子の曰わく、上その道を失うて、民散ずること久し。如《も》しその情を得るときは、則ち哀矜《あいきょう》して喜ぶこと勿かれ。

【訳】孟氏が陽膚を司法官に任じた。陽膚は曾子にその心がけを問うた。曾子はこういった。上において道が失われて、民の生活が乱れ、そのつながりも散り散りになって久しい。その罪を得た民たちの実情を知ったなら、恤《あわれ》みをもってして、決して喜んだりしてはならない。

【注解】陽膚は曾子の弟子。朱氏（朱熹）はいう。「民の散ずるとは、相互の情誼が失われ、離ればなれになって繋がりのなくなることをいう」。情とは情実、ありのままの事実をいう。

【大意】凡そ民の善悪とは、みな為政者である上のもたらしたものである。それゆえ古えの聖王は民の補導に最も慎重であった。思うに民の補導の要は、民それぞれに所得をあらしめることにある。それゆえ先王はまず民の産業を起こし、その上に孝悌の義を教えることをしたのである。このようにして民が法を犯しても、上は恤《あわれ》みの意をもって対したのである。ところがいま民を養う制もなく、民を教える法もない。これは上において道が失われているからである。それでいて「民が罪を犯せば、すぐさまこれに刑罰をもってする。これは民を罔《あみ》にからげ取ることである」（『孟子』梁恵王上）。この実情を知っては、これに哀憐の情を向ける暇もない。どうして喜ぶなどということがあろうか。

■第十九章

子貢曰、紂之不善、不如是之甚也。是以君子悪居下流。天下之悪皆帰焉。

子貢の曰わく、紂《ちゅう》の不善、是《か》くの如くこれ甚だしからず。是《ここ》を以て君子は下流に居ることを悪《にく》む。天下の悪皆帰す。

【訳】子貢はこういった。紂の不善は、それほど甚だしいものではなかった。悪名がすべて紂に帰せられたゆえである。これをもって君子は下流に居ることを嫌う。天下の悪はみなそこに流れ着く。

【注解】下流とは地形的に低く、多くの流れの集まるところ。人にもし汚れた賤しい所行があれば、悪の名はその人に帰せられることになるをいう。

【大意】紂はもとより不善である。だが後世に称せられるほど甚だしい悪人ではない。だが人が一たび不善の地に身を置いてしまうならば、自ずから衆悪を負う身となってしまう。その極みが紂だというだけである。よくよく慎まねばならない。君子が高明な地に処《お》ることを好み、下流に居ることを嫌うのはそのゆえである。

■第二十章

子貢曰、君子之過也、如日月之食焉。過也人皆見之。更也人皆仰之。

子貢の曰わく、君子の過ちは、日月の食の如し。過つや人皆これを見る。更《あらた》むるや人皆これを仰ぐ。

【訳】子貢がいった。君子のする過ちは、日月の蝕のようである。過ちがあれば、皆がそれを見る。それを改めれば、更新された日月のように人は仰ぎ見る。

【大意】君子の至誠の心は詐り隠すところはない。それゆえ微小の過ちといえども人の見るところとなる。それは日月の明明たる体ゆえに人はそのかすかな翳《かげ》りに気づくのと同様である。明白であれば見やすく、隠されることはない。更まれば、人はみな仰いでこれを知る。しかも君子は過てば必ずこれを改める。これを改めるに及んで、人はますますこれを敬い仰ぐことになる。小人はこれに反する。子貢が君子の過ちを日月の蝕をもっていうことの深い趣旨を覚るべきである。

■第二十一章

衛公孫朝問於子貢曰、仲尼焉学。子貢曰、文武之道、未墜於地、在人。賢者識其大者、不賢者識其小者。莫不有文武之道焉。夫子焉不学。而亦何常師之有。

衛の公孫朝《こうそんちょう》、子貢に問うて曰わく、仲尼《ちゅうじ》は焉《いずく》んか学べる。子貢の曰わく、文武の道、未だ地に墜ちず、人に在り。賢者はその大なる者を識《し》るし、不賢者はその小なる者を識るす。文武の道有らずということ莫《な》し。夫子焉んぞ学びざらん。而して亦何ぞ常の師かこれ有らん。

【訳】 衛の公孫朝が子貢に問うた。仲尼という方はどのように学んだのか。子貢は答えていった。文王・武王の道はまだ地に墜ちずに、人に伝えられています。賢者はその大なるものを記し、伝え、不賢者はその小なるものを記し、伝えています。文武の道は具さにここにあります。夫子はどうして学ばないことがありましょうか。ただ定まった師がいたわけではありません。

【注解】 公孫朝は衛の大夫。文武の道とは文王・武王の天下を治めた大経・大法をいう。子貢が堯舜といわずに文武をいうのは、文武は代を去ること堯舜ほど遠くなく、なお法典が具さに存在していることによる。未だ地に墜ちずとは、日月の天に繋がって地に墜ちないことをいう。識るは記すること、事を分けて心にはっきりと記憶することである。大を識り、小を識るとは、「仁者はこれを見て仁と謂い、智者はこれを見て智と謂う」(『易経』繋辞上)ごとくである。

【大意】子貢はこういうのである。夫子は賢者に従って大なるものを学び、不賢者に従ってその小なるものを学び、もともと一定の師に従って学んだのではない。道有れば、そこに学び、自分のものにされたのである。学を好んで止まざる聖人の道の広く、その徳の大なることをいうものである。

【論注】聖人の道とは天地恒常の大経であり、古今を通じての道義である。それは日月星辰が天に繋がって万古墜ちることのないかのようである。智あるものはこれを知り、志あるものはこれを行い、世の当たり前の夫婦といえどもこれに与り、行わないものもない。聖人の道たるゆえんはまさにそこにある。それゆえ子貢は文武の道の地に墜ちることなくここにあることをいうのである。広いかな、大なるかな。後世儒者の道統の伝というものは、もと仏氏の伝える宗派の系図であって、それはそれぞれに造る、道を私にした系図である。それは私のものにした道であって、天地公共の道ではない。それゆえ君子は道統の図を取らない。

■第二十二章

叔孫武叔語大夫於朝曰、子貢賢於仲尼。子服景伯以告子貢。子貢曰、譬之宮牆賜之牆也、及肩。窺見室家之好。夫子之牆数仞。不得其門而入、不見宗廟之美百官之富。得其門者或寡矣。夫子之云不亦宜乎。

叔孫武叔《しゅくそんぶしゅく》、大夫に朝《ちょう》に語りて曰わく、子貢は仲尼に賢《まさ》る。子服景伯《しふくけいはく》、以て子貢に告ぐ。子貢の曰わく、これを宮牆《きゅうしょう》に譬うるに、賜《し》の牆や、肩に及ぶ。室家の好《よ》きを窺い見る。夫子の牆は数仞《すうじん》なり。その門を得て入らざれば、宗廟の美、百官の富を見ず。その門を得る者、或いは寡《すく》なし。夫子の云うこと亦宜《むべ》ならずや。

【訳】 叔孫武叔が朝廷で大夫に、子貢は仲尼よりもすぐれていると語った。子服景伯がそれを子貢に告げた。子貢はこういった。これを屋敷の牆壁に譬えていうなら、賜（子貢）の牆壁はやっと肩の高さに及ぶ程度だ。だからその家のほど良さも窺い見ることができる。だが先生の牆壁は数仞の高さをもっている。その宮殿が備える宗廟の美も、そこを賑わす百官の富も、その門より入らなければ見ることはできない。だがその門に入ることのできたものは少ない。その門内を知ることのない武叔があのようにいうのも止むをえない。

【注解】 武叔は魯の大夫である叔孫州仇《しゅうきゅう》。武叔はその諡《おくりな》。七尺を仞という。牆壁が高いとは宮殿が広く、その門の中に入らなければ宮殿内の様子を知ることはできないことをいう。

【大意】 人の道の学びが浅ければ、その浅い程度に道をだれでも知ることができる。道の学びが深くなればなるだけ、その人を得なければ道は知りえないことを知るにいたる。それゆえ聖人を能く知るものは聖人だというのである。子貢が武叔の言を非とせずに、やむをえない言葉とするのは、聖人の聖人であることの知り難さをいうのであろう。

■第二十三章

叔孫武叔毀仲尼。子貢曰、無以為也。仲尼不可毀也。他人之賢者丘陵也。猶可踰也。仲尼日月也。無得而踰焉。人雖欲自絶、其何傷於日月乎。多見其不知量也。

叔孫武叔、仲尼を毀《そし》る。子貢の曰わく、以てすること無し。仲尼は毀るべからず。他人の賢者は丘陵なり。猶踰《こ》ゆべし。仲尼は日月なり。得て踰ゆること無し。人自《みずか》ら絶たんと欲すと雖ども、それ何ぞ日月を傷《やぶ》らんや。多《まさ》にその量を知らざるを見る。

【訳】叔孫武叔が仲尼を謗った。子貢はいった。無用なことは止めよ。仲尼を謗ることはできない。他の賢者はたとえば丘陵である。それを越えていくことができる。仲尼は日月である。それを越えることはできない。それを誹謗して自分から断ち切ろうとしても、なお日月は高くあり、損なわれることなく輝いている。それを損なおうとすることは、かえって身の程知らずをさらけ出すことにしかならない。

【注解】以てすること無しとは、それをなすことは無用だという意。小高い地を丘といい、大阜（丘）を陵という。日月は至高であることの喩えとしていう。自ら絶つとは、誹謗することで孔子という存在をみずから拒絶することをいう。何ぞ日月を傷らんやとは日月の明を損ずることにはならないことをいう。多は祇と同意、まさに。量を知らずとは、みずからその分量を知らないことをいう。

【大意】その智いよいよ深いときは、聖人を知ることいよいよ深く、その学いよいよ進むときは、聖人を尊ぶことといよいよ進む。孔子の死にあたって子貢はその冢墓《ちょうぼ》に廬《いおり》して六年の喪に服したという。聖人を知ることといよいよ深く、聖人を尊ぶことといよいよ進むものというべきである。

■第二十四章

陳子禽謂子貢曰、子為恭也。仲尼豈賢於子乎。子貢曰、君子一言以為知、一言以為不知。言不可不慎也。夫子之不可及也、猶天之不可階而升也。夫子之得邦家者、所謂立之斯立。道之斯行、綏之斯来、動之斯和。其生也栄、其死也哀。如之何其可及也。

陳子禽《ちんしきん》、子貢に謂いて曰わく、子、恭をす。仲尼豈《あに》子に賢《まさ》らんや。子貢の曰わく、君子は一言以て知とし、一言以て不知とす。言、慎まずんばあるべからず。夫子の及ぶべからざるは、猶天の階《かい》たてて升《のぼ》るべからざるがごとし。夫子の邦家を得るは、所謂これを立つれば斯《ここ》に立ち、これを道《みちび》けば斯に行い、これを綏《やす》んずれば斯に来たり、これを動かせば斯に和《やわら》ぐ。その生ずるや栄え、その死するや哀しむ。これを如何《いかん》ぞそれ及ぶべけん。

【訳】 陳子禽が子貢にこういった。あなたはあまりに恭《うやうや》しくしすぎています。仲尼があなたより勝るなどということはありません。子貢はいった。君子はその一言でもって知る人とされ、その一言でもって知らざる人ともされる。言葉には慎重でなければならない。夫子がとても及びえない方であるのは、天に梯子をかけて昇ることなどできないのと同様である。もし夫子が邦家の治に当たれば、それはちょうど、立てれば民の暮らしはそこに立ち、導けば民は喜んでそれに従い、安んずれば民はここに来たり服し、励ませば民はそろってその意を迎えるといわれるようである。その生ずるや、この地は栄え、その死するや、人びとは挙って哀しむ。それが孔子である。

【注解】　朱氏（朱熹）はいう。「恭をするとは師に対して恭敬の態度をもってみずから遜《へりくだ》ることである」。階は梯子。朱氏は、「大は為すべし、化は為すべからず。故に曰く、階して升るべからず（大なるものに及ぶことはできる。だが至大の徳化に及ぶことはとてもできない。それゆえ階をもっても昇ることはできないというのである）」といっている。立つれば斯に立つとは民の生計を立てること、田里《でんり》の制度（『孟子』尽心上）を定めることをいう。動かすは鼓舞することをいう。道は導くこと。徳をもってこれを導くことをいう。行うは従うこと。綏は安んずること。来たるは帰服すること。和ぐは「丕《おお》いに応じて志を徯《ま》つ（人びとは大いに応じて、天子の御心を待ち受ける）」（『書経』虞書・益稷）の意。これらはみな聖人の徳が民に及ぼす働きの至妙神速であることをいう。栄えるはその尊親の極みをいう。哀しむはその思慕の極みをいう。人びとの聖人を敬い、その教えに従うことはまことに至らざるところなしである。

【大意】　謝氏（謝良佐）はいう。「子貢が聖人を称えて語るところを見ると、晩年の孔子は徳が進み、ますます徳が、高遠を極めるに至っていることを知る。夫子が邦家を治めれば、人びとを鼓舞し、平安に導くことは鼓の響きよりも速やかである。人は邦のその変化を見ても、変化する所以を窺おうとはしない」。また黄氏（黄榦）はいう。「天の徳は形容することはできない。天の物を生じるそのところに造化の妙を人はただ見る。聖人の徳もまた形容することはできない。聖人の徳が人に及び、動かすことの神速を人はただ見る。天下の道理とは、その実が大であるならば、その声望はますます宏い。本が深ければ、末はますます茂る。物に及ぶ感動の浅深遅速によって、そこに及ぶ徳の高さを人は見る。聖人の道は全く、徳は修まる。その高明博厚なる聖人の及ぼす感動の迅速で宏大であることはこのようであるのだ。物に及ぼす感動によって、翻ってその感動をもたらす聖人の徳の偉大を暁然として明らかに知るのである」。

【評釈】　子張篇というよりは子貢篇というべきこの篇は、「子貢は仲尼に賢る」と評する子貢周辺の言葉とそれへの子貢の反論的回答からなる章をもち、あるいはその章をもって終わっている。これはポスト孔子的な『論語』と孔子学派の成立を告げるものである。「子貢は仲尼に賢る」という評言とそれに答える形でなされる子貢による孔子の絶対的な卓越化は、孔子―子貢学派の正統的成立をいうものであるだろう。本章はこれ以上でも、それ以下でもない。

堯曰《ぎょうえつ》第二十

■第一章

堯曰、咨、爾舜。天之暦数、在爾躬。允執其中。四海困窮、天禄永終。舜亦以命禹。

堯の曰《い》わく、咨《ああ》、爾舜《なんじ》。天の暦数《れきすう》、爾の躬《み》に在り。允《まこと》にその中を執れ。四海困窮せば、天禄永く終えん。舜亦以て禹に命ず。

【訳】 堯はこういった。ああ舜よ、天の造化の配慮はそなたの身に備わっている。過ぎたるを慎んで正しく中という恒常の人の道を執れ。四海の民が困窮するならば、そなたに与えられた天の祝福は、永久に絶えるであろう。舜もまたこの言葉をもって位を禹に譲った。

【注解】 咨は嗟嘆する声。暦数とは一年の歳時節気を記して民に農時を教えるもの。爾の身に在りとは、「天地の道を財成《さいせい》し、輔相《ほしょう》する〔天地の道を裁成し、天地の宜を輔相する〕」（『易経』「泰」象文）ことであり、『書経』で「天工、人それこれに代わる〔天の為すことを人がそれに代わってする〕」（皐陶謨《こうようぼ》）とはこれをいう。允とは信である。中とは過不及のないことをいう。ここでいわれていることは、四海の人民が困窮するときは、君主に与えられた天の幸いも永久に絶たれるであろうということである。堯が帝位を舜に禅譲するに当たって、この戒めの言葉を舜に授けたのである。そして舜が禹に位を遜《ゆず》るに当たって同じ言葉を禹に授けたのである。

【大意】上古の聖人たちの道は広渺として大に過ぎ、中行にはずれ、人倫に切なるものではなく、天下国家の治に役立つものでもなかった。それゆえ堯は「允《まこと》にその中を執れ」の言葉を舜に授けたのである。「舜は庶物に明らかに、人倫に察し、仁義に由って行い、仁義を行うに非ず（舜はさまざまな事物に通じ、人の世の道を明らかにし、その人の世に根ざす仁義を行い、人の世に遠い仁義を行おうとしたのではない）」（『孟子』離婁下）。舜がよく堯の道を継承したのはこのようにである。

【論注】『古文尚書』の大禹謨篇にもこの言葉は載せられている。ただそこにはこの言葉とともに「人心道心」や「危微精一」などの語が加えられている。これからすれば『論語』のこの篇がただ「舜亦以て禹に命ず」というのを見れば、堯が舜に授け、舜が禹に授けたのはこの二十二字に止まって、「危微精一」などの語はなかったことが知れるのである。宋明代の諸儒は「大禹謨」が真の古文であるかを疑い、これを漢代儒者の偽作とした。大抵諸経は『論語』『孟子』に出る語に依拠しながら、字句を剽窃し、これを縁飾して文章を為していった。しかも荀子が「人心これ危うく、道心これ微なり」の二句を引いて、しかもこれを『道経』から引くといって、『虞書』からとはしていない（『荀子』解蔽篇）。これからしても「人心道心」といった語がもともと堯舜授受の語ではなかったことが明らかに知れるのである。思えば唐虞《とうぐ》（堯舜）の古えの聖代にあって、その言論は平易朴実でもっぱら人を知り、政治を論じることにあって、後世の心性の精微をいう論などはなかったのである。それゆえ「大禹謨」篇は漢儒の手になる偽作であって、堯が舜に、舜が禹に授けた告命の詞はこの二十二字のみであることをはっきりと知るのである。

曰、予小子履、敢用玄牡、敢昭告于皇皇后帝。有罪不敢赦。帝臣不蔽。簡在帝心。朕躬有罪、無以万方。万方有罪、罪在朕躬。

曰わく、予れ小子履《しょうしり》、敢えて玄牡《げんぼ》を用いて、敢えて昭《あきら》かに皇皇《こうこう》たる后帝《こうてい》に告《もう》す。有罪敢えて赦さず。帝臣蔽《かく》さず。簡《えら》ぶこと帝の心に在り。朕《わ》が躬《み》罪有らば、万方《ばんぽう》を以てすること無けん。万方罪有らば、罪朕が躬に在り。

【訳】湯はこういった。われ小子履は、あえて黒の雄牛を犠牲に捧げて、あえて昭昭たる天帝に申し上げる。天の有罪を赦さず、天の賢臣を私に隠さない。挙げ用いること天帝の御心のままにする。わが身に罪あれば、万民に罰を降すことのないことを。万民に罪あれば、それはわが身が負うべき罪である。

【注解】朱氏（朱熹）は「曰くの上に湯《とう》の字があるべきだ」というが、その通りだろう。履は殷の湯王の名である。殷は白色を尚ぶが、黒牡（黒の雄牛）を犠牲に用いるとは、夏《か》の礼を尊重して変更しなかったことをいう。皇皇とは大なることをいう。后は君である。后帝は天帝をいう。昭らかに天帝に向けて夏の桀王を伐つ決意を告げているのである。簡は閲《えら》ぶである。有罪は桀を指していう。帝臣蔽《かく》さずとは、思うに賢臣伊尹《いいん》を指すのであろう。言う意《こころ》は、天下の善（善人）も悪（悪人）もあえて私にせず、天の簡《えら》ぶところとするのである。「朕が躬罪有らば」以下は湯王の天に告げる詞である。万方を以てすること無しとは、天が民に災祥（禍福）を降すことのないことを願う意である。民に罪あれば、それは君の所為であり、己れの罪とすべきことであって、民の罪とすべきことではないことをいう。○この言葉をいま『古文尚書』の「湯誥《とうこう》」篇に見ることができる。だが墨子はこの言葉を「湯誓《とうせい》」篇から引くとしている（『墨子』兼愛下）。これからしても『古文尚書』についての疑いはますます濃いことを知るべきである。

周有大賚。善人是富。雖有周親、不如仁人。百姓有過、在予一人。謹権量、審法度、脩廃官、四方之政行焉。興滅国、継絶世、挙逸民、天下之民帰心焉。所重民食喪祭。

周に大いなる賚《たまもの》有り。善人是れ富む。周親《しゅうしん》有りと雖ども、仁人に如かず。百姓《ひゃくせい》過ち有らば、予れ一人《いちにん》に在らん。権量《けんりょう》を謹み、法度《ほうど》を審らかにし、廃《すた》れたる官を脩め、四方の政行わる。滅びたる国を興し、絶えたる世を継ぎ、逸民を挙げて、天下の民《たみ》心を帰す。重んずる所は民・食・喪・祭。

【訳】 周には天の降された大きな賜りものがある。多くの善人賢者がいる。周家の親族といえども仁人には遠く及ばない。民人に過ちあれば、その責めはわれ一人にある。秤量計測を慎重にし、礼法制度を起こし定め、廃れた官職を修復し、滅びた国を再興し、絶えた家々の跡を継がせ、世から逸れた人びとを再び用いて、天下の民が戻り、その心の帰するところを作り出した。その重んずるところは、民と食と喪と祭の四事にある。

【注解】〔「周有大賚、善人是富」〕何氏（何晏）は、「周とは周家であり、賚は賜りものである。すなわち周家は天より大なる賜を受け、善人に富んでいることをいう。「乱臣十人有り〔国をよく治める十人の臣がある〕」（泰伯二十一）とはこれをいう」といっている。〔「雖有周親、不如仁人」〕孔氏（孔安国）は、「一族でも忠賢でないものは、これを誅した。管叔・蔡叔がそれである。仁人とは箕子・微子をいう。後に来たり、武王に用いられた」といっている。〔「謹権量、審法度、脩廃官」〕権量は重《おも》りと枡《ます》。法度は礼楽制度をいう。古く官は世襲であり、子孫がその官を相継ぎ守った。継ぐものなく、官が廃れると政事に空白が生じる。それゆえその修復がはかられる。〔「興滅国、継絶世、挙逸民、天下之民帰心焉」〕朱氏（朱熹）はいう。「滅びたる国を興し、絶えたる世を継ぐとは、黄帝・尭・舜・夏・商の後を継ぐものを諸侯として封じることをいう。逸民を挙ぐとは、箕子の囚われを釈《と》き、商容の位を復することをいう。三者は人心の欲するところである」と。〔「所重民食喪祭」〕孔氏はいう。「言う意《こころ》は、帝王の重んじるところはこの四事にある。民を重んじるは、民は国の本であるからである。食を重んじるは、食は民の命《いのち》であるからである。喪を重んじるは、哀しみを尽くすことを重んじるからである。祭を重んじるは、恭敬を致すことを重んじるからである」。○ここでは武王の事がいわれている。武王の言葉はいま多く『書経』の「武成」「泰誓」などの篇に見ることができる。だが『古文尚書』には誤りが多く、先儒もまた多くの疑いを向けている。それゆえここでは『尚書』からの引証はしない。

【大意】楊氏（楊時）はいっている、「『論語』の書はみな聖人孔子の微言《びげん》を門人たちが守り伝えて、斯道を明らかにしようとするものである。それゆえこの終篇において尭舜が譲位に当たって授けられた言葉、湯武が出師に当たって誓われた言葉と諸々の施政の事績を載せて、孔子聖門の学が伝える所と一であることを明らかにしたのである。それは『論語』二十篇の大旨を明らかにするゆえんである」。○堯舜湯武の道は天を敬し、民を重んじることの二者に過ぎず、天を敬することを本とするものである。それゆえ「天の暦数、爾《なんじ》の躬に在り」といい、「簡《えら》ぶこと天帝の心に在り」といい、「周に大いなる賚《たまもの》有り」ということはみな天を敬することから出るものである。およそ善を賞し、悪を罰し、己れを責め、人を赦すのは天の心を推すことから為されることである。夫子が聖王の事績を祖述し、憲章する理由はすべてここにある。

【評釈】『論語』に堯舜湯武を祖述し、憲章する終章が存在し、孔子とともに仁斎が古代先王聖人の道を称え、それを継承する志をもつ理由は【大意】の最後の言葉に述べられている。「堯舜湯武の道は天を敬し、民を重んじることの二者に過ぎない」と仁斎はいい切っている。そのことは本章最後の「所重民食喪祭」を孔安国の古注にしたがって「重んずる所は民・食・喪・祭」と読むことにも示されている。朱子の新注はこれを「民に重んずる所は食・喪・祭」と読む。その理由として、『書経』武成篇の「民の五教を重んず。食・喪・祭」との符合をいっている。だが仁斎は上の【注解】中で本章を『書経』からの引証によって解釈することはしないといっている。それは文献学的な理由だけではない、堯舜先王の道と孔子の道との一体性をどこにとらえるか、いいかえればこの終章の意味をどこに見出すかにあることだろう。仁斎はそれをどこに見出したか、あの言葉は明確にいっている。もう一度引いておこう。「堯舜湯武の道は天を敬し、民を重んじることの二者に過ぎず、天を敬することを本とするものである」。

■第二章

寛則得衆。信則民任焉。敏則有功。公則説。

寛なるときは則ち衆を得《う》。信なるときは則ち民任ず。敏なるときは則ち功有り。公なるときは則ち説《よろこ》ぶ。

【訳】寛大であれば民の心を得る。信実であれば民は身を任せる。敏活であれば事は必ずその結果をもつ。公正であれば、民はその統治を喜ぶ。

【注解】公の字は『論語』にはない。前篇（陽貨五）にしたがって、公を恵に改むべきである。

【大意】この章は旧本では前章と通して一章にしている。しかしながら武王の事蹟にこの章のことを見ることはない。しかもこの章は前篇（陽貨）の子張仁を問う章とほぼ同じであり、その半ばを逸したものである。陽貨篇の章には「恭なるときは則ち侮られず」の一句があり、本章の「公なるときは則ち説ぶ」は陽貨篇の「恵なるときは則ち以て人を使うに足る」によって作られたものであろう。おそらくは次章に子張の問いがあることから誤って再びここに記されたのであろう。

【論注】宋代の儒者たちは常に公を学問の緊要の字としている。すなわち「天理の公」といい、「公にして人を以てこれを体す」（『近思録』二）というのがそれである。だが公の字は老荘の書に見られるものであって、わが聖人の書にはない。そもそも公とは是を是とし、非を非として、そこにいささかの私の偏曲のないことをいうのだが、親疎の区別なくこの公をいうならば、必ずそれは時宜の義を害することになる。「父は子の為に隠し、子は父の為に隠す」（子路十八）こと、あるいは

「自分に無縁の越の人が弓を引いて人を射ようとしたならば、人はこれを笑いながら語ることができるが、兄が弓を引いて射ようとしたならば、人は涙を流してこれを話すだろう」（『孟子』告子下）といった事態は公ではない。「父は子の為に隠し、子は父の為に隠す」ことは公ではなくとも、人情のしからしむるところである。そして人情の至りをこそ聖人は道というのではないか。それゆえ聖人は仁をもってその愛を出し尽くし、義をもって区別し、その宜しきをいうのである。天道に陰と陽とがあり、地動に剛と柔とがあるように、人道には仁と義とがあって、それぞれに偏ってはならない。仁だけで義のないのは、墨子の仁であって、行ってはならない。義だけで仁のないのは、楊子の義であって、従ってはならない。いやしくも人が仁という人倫的愛の場にいて、時と処に適った義を行うならば、自ずから私に偏曲することはない。

■第三章

子張問於孔子曰、何如斯可以従政矣。子曰、尊五美屏四悪、斯可以従政矣。

子張、孔子に問うて曰わく、何如《いか》なる斯《こ》れ以て政に従うべき。子の曰わく、五美を尊び、四悪を屏《のぞ》く、斯れ以て政に従うべし。

【訳】子張が孔子に問うていった。何を拠り所にして政治に従うべきでしょうか。孔子はいわれた。五つの美《よ》い事を尊重し、四つの悪い事を除くことだ。政治をこれに従って行うべきだ。

【注解】孔氏（孔安国）は、屏は除くだという。

子張曰、何謂五美。子曰、君子恵而不費。労而不怨。欲而不貪。泰而不驕。威而不猛。

子張の曰わく、何をか五美と謂う。子の曰わく、君子は恵すれども費《つい》えず。労すれども怨みず。欲すれども貪《むさぼ》らず。泰なれども驕《おご》らず。威あれども猛《たけ》からず。

【訳】子張はいった。何を五つの美い事とするのですか。孔子がいわれた。君子は人に恵み与えても費えとなるまではしない。人を労《つか》っても怨みを買うまではしない。欲しても貪り求めることはしない。ゆったりとしていても驕ることはしない。威厳を保っていても猛々しくはしない。

【注解】はじめの二者は民に対する治の要であり、後の三者はわが身を持する修身の要である。修身は治民の本である。

子張曰、何謂恵而不費。子曰、因民之所利而利之。斯不亦恵而不費乎。択可労而労之。又誰怨。欲仁而得仁。又焉貪。君子無衆寡、無小大、無敢慢。斯不亦泰而不驕乎。君子正其衣冠、尊其瞻視、儼然人望而畏之。斯不亦威而不猛乎。

子張の曰わく、何をか恵すれども費えずと謂う。子の曰わく、民の利する所に因ってこれを利す。斯れ亦恵すれども費えざるならずや。労すべきを択《えら》んでこれを労す。また誰れをか怨みん。仁を欲して仁を得たり。また焉んぞ貪らん。君子は衆寡と無く、小大と無く、敢えて慢《あなど》ること無し。斯れ亦泰なれども驕らざるならん。君子はその衣冠を正し、その瞻視《せんし》を尊《たか》うし、儼然として人望んでこれを畏る。斯れ亦威あれども猛《たけ》からざるならずや。

【訳】 子張がさらに問うていった。恵して費えずとはどういうことですか。孔子はこう答えていわれた。民が利益とするところで利になるように施すならば、それは恵して費えずということではないか。また民を択んで使うことをすれば、だれを怨むことがあろうか。君子は仁を欲して、仁を得るのである。世の物、人の物をいたずらに貪ることではない。君子は数の多寡、形の大小にかかわりなく、泰然として事に処し、人に対して驕ることはない。君子はその衣冠を正しくし、その眼差しを尊くし、儼然として身を処すれば、人は畏んでこれを見る。これは威あって猛々しくないあり方ではないか。

【注解】 恵することは費えやすく、労すれば怨みやすい。欲すれば貪りやすく、泰すれば驕りやすい。威すれば猛々しくなりやすい。いまから後、この風でなくなれば、それはまさしく君子の美事というべきではないか。

子張曰、何謂四悪。子曰、不教而殺、謂之虐。不戒視成、謂之暴。慢令致期、謂之賊。猶之与人也、出納之吝、謂之有司。

子張の曰わく、何をか四悪と謂う。子の曰わく、教えずして殺す、これを虐と謂う。戒《いまし》めずして成《せい》を視る、これを暴と謂う。令を慢《ゆる》うして期を致す、これを賊と謂う。これを人に与うるに猶《ひとし》うするや、出納《すいとう》の吝《やぶさ》かなる、これを有司《ゆうし》と謂う。

【訳】　子張が問うていった。何を四悪というのでしょうか。孔子が答えていわれた。教育を施すことなく、罪を犯した民を殺すのを残虐という。予《あらかじ》め注意もせずに、完成を促すのを横暴という。期限を緩くしておきながら、突然期限を厳しくするのは民を害する賊という。人に均しく与える物なのに、出し惜しみするのを小役人の害という。

【注解】　虐とは残酷不仁をいう。予め注意することなく、その完成を督促するのを卒暴《そつぼう》で順序無しという。朱氏（朱熹）は「期を致すとは期限を刻すること」だという。賊は害することである。「夫《か》の人の子を賊《そこ》なわん」（先進二十四）の意。言う意は、前に期限を緩くして、後に突然期限を急にし、誤ってその民の罪にして害することをいう。朱氏は、猶はこれを均しくすることだという。人に均しく与えるものであるのに、出納のものがけちであるのは小役人のすることであって、政治を為すものの体ではない。

【大意】　政治を行うに、仁をもって本とし、不仁をもって戒とする。この章の論説は長大とはいえ、要はこの二点に過ぎない。注意して視るべきである。

■第四章

子曰、不知命、無以為君子也。不知礼、無以立也。不知言、無以知人也。

子の曰わく、命を知らざれば、以て君子たること無し。礼を知らざれば、以て立つこと無し。言を知らざれば、以て人を知ること無し。

【訳】孔子がこういわれた、天命を知ることがなければ、君子であることはない。礼を知ることがなければ、世に立つことはない。言葉を知ることがなければ、人を知り、真の友を見出すことはない。

【注解】天に必然の理があり、人に自取の道がある。それゆえ命を知るときは、楽しんで憂えることなく、天を畏れて怠ることはない。命を知るとは君子をなすゆえんである。礼とは人の身の根幹である。それゆえ礼を知ることは人がこの世に立つゆえんだというのである。言とは心の符徴である。それゆえ言を知るときは人を知るというのである。

【大意】輔氏（輔広）はいっている。「命を知るならば、自分に一定の見識が成立することになる。礼を知るならば、自分にずっと保持すべきものがあることになる。言を知るならば、人の意を取り落とすことなくしっかりと自分の心に収めることができる。この三つを知るならば、内には己れの徳を成し、外には人の情を尽くすに足る」。○尹氏（尹惇）はいっている。「弟子がこれを記して本篇を終えているのは、そこにこめられた意味があるはずである。学者は少《わか》くして『論語』を読みながら、老いたいま用うべき一言も知らずとするならば、それは聖言をほとんど侮るものではないのか。夫子の罪人というべきだろう。深く考えねばならない」。

【評釈】「命を知らざれば、以て君子たることなし」とは、われわれに対する大きな問いかけである。「命を知ること」とは何か。「命を知ること」を根拠なり、理由としていわれる「君子たる」こととは何か。『論語』はその最終章に、それが終始問いかけてきた問題をあらためて記して全二十篇の孔子とその学びの集団の記録を閉じるのである。だれが編纂し、だれが設けた最終章であるかは知らない。われわれは『論語』の最終章にいたってこの大きな問いかけに接して、あらためて問い直し、考え直すことが求められているように思う。おそらく仁斎はそのようにして『論語』を終生読み直し、学び直してきたのであろう。仁斎は最終章の問いかけに、「天には必然の理あり。人には自取の道あり」という彼の天命観をもって答えている。私もまたこの最終章を孔子がわれわれに与えた重要な問いかけとして考えたい。この章の問いかけの意味を私は次のように考えた。

われわれはそれぞれに「天命を知る」とは何か、「礼を知る」とは何か、「言葉を知る」とは何かを問うことなくしてこの孔子の言葉の意味は明らかにはならないだろう。だがそれを問うに当たっての大事な手掛かりを孔子の言葉はわれわれに与えている。自分がかくあることが天からする必然性だと覚ることが、なぜ己れが君子たる品格をもつことの重大な条件であるかとみずから問うことである。「命を知ること」と「君子（人格的自立者）たること」とが不可分であることを知ることである。また孔子は人が世に立ちうるためには、礼を知らなければならないという。人が成人として自立することとは何かが、社会規範との関係で問われているのである。ここで社会的存在としての人の自立が問われているのである。孔子はその自立のためには礼を知ることだというのである。では礼とは何か。礼楽制度といった解釈は答えにはならない。仁斎は礼とは人間の社会生活のための堤防だといった。これは『論語』の読み直しの先駆者としての仁斎が与えた素晴らしい答えである。孔子はまた人が信を置きうる人であるかどうかは、その言葉を知ることにあるといっているのである。言葉とはもともと人の実を表すものであった。信とはその言葉が信用できることである。人を知るとは、その言葉が実のものであるかを知ることである。人間世界にとってもっとも大事な言葉を孔子は『論語』の最後にわれわれに与えているのではないか。

『仁斎論語』の最終章の【評釈】としては過剰な言葉を私はここに記してきた。だが仁斎とともに『論語』を読むことが、私にこの過剰な【評釈】を書かせたのだし、『仁斎論語』なくしてこの過剰な【評釈】もない。

『論語古義』総論 綱領（抄）

宇宙第一の書としての『論語』

伊藤仁斎『論語古義』の「総論」は「叙由」と「綱領」からなっている。「叙由」は『論語』の成立とそれと不可分な構成をめぐる論からなり、「綱領」は『論語』が「最上至極宇宙第一」の書であるゆえんをいう仁斎の論語学原論と、『孟子』を義疏としての『論語』理解をいう思想的方法論からなるものである。ここでは「綱領」を二つの章に抄出し、底本とともに「最上至極宇宙第一」の八文字を止める林本（林景范写本）を参照して書き下し、現代語訳し、私の【評釈】を付した。

■最上至極宇宙第一論語総論・綱領一

維楨按ずるに、論語の一書は万世道学の規矩準則なり。其の言は至正至当、徹上徹下、一字を増すときは則ち余り有り、一字を減ずるときは則ち足らず。道此《ここ》に至って尽き、学此に至って極まる。なお天地の浩大なる、人其の中に在って其の大なるを知らざるがごとし。万世に準じて変ぜず、四海に準じて違わず。於乎《ああ》、大なるかな。

【訳】私維楨はこう考えます。『論語』の一書は万世にわたって道の学びの規矩であり準則です。その言葉は至正にして至当、透徹して明白です。そこに一字を増せば余りあり、一字を減ずれば足りません。道はここに尽き、学はここに極まるというべきです。人が『論語』の中にいることは、あたかも人が浩大な天地の中にあって、その大きさを知らないかのごとくです。万世にわたり、四海にわたってそれが基準であることに変わりはありません。ああ、『論語』とは真に大なるものというべきです。

其の道を語るときは、則ち仁を以て宗とし、智を以て要とし、義を以て質とし、礼を以て輔とす。其の人に教うることを語るときは、則ち曰く、博文約礼と。則ち曰く、文行忠信と。而してこれを総て曰く、吾が道、一以てこれを貫くと。是れ其の標的なり。後《のち》聖者出ずること有りと雖ども、亦此れをよく易《か》うること能わず。而るに宋儒の論語を説く、専ら仁義を以て理として、徳の名たることを知らず。忠信を以て用として、緊要の功とせず。甚だしき者は論語を以て未だ足らずとして、広くこれを他書に求め、或いは釈老の説を仮《か》って、以て其の言説を資《たす》くるを欲するに至る。其の罪を孔門に得ざる者は、殆ど鮮《すく》なし。

【訳】孔子は道を語るとき、かならず仁を宗として尊び、智を要として重んじ、義を質《もと》として正し、礼を輔として用いました。人に教えるにあたって孔子は「先人の文章を博く学び、行いに移すに礼に従ってせよ」(雍也二十五)といい、また「文と行と忠と信」(述而二十四)とを教えの要綱としました。そしてこれを総括し、「わが道は一をもって貫かれている」(里仁十五)といいました。これらはみな道の標的をなすものです。たとえ孔子以降に聖人が現れることがあったとしても、孔子のこの教えを変えることはありません。ところが宋代の儒者たちは『論語』を説くに当たって、仁義を理の概念とし、徳の概念とはしませんでした。また忠信を用き《はたら》の概念として軽視し、人に緊切にして最重要なものとはしませんでした。もっとも甚だしい間違いは、『論語』を不十分とし、これの補いを広く他書に求め、釈迦・老子の説をも借りてその言説の資《たす》けにしようとしたことです。この誤れる後世の儒者たちで、孔門の学に連なりながら孔子に違背する罪に当たらないものはほとんど稀だといえます。

【評釈】 仁斎は『論語』こそが人間世界の万世にわたる道徳と学問との規矩準則であるという。孔子の教えは人類の教えとして万世にわたり、四海に及びうる普遍性をもったものであるというのである。この『論語』と孔子の教えの卓越性の主張は、「最上至極宇宙第一」という最高級の『論語』と孔子称賛の言葉をもって示されることになる。これはたしかに過度の称賛の言辞であるだろう。だが仁斎はこれが過度の言辞であることを十分に承知していながら、あえてこれをいっているのだと思われる。なぜなのか。『論語』を「宇宙第一」とするこの言葉は、思想革命をいうものだからである。仁斎が『論語』を中心に据えてやろうとしている思想作業は、朱子学の批判といったことだけではなく、むしろ儒学的世界の思想革命というべきものだからである。それがいかなる思想革命であるのかは、この「綱領」が説き、『論語古義』の全体が明らかにしていくことである。

又曰く、夫子以前、教法略《ほぼ》備わると雖ども、然れども学問未だ開けず、道徳未だ明らかならず。直ちに夫子に至って、然して後道徳・学問初めて発揮し、得尽《えつ》くす。其れ学者をして専ら仁義に由って行うことを知って、種種の鬼神卜筮《ぼくぜい》の説、皆義理を以てこれを断じて、敢えて道徳と相混ぜず。故に学問、夫子自り始めて斬新開闢《ざんしんかいびゃく》すと謂うて可なり。孟子、宰我・子貢・有若三子の語を引いて曰く、「堯舜に賢《まさ》れること遠し」と。又曰く、「生民自り以来、未だ孔子より盛んなるは有らず」と。蓋し諸子嘗て夫子に親炙《しんしゃ》することを得て、其の実に群聖人に度越《どえつ》することを知って、而して後に詞を措くこと此くの如し。

【訳】 また私はこうも考えます。夫子以前に教えの法はほぼ備わっていたとはいえ、学問はまだ開かれていず、道徳もまた明らかにされていませんでした。夫子にいたってはじめて、道徳と学問のあり方が明らかにされ、その意義が尽くされるにいたりました。夫子は道を学ぶ者に仁義を基準にして行うことを知らしめ、鬼神や卜筮の説に惑わぬように道理をもってそれらを道徳から区別しました。それゆえ学問は夫子よりはじめて新たに開かれたといいうるのです。孟子は宰我・子貢・有若という孔門の三子の言葉を引いて、孔子を「堯舜よりはるかに優っている」といい、また「人民あってより以来、孔子以上に道徳において偉大な聖人はいない」(『孟子』公孫丑上)といっています。思うに、これらの諸子はかつて夫子に親しく仕え、実に孔子こそ諸聖人に卓越することを知ったのです。諸子にこの言葉があるのはそのゆえです。
【評釈】　孔子によって学問が開かれ、道徳が明らかにされたと仁斎はいうのである。『論語』における孔子の問いと教えに、人類的な問いの原初性（同時にそれは根源性を意味する）を見ること、それが仁斎のやろうとする思想革命の前提をなす認識であり、あの「最上至極宇宙第一の書」という革命的標語をもたらす理由でもある。

愚、故に断じて論語を以て最上至極宇宙第一の書として、而して此の八字を以てこれを毎巻題目の上に冠す。意以《おもえ》らく、此くの如くせざれば、則ち人よく論語の理、此くの如く大なることを知ること能わず。而して漢唐以来、人皆六経の尊しとすることを知って、論語の最も尊くして、高く六経の上に出ずるとすることを知らず。或いは学庸を以て先とし、論孟を後とす。蓋し論孟の二書、徹上徹下、復余蘊《またようん》無きことを知らず。夫子の道、終に大いに天下に明らかならざる所以の者は、蓋し此れが為の故なり。愚、天の霊に頼りて千載不伝の学を語孟二書に発明することを得たり。故に敢えて鄙見を攄《の》べて、少かも隠諱《いんき》せず。臆説に非ざるなり。
【訳】　私はそれゆえ断じて『論語』を「最上至極宇宙第一」の書として、この八字を毎巻の題目上に冠ぶせることにしました。この八字をもってしなければ、『論語』の意義がかくのごとく広大なこと

を人は知るにいたらないからです。漢唐以来、人はみな六経の尊いことを知っていても、『論語』こそが最も尊く、高く六経の上に出るものであることを知りません。人は四書としては『大学』『中庸』を先とし、『論語』『孟子』をその後に置きます。それは思うに、『論語』『孟子』の二書の至らざるところなく、余すところなきものであることを知らないからです。孔子の道が天下になお明らかにならない理由は、『論語』『孟子』二書の大なることを人が知らないことにあります。私は天の霊の導きによって、千載不伝の学を語孟二書において発明することを得ました。それゆえあえてここに私の考えを述べ、それを憚り、隠したりはいたしません。これは臆説では決してないからです。

【評釈】『論語』を「宇宙第一」の書とすることが、なぜ思想革命であるのかがここで示されている。伝統的な経書の学というのは六経を尊重することからなっている。それは漢唐以来の伝統だという。漢唐以来ということは、孔子の学が儒学となり、皇帝的国家の正統の学となって以来ということであ る。『書経』を中心とした六経的世界こそ国家の正統的な古典的世界とされたということであろう。朱子はこの国家的な古典(経書)を四書五経として再構成した。すなわち孔子以前の経書(五経)と孔子以後の経書(四書)として。『論語』はその四書の中に置かれた。しかしその四書も『大学』『中庸』『論語』『孟子』というように国家の政治哲学というべき『大学』を第一にして構成されている。これが国家の士大夫の学としての儒学の学問体系でもある。だからいま仁斎が『論語』を「宇宙第一」とするということは、伝統的な儒学の学問体系・古典体系を変革することである。しかも『論語』を第一とすることは、ただ経書の順位だけの問題ではない。「孔子の道」の教えを第一にすることであり、「大学の道」を第一にすることではない。仁斎は『大学』を「孔氏の遺書に非ず」としてその経典性を否定してしまうのである。これはやはり仁斎の思想革命である。東涯ら古義学の後継者が「最上至極宇宙第一」の八字を省いたのは、仁斎のこのラジカリズムを憚ったゆえであろうか。仁斎のこの思想革命を遂行する思想方法論が古義学である。仁斎はそれを「天の霊」によって発明した「千載不伝の学」だというのである。それは語孟二書の読み方でもあり、その二書の熟読を通して獲得した思想変革の方法でもある。

又曰く、夫れ道は至正明白、知り易く従い易く、天下万世に達して、須臾《しゅゆ》も離る可からざる者なり。故に道はこれを知ること難きに非ず、これを守ることと難きに非ず。これを楽しむを難きとす。これを守るを難きとす。若し夫れ高遠及ぶ可からざる者は、道に非ず。隠僻知る可からざる者は、道に非ず。何ぞなれば、天下万世に達して、須臾も離る可からざるの道に非ざればなり。一人これを知って、而して十人これを知ること能わざる者は道に非ざるなり。一人これを行うて、而して十人これをよく行うこと能わざる者は道に非ざるなり。何ぞなれば、天下万世に達して、須臾も離る可からざるの道に非ざればなり。苟《いやし》くも此れを知るときは、則ち吾が夫子の徳、実に群聖人に度越《どえつ》して、而して吾が夫子の道、高く万世に超出することを識らん。

【訳】 また私はこう考えます。道とは至正明白であり、知り易く従い易いものです。道とは天下に普く達し、万世に永く行きわたるものであり、人のしばらくも離れることのできないものです。それゆえ道とは知ることの難しいものではなく、それを順守することの難しいものです。それを順守することが難しいというよりは、それに順い楽しむことが難しいというべきでしょう。人が達しえないほど高遠なものは、道ではありません。隠れ、秘せられている深遠なものは、道ではありません。なぜなら高遠にして、隠されているものは、天下万世に達し、人がしばらくも離れることのできない道ではないからです。一人だけが知り、十人が知ることのできないものは道ではありません。一人だけが行いえて、十人が行うことのできないものは道ではありません。なぜならば、それは天下万世に達し、人がしばらくも離れることのできない道ではないからです。もしこれを知るならば、わが夫子の徳が、実に諸聖人に卓越し、わが夫子の道が、高く万世を超え出るものであることをたしかに識るでしょう。

【評釈】『論語古義』の「綱領」とは仁斎の古義学的思想革命のマニフェストであることを明らかにする。ここにあるのはまさしくそのような文章である。孔子の道とは、天下万世にわたる「人の道」であることを仁斎ははっきりいうのである。仁斎の思想革命とは天理に基づく道を、地上の万人の往く「人の道」に引きずり下ろすことでもある。

故に中庸に曰く、「これを三王に考えて謬らず、これを天地に建てて悖《もと》らず、これを鬼神に質《ただ》して疑い無く、百世以て聖人を俟って惑わず」と。蓋し夫子の徳の学の功を賛して然か云う。もし夫れ高遠及ぶ可からず、隠僻知る可からざるの説は、これを三

王に考うるときは、則ち謬り、これを天地に建つるときは、則ち悖《もと》り、これを人情物理に推すときは、則ち皆合《かな》わず。見る可し宇宙の際、本此の理無うして、而して道を誣《し》うるの甚だしき者なるを。夫れ高きを窮むるときは、則ち必ず卑《ひく》きに返り、遠きを極むるときは、則ち必ず近きに還る。卑近に返って而る後、其の見始めて実なり。何ぞなれば則ち卑近の恒《つね》に居る可くして、高遠の其の所に非ざるを知ればなり。所謂《いわゆる》卑近とは本《もと》卑近に非ず、即ち平常の謂いなり。実に天下古今の共に由る所にして、人倫日用の当に然るべき所。豈此れより高遠なる者有らんや。もし夫れ卑近を厭《いと》うて、高遠を喜ぶ者は、豈天下万世に達して、須臾も離る可からざるの道を与《とも》に語るに足らんや。学者必ず此れを知って、然る後に以て論語を読む可し。

【訳】　それゆえ『中庸』に、「これを三代の聖王の事績に考え合わせても、誤りなく、これを天地に建て合わせても、反することはなく、これを鬼神に尋ね合わせても、疑わしきことなく、百世後の聖人にはかっても疑惑はない」というのは、夫子の徳と学の功を称賛するものです。高遠にして及ぶことのできない説、隠し秘せられて知ることのできない説は、三代の聖王たちに考え合わせれば謬まり、天地に建て合わせれば反《そむ》き、人情物理に推し合わせればみな違っている説です。見るべきです。この宇宙の間に、高遠にして及ぶべからざる理といったものはなく、そのような理をいうことは、道を誤って甚だしいものというべきです。いったい人は高所を極めれば、必ず人は低地に返ります。遠方を極めれば、人は必ず近くに立ち返ります。卑近に返ってはじめてその見識は実であるのです。なぜならば卑近とは人が平生常に居るべきところであって、高遠とは常に居るべきところではないからです。いわゆる卑近とは、本来卑近ではなく、平常なことをいうのです。卑近とは、実に天下古今の人びとの共に由るところであり、人倫日用における人びとの当然とするところです。人倫日用において当然であること、それ以上に高遠なものはあるはずはありません。この卑近を嫌い、高遠を喜ぶものたちと、天下万世に行きわたり、人がしばらくも離れることのできない道を共に語ることなどできません。学者は必ずこのことを知って後に『論語』を読むべきです。

【評釈】「所謂卑近とは本卑近に非ず、即ち平常の謂いなり。実に天下古今の共に由る所にして、人倫日用の当に然るべき所。豈此れより高遠なる者有らんや」とは、仁斎の思想革命の根本的テーゼである。孔子が教える道とはこのテーゼがいう道にほかならない。そのことをもって『論語』は「宇宙第一」の書とされるのである。『論語』の至上性と「道」の卑近性とは、仁斎の思想革命的言語を逆説的な緊張関係をもって構成する二つの思想的契機である。

■最上至極宇宙第一論語総論・綱領二

又曰く、孔孟の道を学ばんと欲する者は、当に二書の同じき所を知り、又其の異なる所を知るべし。則ち孔孟の本旨に於いて、自ずから瞭然たらん。蓋し天下に尊き所の者二つ、曰く道、曰く教え。道とは何ぞ、仁義、是れなり。教えとは何ぞ、学問、是れなり。論語は専ら教えを言うて、而して道其の中に在り。孟子は専ら道を言うて、而して教え其の中に在り。其の故何ぞや。曰く、道とは宇宙に充満し、古今に貫徹し、処として在らずということ無く、時として然らずということ無し、至れり。然れども人をして自《みずか》らよく善に趨《ゆ》かしむること能わず。故に聖人仁義を立て、五常を明らかにし、これを裁成輔相《さいせいほしょう》して、人をして聖たり、賢たることを得せしめて、よく天下の太平を開く所以の者は、皆教えの功なり。是れ論語の専ら教えを言う所以なり。

【訳】 私はまたこう考えます。孔孟の道を学ぼうと欲するものは、『論語』と『孟子』の二書が同じくするところと、異にするところとを知らなければなりません。それを知ることによって、孔孟の道の本旨とするところをはっきりと理解するでしょう。思うに天下に尊ぶべきものは二つあります。一つは道であり、もう一つは教えであります。道とは何か、それは仁義の道です。教えとは何か、それは学問の教えです。学問とは道の学びです。『論語』は専ら教えをいい、道はその教えの中にあります。『孟子』は専ら道をいい、教えはその道の中にあります。何ゆえにそうなのか。私はこう考えます。道とは宇宙に遍く満ちわたり、古今を貫徹するものです。道の存在しない処も時もありません。道とは最上至極のものです。だがその至極の道が人をしてみずから善に向かわせることはできません。それゆえ聖人孔子は仁義という道徳的基準を立て、人倫五常の徳を明らかにし、これを教えとして補い、整え、人がそれを学ぶことによって聖にも、賢にもいたることを可能にし、太平の世を開くことをも可能にしたのです。それはみな聖人の教えがもたらした偉大な功績です。それゆえに『論語』は専ら教えをいうのです。

而して孟子の時に至って、聖遠く道湮《しず》み、異端蜂起し、各《おのおの》其の道を道として、よく統一すること莫《な》し。故に孟子明らかに仁義の両者を掲示して、これを後世に詔《つ》ぐ。猶昼夜の互いに行われ、寒暑の相代わるがごとし。偏も無く、倚も無く、煥たること日星の如く、人をして迷惑する所無からしむ。七篇の内、一の仁義の説に非ざる無し。然り而して其の所謂「存養」「拡充」「仁に居り義に由る」の説、皆教えを以て言う。故に曰く、孟子専ら道を言うて、教え其の中に在りと。二書の言、異なる所有るが如くなれども、実に用を相為す。此れ其の同じき所なり。此れ二書の要領、学者の標的。もし此れに理会を欠かば、卒《つい》に孔孟の門庭を得ること能わざらん。学者これを審《つまび》らかにせよ。

【訳】だが孟子の時代とは、すでに聖人の世から遠く距たり、道も湮滅し、多くの異端的諸家が蜂起し、各自が己れの道を道として言い立て、全く統一のない有様でありました。それゆえ孟子は仁義の両概念をはっきりと提示して、後世にこれが道徳の根本的な基準であることを告げたのです。仁と義との二つは、あたかも昼夜の交々《こもごも》行き、寒暑の相変わるように、偏ることもなく、傾くこともなく、輝く日星のごとく煥乎として存在し、人はそれに従うことで道に迷うことはないのです。『孟子』七篇の内、一篇として仁義を説かないものはありません。だが『孟子』が仁義を掲げて、わが良心の存養と拡充を説き、仁の安宅に居を定め、義の正路に由るべきことをいうのは、みな仁義道徳を学び、徳を成し、道を行う教えをいっているのです。それゆえ私は、『孟子』は専ら道をいい、教えはその中にあるというのです。『論語』『孟子』二書の言は異なるところがあるようで、しかし二書は相互に用《はたら》きをなし合っています。それを二書の同じくするところというのです。以上が語孟二書の大事な要です。学者はこれを目じるしにして学ぶべきです。もしこのことの理会を欠いたなら、孔孟の学の門庭に入ることはできないでしょう。学者はよくよくこのことを自らに明らかにせねばなりません。

【評釈】仁斎は『論語』を宇宙第一の書として高く称揚するが、その『論語』における孔子の教えを理解するのに『孟子』を不可欠とした。いま『論語』理解に『孟子』の必要性をいう『童子問』の言葉を見ておこう。

学者孟子を熟読せずんば、必ず論語の義に達すること能わず。蓋し論語の津筏《しんばつ》なり。論語は専ら仁義礼智を修むるの方を説いて、未だ嘗て其の義を発明せず。孟子の時、聖遠く道湮《しず》み、大義既に乖《そむ》く。故に孟子学者の為に諄諄《じゅんじゅん》然として其の義を剖別《ほうべつ》し、其の理を闡明《せんめい》して、丁寧詳悉《ていねいしょうしつ》、復《また》余蘊《ようん》無し。故に七篇の義に通じて、而る後論語の理、始めて明らかなるべし。（上・第七章）

『論語』は仁義礼智の道徳を日常の人間関係においてどのように行うのかを説くのであって、仁義礼智の道徳的概念としての意義を明らかにするものではないと仁斎はいう。それを仁斎は、『論語』

は「教え」を説くというのである。その「教え」を「修為」といい、この綱領では「学問」といっている。仁斎は『語孟字義』で良心あるいは善に向かう心を養い育て、充実させることを学問といっているから、彼において学問（学び）と修為（修め為す）とは同義のものとしてある。『論語』はそのように万人に行い易い教えを説く書である。万人に通じる教えを説く書として『論語』を「宇宙第一の書」と仁斎はいうのである。ところで仁斎による「宇宙第一の書」という『論語』の評価は、『論語』の日常的修為の教えを意義づけることの上になされるものである。すなわちわれわれの日常の人間関係を誠実や愛情＝孝弟忠信をもってしっかりと結んでいくこと、そのことこそが人間世界を安らかな充実した仁義的世界として成立させる基（本根）であるのだ。孝弟忠信を主とする孔子の教えの意義があらためて孟子の仁義的世界との関わりから再認識され、その至上性が再確認されるのである。こうした『論語』の再認識を可能にするのが『孟子』だと仁斎はいうのである。

『論語』における孔子の教えはたしかに修為の教えである。私は孔子の言葉は、基本的に遂行的《パフォーマテイヴ》な言語からなるといってきた。孔子は弟子たちに向かって、それぞれの状況にしたがって、「こうしなさい」というように行為や心のもち方を指示するものであって、その意義を語るものではない。人間の修為を意義づけることを『論語』自体がするわけではないのである。この意義づけをするのが『孟子』だと仁斎はいうのである。すなわち孝弟忠信という対人的な修為を、仁義礼智という人間世界の道徳との関係の中で意義づけていくのが『孟子』だというのである。それゆえ仁斎は、『論語』は教えを主とするといい、それに対して『孟子』は道を主とするといい、さらにその道を「仁義の道」だというのである。

この『論語』と『孟子』との関係は、原初的教えの後継者におけるその理論化（言語化）の過程をいうと理解することもできる。『論語』における孔子と弟子たちとの間でなされた遂行的な言語による具体的行為の教えがもつ端的な意は、時間の経過とともに見失われていく。やがてその教えの意味として、意義づけの言語が要求されるようになる。仁斎はこの原初の教えからの時間の距たりを、「孟子の時、聖遠く道湮み、大義既に乖く」といい、そして意義づけの言語の要求に応える孟子を、「孟子学者の為に諄諄然として其の義を剖別し、其の義を闡明して、丁寧詳悉、復余蘊無し」というのである。原初の教えの時からの距たりと意義づけの言語の要求は、『論語』自体がすでに弟子の言葉をもつものであることに示されている。代表的なのは、学而篇の第二章の有子の言葉である。彼はそこで孝弟を仁との関係の上でその意義を説いているのである。ポスト孔子的な言語のあり方をすでに『論語』自体がもっているのである。このポスト孔子的言語のあり方を仁斎は『孟子』によって自覚化したのである。仁斎は孔子の教えの朱子学的な言語化に対して、『論語』の思想的血脈を伝える『孟子』による言語化を「古義」として選んだといいうるだろう。

或ひと問うて曰く、孟子肸《はじ》めて性善の説を倡《とな》えて、万世道学の宗旨たり。而るに孔子これを言わざる者は何ぞや。曰く、此れ大いに説《い》う言《こと》有り。人よく教えに従うときは、則ち其の志す所、勤むる所に随うて、皆以て聖賢に至る可し。而して性の美悪、論ずるに暇《いとま》あらず。故に性善の説無しと雖ども可なり。故に曰く、「教え有って、類

無し」と。是れなり。夫れ衆人より堯舜に至るまで、其の間の相去ること、奚《なん》ぞ翅《ただ》に千万のみならん。而るに夫子これを相近きと謂う者は、又人皆以て堯舜たる可きの意。故に性善を言わずと雖ども、性善自ずから其の中に在り。夫子性善を言わずと謂う者は非なり。

【訳】ある人が問うに、孟子が初めて唱えた性善の説は、儒学における永遠の根本義をなすものです。しかしそれを唱えたのは孟子であって孔子でないのはなぜなのでしょうか。答えます。それについて私は大いにいうべきことがあります。思うに、人がよく教えにしたがい学ぶとき、その厚い志と絶えざる励みによって聖にも賢にも至りうるのです。その学びに当たって、人の生まれつきの性の善し悪しを論じたりする余裕はないし、その必要はありません。それゆえ性善を説くことがなくともよいのです。だから孔子は、「人の違いは教えによって学ぶかどうかにあるのであって、どの族類に生まれたかにあるのではない」(衛霊公三十八)といわれたのです。一般人から堯舜という聖人に至る間の距たりは、それこそ千万里といってもよいほどです。ところが夫子は「性相近し(生まれつきの性はお互いに近いものだ)」(陽貨二)といわれたのは、人はみなだれもが教えと学びによって堯にも舜にもなりうることをいうのです。それゆえ夫子は性善を説くことはしませんが、性善は自ずから「相近し」の教えの中にあるのです。だから夫子は性善をいわないとすることは間違いです。

一　孟子本仁義を以て其の宗旨とし、而して其の性善の説を発する所以の者は、蓋し自暴自棄の者の為に其の標榜を立つるのみ。蓋し、道は本なり、上たり。教えこれに次ぐ。而して道を尽くし、教えを受くる者は性の徳なり。若し人の性をして鶏犬の無智なるが若くならしむるときは、則ち善道有りと雖ども、善教有りと雖ども、得て入ること莫し。惟《ただ》其れ善なり。故によく道を尽くし、教えを受けて、善に之《ゆ》くことや軽し。此れ孟子の自暴自棄の者の為に性善の説を発する所以なり。然れども孟子も亦教えを以て要とせずということ莫きは何ぞや。倘《も》し専ら其の性に任じて、学以てこれを充たさざるときは、則ち衆人のみ、愚人のみ。其の卒《おわ》りは或いは桀紂と為って止む。故に曰く、「苟《いやしく》もこれを充たさざれば、以て父母に事うるに足らず」と。又曰く、「苟も其の養いを失えば、物として消せざること無し」と。皆性の恃《たの》む可からざることを言う。夫れ孟子性善の説を以て道学の宗旨と為すと謂うは、亦非なり。

【訳】　孟子は仁義の説をもって本旨とするが、なお性善の説を主張したのはなぜでしょうか。思うにそれは自暴自棄に陥ったもののために、再起の根拠を教える目的をもっていったことです。道こそが根本であり、最上のものです。その道に人を導く教えはそれに次ぐ大事です。ところで人が道のために尽くし、教えを受け入れうるのは、人のもって生まれた性の徳によるのです。もし人の性が善悪を知らない鶏犬の性と同じであるならば、たとえ善の道、善の教えがあったとしても、どうしてその教えの道に入ることができるでしょうか。人のもって生まれた性とは、ただ善なのです。だから人は道を尽くし、教えを受け入れて、善におもむくことが容易にできるのです。孟子はこのように自暴自棄者のために性善の説を主張したのです。しかしそれでもなお孟子が修為の教えを大事としたのはなぜでしょうか。もし性善であることをいいことにして、その善に向かう心を充実させ、育てることをしなければ、ただの衆人・愚人にすぎません。ついには桀紂といった悪逆者として終わるでしょう。それゆえ孟子はいうのです。「もしこれを養い育てることをしなければ、父母に満足につかえることさえできないだろう」（『孟子』公孫丑上）と。また「もし養うことを怠れば、どんな物でも消滅してしまう」（『孟子』告子上）と。これらはみな性善の性に依存しきってしまうことの間違いをいうものです。こう見てくれば、孟子の性善の説をもって儒学の根本義とすることの誤りであることは明らかでしょう。

【評釈】『論語』の意義を明らかにする書としての『孟子』をめぐって、「綱領」の最後の議論が展開されている。その議論は孟子の「性善」説をめぐってなされている。なぜ「性善」説が議論の中心におかれるのか。

「綱領」の後半の議論の主題は、『論語』と『孟子』との関係の問題であった。仁斎は「教え」を主とする『論語』の意義を、「道」を主とする『孟子』によって解き明かすことをいった。「教え」とは人びとの修為であり学問である。日常人びとの勤めるべき行いであり、学びである。「道」とは人間世界がそれによって成り立っている道徳的基盤であり、基準である。それを理念的に表示すれば仁義礼智といわれる。それは人の行為の目的であり、標準でもある。人びとをこの「道」に導くのが「教え」である。仁斎は『論語』は「教え」を主として説き、『孟子』は「道」を主として説いているといい、その『孟子』によって『論語』の意義を明らかにするというのである。このことは、仁義礼智という人間世界の道徳的な理念なり標準と、孝弟忠信という日常人倫における行為との関係によって道徳的世界を理論的に再構成することを意味している。つまり『論語』の孝弟忠信の「教え」を『孟子』の仁義の「道」の説をもって意義づけていくことは、仁斎道徳学の形成でもあるのである。仁斎における『孟子』の位置・意味は明らかである。孟子の性善説についても、「性相近し」という孔子の説を敷衍するものとしてこれを見るのであって、儒学の宗旨「性善説」の孟子による発明として見ることは否定される。

解説　仁斎という問題——仁斎による『論語』の絶対的選択——

一 「宣長問題」

私はかつて「宣長問題」とは何かを論じたことがある。それは加藤周一が「ハイデガー問題」に擬して「宣長問題」をいったことへの批判としてであった。[*1] 加藤のいう「宣長問題」とは次のような「宣長における謎」を指していた。「今さらいうまでもなく、宣長の古代日本語研究が、その緻密な実証性において画期的であるのに対し、その同じ学者が、上田秋成も指摘したように、粗雑で狂信的な排外的国家主義を唱えたのは、何故かということである」。

加藤はここで宣長の「二面性」をいっていた。すなわち宣長の主著『古事記伝』に見るような「緻密な実証性」をもった合理的な注釈学者としての宣長と、『馭戎慨言《からおさめのうれたみごと》』といった露骨な書名をもった著書だけでなく、『直毘霊《なおびのみたま》』や『玉くしげ』などの宣長の国学的論説に見る「皇国《すめらみくに》」の優越性を激しい排外主義的な言説とともに主張する非合理的なイデオローグ宣長との間に、加藤は解き難い「謎」としての宣長の「二面性」を見るのである。この謎を加藤は「宣長問題」というのである。

『存在と時間』の深甚な存在論的哲学者が同時にナチス党員であったところに、一九八六年当時の多くの論者とともに加藤は解き難い「謎」としての「ハイデガー問題」を見ている。そしてそれになぞらえて加藤は宣長のあの「二面性」に解き難い「謎」を見て、「宣長問題」を構成するのである。これはヨーロッパ的トピックスの引証的批評として日本問題を構成していく近代主義者加藤の常套の思想的作法といえるものだ。あちらに「ハイデガー問題」を見る加藤によって、こちらに「宣長問題」が構成されるのである。宣長における「謎」も「問題」も加藤のものであって、宣長のものではない。宣長の『古事記伝』をただ緻密な実証主義的注釈学の成果とすることが、宣長に「二面性」を作り出し、その「二面性」が「謎」とされ、「宣長問題」とされるのである。

　だが「宣長問題」とは『古事記伝』という註釈学的成果を評価する加藤が宣長に見出す「二面性」という解き難い「謎」であろうか。いや、『古事記伝』が宣長によって書かれたそのこと自体が、一つの大きな「問題」なのではないか。『古事記伝』が存在するということは、近代日本の国家的な存立に決定的ともいえる意味をもっている。宣長において『古事記伝』が存在すること自体が「問題」だというのは、それが近代日本の国家的存立に決定的な意味をもって存立するものだからである。

　宣長における『古事記伝』の成立とは、『古事記』が宣長によって絶対的に選択されたことを意味している。『古事記』は、『日本書紀』や『旧事紀』『風土記』などの古記録の中から相対的にましてテキストとして選ばれたのではない。『古事記』は「日本の神」とともに、「日本という国」が、そして「日本語」が、さらにそれを話す「日本人」が唯一読み出されうる神話テキストとして絶対的に選択されたのである。宣長が『古事記』を絶対的に選択したということは、彼にとって「日本《やまと》」がすでに自己同一的な原基《ファンダメンタル》として絶対的であったことを意味している。一八世紀の徳川日本は「日本」が己れにとって絶対的であるような青年学者を伊勢国松坂に生み出したのである。この宣長によって『古事記』はこの「日本」を読み出しうる絶対的な唯一の神話テキストとして選択されたのである。

　宣長における『古事記』のこの絶対的な選択から『古事記伝』は成立する。『古事記伝』とは『古事記』という漢字テキストからいかに「日本」が読み出しうるか、その注釈学的方法と徴証とを、思想方法論的マニフェスト『直毘霊』とともに示した四十四巻からなる大著である。この『古事記伝』の宣長における成立を「宣長問題」というならば、それは「日本」という民族的国家《ネーションステート》の成立にかかわる「問題」だということである。これを「宣長問題」というのは、民族国家「日本」の成立もまた宣長とともに読み直し、問い直しうる「問題」としてあるということである。

「宣長問題」をこのようにいってくれれば、「問題」という概念がすでに変容していることを明らかにする。加藤のいう「宣長問題」とは、宣長という思想的言説主体に投げ入れられる「謎への疑い」であった。すなわち宣長という思想主体における同一性をめぐる「謎」への疑いであった。それに対して私がいう「宣長問題」とは、宣長に『古事記伝』が成立することが、近代日本という民族国家の原基的な成立にかかわるとしながら、これを宣長とともに問い直すべき「問題」として構成することを意味する。「問題」はすでに変容している。この変容は「思想史」の方法論的転換をも意味している。[*2] 「思想史」の方法論的転換については私の書に譲って、すでに転換された思想史的言説としての本稿を先へと進めよう。

ところで私はここで「仁斎という問題」を掲げながら、なぜ「宣長問題」から語り始めているのか。

2 「仁斎という問題」

私が「仁斎という問題」を課題として掲げながら、ここで「宣長問題」から語り始めているのは、宣長における『古事記伝』の成立そのものが、「宣長問題」という大きな思想問題をわれわれに構成していくそのあり方を、私は仁斎における『論語古義』の成立に見ようとしたからである。ではなぜ私は端的に「仁斎問題」といわずに「仁斎という問題」といったいい方をしているのか。私は『古事記伝』と「宣長問題」にしたがって、仁斎における『論語』の絶対的な選択がわれわれに突きつけてくる問題を「仁斎という問題」として見ようとしているのである。その問題は、『古事記』と『論語』の差異にしたがって、「宣長問題」とははるかに差異するものであるはずである。その差異への予想が私に「仁斎という問題」という修辞をもたらしているのである。

だが時間系列的〈思想史〉の立場からすれば、ここでのべていることは転倒だといわれるだろう。この〈思想史〉の立場からすれば、『論語』を絶対的に選択した仁斎古学がまずあって、これを古学的先蹤とすることで『古事記』を絶対的に選択する宣長古学があるというべきではないか。たしかに私もまた仁斎・徂徠・宣長という近世古学の系譜をたえずいってきた。だが宣長における『古事記』の絶対的な選択の古学的先蹤として仁斎における『論語』の絶対的な選択があることを、いったいだれがいっただろうか。少なくとも私は『古事記』の絶対的な選択にかかわって「宣長問題」をいっても、『論語』の絶対的な選択にかかわって「仁斎問題」をいうことはなかった。

宣長と『古事記伝』とを己れにおける内的体験として読んでいった小林秀雄は、仁斎が『論語古義』の各巻巻頭に記していった「最上至極宇宙第一」[*3]という八文字に深い注意をはらっている。だが小林はこの八文字が仁斎における『論語』の絶対的な選択を意味するものとはいっていない。[*4]宣長とその『古事記伝』とを内的な体験として読んでいった小林には、『古事記』が宣長によって絶対的に選択されたという事件性をもってこれを見るような外部的視点はない。その小林が「最上至極宇宙第一」の八文字に仁斎における『論語』の絶対的な選択という事件性を見ることのないのは蓋し当然であるだろう。

だが小林について外部的な視点の欠落をいいながら、仁斎を読む私の視点にも外部性はほとんどなかった。「宣長問題」をいい、「事件としての徂徠学」をいいながら、私は「仁斎問題」をいうことはなく、「事件としての仁斎学」を書くこともしなかった。私は仁斎については内在的に読み続けていた。私のこの仁斎の読み方に転機をもたらしたのは『論語』を市民講座の主題として読むようになったことである。

3 『論語』を読むこと

『論語』とは東アジア、すなわち中国文化圏における思想史を考えるものにとっての究極的なテキストだと私は考えていた。これを読むことが東アジアにおける思想史家の究極的な課題でもあると思っていた。だが古代中国の経書についての文献学的知識も方法ももたない私が『論語』を専門家以上に読むことができるとは思わなかった。それゆえ私はたとえば「伊藤仁斎が『論語』をどう読んだのか」という問題意識にしたがって、『論語』を読もうとしてきた。それが日本思想史家としての私の『論語』の読み方だと思っていた。私は『論語』の読み方を、日本思想史家としての読み方に自己限定していたのである。だがやがて私は後世のものが『論語』を読むことは、先人の読み方の痕跡を辿ることなくしてありうるのかという疑いをもつようになった。すなわち仁斎によって『論語』を読むというのは、日本思想史家だからそうするのではなくして、そもそも後世のものが『論語』を読むというのはそういうことではないかと思われてきたのである。すなわち古代中国に『論語』という一個的なテキストがあって、それを後世の一己的な文献学的読解者が解読するというのは文献学者がみずから作り出していった学術的幻想ではないのかと思われてきたのである。

私が思想史家としての『論語』の読み方に自己限定したときに、自分の読み方の向こうに見ていたのは、中国古典学者による専門的な『論語』の注釈学的読解のあり方であった。彼らにとってまず『論語』とは原典としてのオリジナリティを備えたテキストであった。そして『論語』テキストの始原性に相応しい始原の注釈を探り求めながら、あるいは諸注に精通した読解者の卓越性において、専門的読解者は『論語』の最終的な読みを完成させていくのである。私はこの専門的権威の世界を外部からは踏み込みえない神聖な領域と見ながら、自分の『論語』の読みをあえて思想史的に自己限定していったのである。たとえば伊藤仁斎は朱子に対立しながら『論語』をどう読んだのか、さらに荻生徂徠は朱子とともに仁斎を批判しながら『論語』をどう読もうとしたのかと、思想史的視点からの『論語』理解の立場に自己限定していったのである。しかしそのような視点からの読みを重ねていくうちに、『論語』を読むことは、先人の読みの迹を辿ることなくして、あるいは辿り直すこと、すなわち読み直すことなくしてはないと考えるようになった。

『論語』とは東アジアにおいて歴史的、空間的に最も多くの人びとによって読まれてきたテキストである。だから『論語』のテキストの上には二千年をこえる歴史における東アジアの人びとの読みと読み直し作業とが堆積しているのである。『論語』のテキストとは二千年にわたる読みの痕跡だということができるのだ。その痕跡はテキストの上にあるだけではない。われわれの知的な遺伝子または言語として、われわれの読み方そのものの上にあるのである。それゆえわれわれは『論語』を読むときに、その痕跡を辿らずに読むということはありえない。あるいは無意識のうちにわれわれはこの痕跡によって、痕跡を辿りながら読んでいるのである。この痕跡の中でもっとも際立ったものは朱子が刻したものである。朱子以降、彼の読みの迹を辿ることなくして『論語』を読むことはありえなかったのである。仁斎においても朱子の痕跡を辿り直すことで、はじめて彼の『論語』の古義学的読みがあるのである。『論語』のテキストが先人の読みの痕跡としてあり、その痕跡を辿り直すこととして『論語』の読みがあるとすれば、伊藤仁斎の読みを辿り直しながら『論語』を読もうとした私の読み方は、思想史的な読みへの自己限定などとみずから卑下する必要などのない、むしろ方法論的に正しい、自覚化された『論語』の読み方だとみなされてくるのである。

仁斎がどう読んだのかという関心から『論語』を見ていた私が『論語』を主題とした市民講座を開設したとき、私がしていった方法論的反省とはこのようなものであった。[*5] ところで私が『論語』を読むことをめぐってこのように考えてきたことは、私が『論語』の読み方の方法論的転換をしたことを意味している。『論語』というテキストとは二千年にわたる東アジアにおける論語解釈と受容の痕跡だというとき、私はもはや『論語』を聖なる原典としての一個性を具えたテキストとして見ていない。私は『論語』を後世の解釈的言説と分けることのできないものとして、いわば「論語問題」として見ようとしている。『論語』とは二千年にわたって東アジアに「論語問題」を作り続けている希有なテキストであるのだ。われわれはいま二十一世紀の「論語問題」に直面しているのではないか。

私は『論語』を「論語問題」として読むことを通じて仁斎の『論語』のとらえ方の特異性を知ったのである。『論語』の絶対的選択からなる『論語古義』という読み方の特異性とその意味と、私は「論語問題」として『論語』を読むことを通じて知ったのである。

4 「最上至極宇宙第一」

私は仁斎の『論語古義』の自筆稿本の各巻巻頭には「最上至極宇宙第一」の八文字が記されているといった。たしかに生前の最終稿本とされる林本『論語古義』[*6]を見れば、開巻最初の頁に「最上至極宇宙第一論語総論」と記されている。たとえば巻の一は「最上至極宇宙第一論語巻之一」という文字をその冒頭に掲げている。ところが仁斎の死後刊行された『論語古義』（刊本）からはこの八文字は消えている。この削除の経緯を伝えるものが東涯の記した『先府君古学先生行状』にある。すなわち「其の古義を著す。論語毎巻の首《はじめ》に最上至極宇宙第一の八字を安んず。以て崇重の意を致す。門生、或いは其の甚だしく聴聞を駭《おどろか》すことを言う。後乃ち削去す」と。この八文字を「後乃ち削去す」というが、仁斎の意志からこれを削ったのか、遺稿の校正過程で削られたのか、それは分からない。仁斎はこの八文字を『論語古義』からトータルに消す意志などもっていなかっただろう。なぜなら仁斎の『論語古義』の「総論」とは『論語』が「最上至極宇宙第一」の書たるゆえんを述べるものなのだからである。仁斎は『論語古義』開巻冒頭の「最上至極宇宙第一論語総論」という十二文字を削って、ただの「論語古義総論」にするような意志など全くもっていなかったと私は考えている。『行状』でこの八文字の削去をいう「門生」とは仁斎古義学のラジカリズムを危惧する世人の代名詞であろう。

「最上至極宇宙第一」という『論語』に冠せられる八文字は、仁斎において『論語』が絶対的に選択されたことを意味している。では『論語』が絶対的に選択されるということは何か。『論語』が「最上至極宇宙第一」の書たるゆえんを『論語古義』の「総論」は説いている。私は『論語古義』の「総論」の綱領を（林本を参照しつつ）二章に抄出して訓み下し、【訳】と【評釈】とを加えて本書下巻の末尾に収めた。本稿はこれを前提にして書かれたものである。ここでは『論語』の至上性と「道」の卑近性をいう「綱領一」の末尾の文章とその【訳】と【評釈】だけをふたたび引いておきたい。

> 所謂《いわゆる》卑近とは本《もと》卑近に非ず、即ち平常の謂いなり。実に天下古今の共に由る所にして、人倫日用の当に然るべき所。豈此れより高遠なる者有らんや。もし夫れ卑近を厭《いと》うて、高遠を喜ぶ者は、豈天下万世に達して、須臾《しゅゆ》も離る可からざるの道を与《とも》に語るに足らんや。学者必ず此れを知って、然る後に以て論語を読む可し。

【訳】 いわゆる卑近とは、本来卑近ではなく、平常なことをいうのです。卑近とは、実に天下古今の人びとの共に由るところであり、人倫日用における人びとの当然とするところです。人倫日用において当然であること、それ以上に高遠なものはあるはずはありません。この卑近を嫌い、高遠を喜ぶものたちと、天下万世に行きわたり、人がしばらくも離れることのできない道を共に語ることなどできません。学者は必ずこのことを知って後に『論語』を読むべきです。

【評釈】「所謂卑近とは本卑近に非ず、即ち平常の謂いなり。実に天下古今の共に由る所にして、人倫日用の当に然るべき所。豈此れより高遠なる者有らんや」とは、仁斎の思想革命の根本的テーゼである。孔子が教える道とはこのテーゼがいう道にほかならない。そのことをもって『論語』は「宇宙第一」の書とされるのである。『論語』の至上性と「道」の卑近性とは、仁斎の思想革命的言語を逆説的な緊張関係をもって構成する二つの思想的契機である。

仁斎が「最上至極宇宙第一」という『論語』に冠せた八文字によって思想革命をいうものは私以外にはいない。多くはこの八文字に仁斎の『論語』尊重の心を見るにすぎない。ただ吉川幸次郎だけがこの八文字によって比較的に立ち入った理解をしている。吉川はこういっている。

> それは「最上至極宇宙第一の書」である。世界第一の書物である。何ゆえにそうか。偉大な「卑近」の書だからである。内容はすべて日常を離れない。平凡無奇である。もっとも平凡無奇なるがゆえに、もっとも偉大な書である。その文章は完璧であって、「其の言至正至当、徹上徹下、一字を増すときは則ち余り有り、一字を減ずるときは則ち足らず」であり、「道此こに至りて尽き、学此こに至りて極まる」であると。仁斎は、「論語古義」巻頭の「綱領」にいう。[*7]

吉川の文章をこう書き写してみると、仁斎の思想的な緊張感をもったポレミックな文章は、仁斎の理解者を誇る吉川の「卑近」の理解によって、思想的緊張感も、いや思想性そのものを失ってしまったように思われる。『論語』の至上性と「道」の卑近性とは、仁斎の思想革命的言語を逆説的な緊張関係をもって構成する二つの思想的契機だと私は上にいった。「卑近」とは人の「平常」のことだと仁斎はいっている。「卑近」とは「人倫日用」という人の生活の恒常性である。この人の生活の恒常性を聖人孔子は「道」といったのである。『論語』がこの人の平常の道の教えを説くゆえに、仁斎は「宇宙第一の書」だというのである。だが「(『論語』は)世界第一の書物である。何ゆえにそうか。偉大な「卑近」の書だからである。内容はすべて日常を離れない。平凡無奇である」といわれるとき、「最上至極宇宙第一」という八文字は、仁斎言語の思想性も革命性も失って吉川的言語の中で凡庸な緊張感をもたないものになってしまっていることを知るのである。

ところで吉川が読んでいるのは仁斎の死後に刊行された刊本『論語古義』であって、その巻頭の「綱領」も古義堂の高弟や嗣子東涯らの校正を経たものである。そこには『最上至極宇宙第一』の八文字をめぐる仁斎の文章はない。削られているのは、仁斎が決然として書く、「愚、故に断じて論語を以て最上至極宇宙第一の書として、而して此の八字を以て諸《こ》れを毎巻題目の上に冠す。意以《おもえ》らく、此くの如くせざれば、則ち人よく論語の理、此くの如く大なることを知ること能わず」という文章である。

『論語』の何が至上なのか。仁斎が「論語の理」という『論語』の思想である。だが『論語』の思想の至上性を学者たちは分かろうとはしない。「最上至極宇宙第一」の八文字を冠せていわなければならないのはその故だと仁斎はいっているのである。「此くの如くせざれば、則ち人よく論語の理、此くの如く大なることを知ること能わず」と。『論語』の思想の至上性を認識することは、学者たちをとらえる既成の儒家的思想体系、儒家たちの継承する既成の教説体系をゆるがすこと、その革新なくしてはないと仁斎はいっているのである。「最上至極宇宙第一」という『論語』に冠せられた八文字はたしかに過剰である。だがその過剰は、儒家における既成の教説体系の強固な存立に対応するものである。『論語』の至上性とは思想革命の提示だと私がいうのはそれゆえである。そしてあたかも思想革命を煽動するかのような仁斎の過剰な八文字の提示に危惧を感じ、その激越する表現の鎮静化に努めたのが古義堂の高弟ら刊本の校定者たちであった。

では仁斎のあの八文字は何に向けて提示されたのか。いかなる儒家思想の体制的事態の革新が必要なのか。「而して漢唐以来、人皆六経の尊しとすることを知って、論語の最も尊くして、高く六経の上に出ずることを知らず。或いは学庸を以て先とし、論孟を後とす。蓋し論孟の二書、徹上徹下、復余蘊《またようん》無きことを知らず」と仁斎はいう。この仁斎の言葉をめぐる私のさきの「綱領」一に付した【評釈】をもう一度ここに引こう。

漢唐以来ということは、孔子の学が儒学となり、皇帝的国家の正統の学となって以来ということである。『書経』を中心とした六経的世界こそ国家の正統的な古典的世界とされたということであろう。朱子はこの国家的な古典（経書）を四書五経として再構成した。すなわち孔子以前の経書（五経）と孔子以後の経書（四書）として。『論語』はその四書の中に置かれた。しかしその四書も『大学』『中庸』『論語』『孟子』というように国家の政治哲学というべき『大学』を第一にして構成されている。これが国家の士大夫の学としての儒学の学問体系でもある。

これが『論語』の至上性によってゆるがせられ、革新されなければならない儒家既成の教説体系であり、思想体系である。「四書五経」という儒家の教説体系とは、「国家の士大夫の学としての儒学の学問体系」でもある。この体系は儒家における国家の政治哲学というべき『大学』を経書の第一として構成されている。これは皇帝的国家中国だけの教説体系であるのではない。近世の幕藩制国家日本の江戸政府もまた国家の政治道徳哲学としての儒学・儒教の存立を体制的に容認したのである。この幕藩制国家が成立して半世紀が経過しようとする十七世紀日本の京都の市井の儒者仁斎は、『論語』こそが第一であると主張し始めたのである。しかも「最上至極宇宙第一」という過剰ともみなされる八文字をもって『論語』の至上性をいい始めたのである。儒教がその本を孔子の教えにもつかぎり、『論語』が第一の経書であることは自明だと思われようが、それは違う。『論語』とは至上性を具えて常にそこにあったのではない。それは再発見されねばならないのである。仁斎の『論語』の至上性をいう言葉は、『論語』の再発見の言葉である。すでに仁斎はすべてを、しかも正しく語っている。われわれはもう一度それを真っ直ぐに読めばよい。

夫れ高きを窮むるときは、則ち必ず卑きに返り、遠きを極むるときは、則ち必ず近きに還る。卑近に返って而る後、其の見始めて実なり。何ぞなれば則ち卑近の恒に居る可くして、高遠の其の所に非ざるを知ればなり。所謂卑近とは本卑近に非ず、即ち平常の謂いなり。実に天下古今の共に由る所にして、人倫日用の当に然るべき所。豈此れより高遠なる者有らんや。もし夫れ卑近を厭うて、高遠を喜ぶ者は、豈天下万世に達して、須臾も離る可からざるの道を与に語るに足らんや。学者必ず此れを知って、然る後に以て論語を読む可し。

『論語』が至上の聖典であるのは、日常卑近な人の道こそが「天下古今の共に由る所」の道であることをわれわれに教えているところにあると仁斎はいっているのである。『論語』はただ日常卑近な人の道を教えるというのではない。この卑近な人の道こそもっとも人間的な道であり、「天下古今の共に由る所」の普遍的な道であることをわれわれに教えるのである。それゆえ『論語』は至上の聖典だと仁斎はいっているのである。この『論語』を絶対的に選択するということは、この人間世界を日常卑近な人の道を根底としてとらえ返すことをいうのである。既成儒家の「四書五経」的思想世界が、あるいは『大学』を第一とする儒家の国家哲学的教説体系は、『論語』の至上性によって、すなわち日常卑近な人の道の普遍性によって読み直され、とらえ直されねばならないのである。それゆえ私は、仁斎における『論語』の絶対的な選択をいうあの八文字とは思想革命の提示だというのである。

「最上至極宇宙第一」という八文字に仁斎の思想革命の志向を見ることができたのは、仁斎の古義学的読みの革新をともにしてきた東涯ら近しい門弟たちであろう。彼らは仁斎のテキストがもつ危険なラジカリズムを知っていた。テキスト表面からこれを削り去ることによって、仁斎の古義学的達成の徳川幕藩体制下における認知と普及もまた可能であったのかもしれない。もとより仁斎は『論語』の絶対的な選択からなる思想革命がいたずらな抗争的言説によってなされるものではないことを知っていた。仁斎自身が抗争の人ではない。林本『論語古義』の「最上至極宇宙第一」という八文字の上に記されている圏点は、仁斎自身がこの八文字の削除に同意したことをいうのかもしれない。だがたとえこの八文字を削ろうとも、仁斎の『論語』の絶対的選択という思想革命は『論語古義』十巻として実現されている。

仁斎古学は『論語』を絶対的に選択した。それに対して徂徠古学は先王の道、あるいは『六経』的世界を絶対的に選択した。この徂徠古学の流れを受けて宣長古学は『古事記』を絶対的に選択したのである。徂徠・宣長の先王・神（天皇）による制作の道の絶対化が、近代日本の天皇制的神道国家を作り出すことを考えると、仁斎の『論語』の絶対的選択の意味があらためて問われてくる。丸山眞男は徂徠の政治的思惟を選択した。私はそれに対して仁斎の道徳的思惟を選択した。だが私におけるこの選択は相対的選択であった。私はいま仁斎の『論語』の絶対的選択にならって、仁斎を絶対的に選択した。その結果がいま私の上梓する『仁斎論語』である。仁斎の『論語』の絶対的選択は朱子学的思想世界・政治哲学的世界の思想革命を意味した。では仁斎の『論語古義』を私が絶対的に選択することはいかなる思想革命を意味するのか。『仁斎論語』の後に問われてくるのはそのことである。

註

＊1　加藤周一が「ハイデガー問題」との関連で「宣長問題」をいったのは『朝日新聞』（一九八八年三月二十二日夕刊）掲載「夕陽妄語」の「宣長・ハイデガー・ワルトハイム」と題された文章においてである。私はこれを批判して「「宣長問題」とは何か」を『現代思想』臨時増刊・総特集「ファシズム」（一九八九年四月）に書いた。私はこの論文を巻頭にして『「宣長問題」とは何か』を後に出版した（青土社、一九九五年）。

＊2　思想史の方法論的転換については『「事件」としての徂徠学』（青土社、一九九〇年）を参照されたい。

＊3　この「最上至極宇宙第一」の八文字は仁斎生前の最終稿本『論語古義』の各巻の巻頭には記されていたが、嗣子東涯らの手によって仁斎没後に刊行された版本『論語古義』（古義堂蔵版）では削られている。

＊4　小林秀雄はこういう。「「論語」が聖典であるとは当時の通念であった。と言う事は、言うまでもなく、誰も自分でそれを確かめてみる必要を感じていなかったという意味だ。ある人が、自分で確かめてみて驚き、その驚きを「最上至極宇宙第一書」という言葉にしてみると、聖典と聞いて安心している人々の耳には綺語と聞こえるであろう。門生に言われるまでも無く、仁斎が見抜いていたのはその事だ」（『本居宣長』上・十章、新潮文庫）。

＊5　『論語』を主題とした市民講座における講義は『思想史家が読む論語――「学び」の復権』（岩波書店、二〇一〇年）にまとめられ、出版された。私がここに書いた『論語』を読むことの方法論的反省は同書の序にのべたことを敷衍したものである。

＊6　仁斎は宝永二年（一七〇五）に亡くなるが、それに先立つ一、二年の時期に門人林景范が『論語古義』『孟子古義』『大学定本』『語孟字義』『童子問』などの稿本を筆写し、仁斎が補正した。それが仁斎生前の最終稿本（林本）である。仁斎の著書は死後に東涯らの校正を経て刊行される。『論語古義』が刊行されたのは正徳二年（一七一二）である。

＊7　吉川幸次郎「仁斎東涯学案」（『仁斎・徂徠・宣長』岩波書店、一九七五年）。

あとがき

東京・飯田橋の論語塾で『論語』最後の堯曰篇を読み終えたのは、先週の土曜日（十月二十八日）の午後であった。飯田橋の連合設計社市谷建築事務所のホールをお借りして「仁斎とともに『論語』を読む」講座・論語塾を開設したのは四年前、二〇一三年四月二十七日のことである。それ以来基本的に毎月第四土曜日を市民講座・論語塾の開講日として、「仁斎とともに『論語』を読む」ことを私はしてきた。ただ仁斎の『論語古義』によって『論語』を読むことを私は試行的にそれ以前、すなわち二〇一一年の七月から新宿の朝日カルチャーセンターで始めていた。その時から数えればほぼ六年をかけて私は仁斎の『論語古義』を、いいかえれば仁斎とともに『論語』を読み終えたことになる。

『論語古義』とは伊藤仁斎がその生涯を通じて『論語』を読み抜いていった記録である。だから『論語古義』を読むとは、仁斎とともに『論語』を読むことである。ではなぜ『論語』を仁斎とともに読むのか、その理由を私はこの『仁斎論語』の「はじめに」に書き、上下二巻の本書の中に書き入れてきた積りである。ただ私がはっきりといえることは、仁斎とともに読むことなくして、私は『論語』を読むことも、それを読み通すこともできなかっただろうということである。私は仁斎とともに読むことで『論語』を再発見し、『論語』を思想的に体験することができたのである。この『論語』の思想体験は、まさしく人生の終わりの時期にいる私に仁斎が与えてくれた大きな贈り物である。この体験は計り知れない精神的豊かさを私の最後の人生に授けてくれた。

「仁斎とともに『論語』を読む」ことを私とともにして下さった講座参加者の方々、ことに新宿のカルチャーセンター以来の、また飯田橋の論語塾開設以来の参加者の方々に、私は心からの敬意と感謝とを申し上げたい。仁斎とともに『論語』をいま読み終えたことの感動を、この方々も私と共になされたことと信じている。そしてこの講座のための貴重な場を提供して下さった連合設計社市谷建築事務所のご厚意に篤く御礼を申し上げます。有り難うございます。

『仁斎論語』上下巻を上梓するにあたって、私の仁斎研究の共同研究者というべき大阪の懐徳堂研究会の宮川康子さんと東京の論語塾と昭和思想史研究会の中心的支え手である田中敏英さんとの懇切で、注意深い数々の訂正・補正のご助言を頂いたことを心からの感謝とともにここに記しておきたい。ただそれらのご助言を十分に生かし切れなかったことを私は深く辱じている。ありうる誤謬のすべては私の責任である。読者諸賢のご批正を受けながら是正することに努めたい。

出版上の困難をあえて冒す形で『仁斎論語』の出版を引き受けて、ここに上下二巻として実現して下さったぺりかん社と、この編集を担当して下さった藤田啓介さんに心からの感謝を申し上げたい。

最後に、本書の上巻の完成時期であり下巻編集の開始時期でもあった今年の七月二日に、その生を終えた妻・子安美知子の霊に本書の完成を報告したい。

二〇一七年十月三十日

子安宣邦

著者略歴

子安 宣邦（こやす のぶくに）

1933年生まれ。東京大学文学部卒業。東京大学大学院人文科学研究科（倫理学専攻）修了。文学博士。大阪大学名誉教授。日本思想史学会元会長。

専攻—日本思想史，倫理学

主著—『江戸思想史講義』『宣長学講義』『徂徠学講義』『漢字論』『思想史家が読む論語』（岩波書店），『伊藤仁斎の世界』『仁斎学講義』『平田篤胤の世界』『方法としての江戸』（ぺりかん社），『〈アジア〉はどう語られて来たか』『昭和とは何であったか』『「大正」を読み直す』（藤原書店），『鬼神論』『歎異抄の近代』（白澤社），『国家と祭祀』『〈近代の超克〉とは何か』『和辻倫理学を読む』『日本人は中国をどう語ってきたか』（青土社）

装訂—— 高麗隆彦

仁斎論語《じんさいろんご》（下）

『論語古義』現代語訳と評釈

2017年12月30日　初版第１刷発行

著　者　子安 宣邦

発行者　廣嶋 武人

発行所　株式会社 ぺりかん社

〒113-0033 東京都文京区本郷1-28-36

TEL 03(3814)8515

http://www.perikansha.co.jp/

印刷・製本　創栄図書印刷

Printed in Japan

ISBN 978-4-8315-1484-4

伊藤仁斎の世界	子安宣邦著	三八〇〇円
仁斎学講義	子安宣邦著	二七〇〇円
平田篤胤の世界〔新装版〕	子安宣邦著	三〇〇〇円
大塩平八郎	宮城公子著	二八〇〇円
思想と教育のメディア史	辻本雅史著	四二〇〇円
日本思想史辞典	子安宣邦監修	六八〇〇円

◆表示価格は税別です。